# Ökonomische Semiotik

# Ökonomische Semiotik

AKADEMIE-VERLAG · BERLIN
1972

Russischer Originaltitel
Экономическая Семиотика, Москва 1970

Ins Deutsche übersetzt von Klaus-Dieter Goll, Eberswalde
wissenschaftlich bearbeitet
von Dr. Karl-Heinz Reuß und Hans Maskos


Lizenznummer: 202 · 100/24/72
Umschlag-Gestaltung: Rolf Kunze
Herstellung: IV/2/14 VEB Druckerei »Gottfried Wilhelm Leibniz«,
445 Gräfenhainichen/DDR · 3847
Bestellnummer: 5951 ES 5 B 2
EDV-Nr.: 752 255 1
14,50

# Inhaltsverzeichnis

Vorwort . . . . . . . . . . . . . . . . . . . . . . . . . 7

*Černjak, Ju. I.*
Die Methoden der ökonomischen Semiotik . . . . . . . . . 11

*Žerebin, V. M.*
Prinzipien der Modellierung einer ökonomischen Sprache . . 24

*Jasin, E. G.*
Menge, Informationsgehalt und Wert der Information . . . 38

*Pjartel'poeg, J. Ch.*
Über den Wert der Information . . . . . . . . . . . . . . 58

*Charchardin, M. V.*
Quantitative Charakteristika der „Nützlichkeit" von Information in ökonomischen Dokumenten . . . . . . . . . . 64

*Derenkovskij, V. Ja., Kobachidze, Z. B.*
Einige theoretische Fragen der Klassifikation ökonomischer Informationen . . . . . . . . . . . . . . . . . . . . . 81

*Šastova, G. A.*
Klassifizierung u. Kodierung d. techn.-ökonom. Information . 97

*Komarov, A. N., Filippov, M. V.*
Zwei Methoden der Erkennung und Klassifikation von Objekten . . . . . . . . . . . . . . . . . . . . . . . . 119

*Šastova, G. A.*
Über System und Subsystemkodierung in komplizierten Informationssystemen . . . . . . . . . . . . . . . . . . . . 127

*Žerebin, V. M., Aksjutina, A. P., Romaškova, G. A., Čirčenko, O. N.*
Das linguistische Herangehen an die Kodierung ökonomischer Kennziffern . . . . . . . . . . . . . . . . . . . . . 137

*Čerkasov, E. V., Demitriev, M. K.*
Die Klassifizierung der Begriffe bei der Datenverarbeitung auf elektronischen Digitalrechnern . . . . . . . . . . . . . 145

*Kruglikov, B., Saenko, L.*
SSÖIN – eine Sprache zur Projektierung automatisierter Systeme ökonomischer Information . . . . . . . . . . . . . 159

*Tumasov, N. D.*
Prinzipien der Bildung der Kennziffernbenennungen . . . . 183

*Čirčenko, O. N.*
Die Dokumentation als Zeichensystem . . . . . . . . . . 189

*Mal'cev, V. N.*
Über ein Modell zur Entscheidungsfällung . . . . . . . . . 197

*Kučyk, B. S.*
Datenkontrolle in ökonomischen Systemen . . . . . . . . . 206

# Vorwort

Die stetige, planmäßige, proportionale Entwicklung der sozialistischen Volkswirtschaft in der DDR erfordert eine permanente Herausbildung effektiver wissenschaftlicher Leitungs- und Planungsmethoden. Dabei ist die Datenverarbeitung nutzbringend einzusetzen und eine entsprechende wissenschaftliche Leitungsorganisation aufzubauen.

Die Herausbildung der für die Leitungsprozesse der Volkswirtschaft erforderlichen Zeichensysteme sowie die Erforschung ihrer Methodologie sind Gegenstand der ökonomischen Semiotik.

Die ökonomische Semiotik schließt Teilprobleme der Ökonomie, der Kybernetik, der Semiotik, der Mathematik und der Linguistik mit ein. Die Wurzeln der Semiotik gehen bis auf Hobbes, Descartes, Leibniz und Hegel zurück. Marx, Engels und Lenin haben sich mit der Rolle der Zeichen und der Zeichensysteme im Erkenntnis- und Kommunikationsprozeß beschäftigt, ohne jedoch ein abgeschlossenes wissenschaftliches System zu entwickeln. Danach haben oft einseitige Betrachtungsweisen der Zeichensysteme zu einer unzulässigen Einengung auf die natürliche Sprache geführt. Damit fiel die Semiotik mit der allgemeinen Sprachtheorie zusammen, und es bestand keine Veranlassung, diese Wissenschaft auf andere Wissenschaften anzuwenden. Es war das Verdienst marxistischer Philosophen, darunter an hervorragender Stelle des DDR-Philosophen Georg Klaus, den Gegenstand der Semiotik neu definiert zu haben. Sie erkannten, daß man einerseits die engen Grenzen überwinden und das bisher kaum erforschte Gebiet der allgemeinen Gesetzmäßigkeiten zur Bildung von Wissenschaftssprachen in die Semiotik einbeziehen und andererseits die Semiotik vom idealistischen Ballast bürgerlicher Philosophen befreien müsse.

Das Verdienst der Semiotik ist es, die grundlegenden, allgemeingültigen Beziehungen der Zeichen zu den Objekten der gedanklichen Abbilder oder die Bedeutung der Zeichen, die Nützlichkeit der Zeichen im Erkenntnis- und Kommunikationsprozeß und schließlich die Relationen der Zeichen untereinander, die Gesetzmäßigkeiten der

Bildung von Wörtern und Sätzen aus Zeichen zu untersuchen. Dementsprechend hat die Semiotik einen sigmatischen, einen sematischen, einen pragmatischen und einen syntaktischen Aspekt. Die theoretische Bedeutung der Semiotik für die ökonomische Theorienbildung ist noch weitgehend unerforscht. Es wird Forschungsaufgabe der politischen Ökonomie sein, auf diesem Gebiet die wissenschaftlichen Grundlagen zu schaffen.

Der praktische Aspekt der Anwendung der Semiotik in der Ökonomie – der natürlich gründliche theoretische Arbeit voraussetzt – hängt mit dem ständig anwachsenden Umfang ökonomischer Informationen im volkswirtschaftlichen Leitungsprozeß und deren Verarbeitung mit Hilfe der elektronischen Datenverarbeitung zusammen.

Im Vordergrund der ökonomischen Forschung bei der Modellierung von Leitungsprozessen hat bisher vorwiegend die Analyse der Informationsströme und die Projektierung rationeller Informationssysteme mit den entsprechenden Entscheidungspunkten gestanden. Das ist zweifellos richtig, wenn man davon ausgeht, daß der Leitungsprozeß vor allem ein Informationsverarbeitungsprozeß ist und nur richtig gewählte Informationsbeziehungen richtige Entscheidungen gewährleisten. Damit ist aber das Problem der Ausgestaltung dieser Informationssysteme mit den rationellsten Zeichensystemen nicht gelöst.

Die Informationen im ökonomischen Leitungsprozeß werden durch mannigfache Mittel übertragen: durch Dokumente, Kennziffernübersichten, Bilanzen, Beratungen, Telefongespräche usw. Immer sind jedoch Zeichen der Träger dieser Informationen. Es entsteht also neben der Projektierung und Gestaltung der Informationssysteme eine neue, eigenständige Problematik: Sind die Zeichensysteme entsprechend den darzustellenden ökonomischen Sachverhalten optimal gewählt, ist ihre Bedeutung eindeutig, stehen die Zeichen in den richtigen Beziehungen zueinander, und welche Nützlichkeit haben die Zeichen in bezug auf die zu übertragenden Informationen für den Empfänger? Letztlich erfordert die Formulierung einer ökonomischen Aufgabenstellung und ihre Übertragung und Berechnung auf einer elektronischen Datenverarbeitungsanlage den Übergang von einem Zeichensystem, von einer Sprache in mehrere andere. Nehmen wir an, es handelt sich um eine ökonomische Aufgabenstellung, die mit Hilfe eines ökonomisch-mathematischen Modells optimiert und mit einer elektronischen Rechenmaschine gelöst werden soll. In diesem Fall ist der Übergang von der natürlichen Sprache, der allgemeinen Aufgabenstellung, in eine Kennziffernsprache, in die Symbolsprache des ökonomisch mathematischen Modells, in eine Programmsprache und schließlich in die Zweizeichensprache einer digitalen Rechenmaschine ohne Informationsverluste erforderlich.

Dieser Prozeß verlangt aufeinander abgestimmte bzw. ineinander transformierbare Sprachen. Den Ökonomen werden dabei besonders die Kennziffernsprache und die Modellsprache sowie die notwendigen Übergänge interessieren.

Die Erfahrungen, die in der UdSSR auf dem Gebiet der ökonomischen Semiotik erworben wurden, werden in der vorliegenden Artikelsammlung den deutschen Lesern nutzbar gemacht. Damit wird auch den Forderungen des VIII. Parteitages der SED entsprochen, der die Notwendigkeit der gründlichen Auswertung des großen Erkenntnisschatzes der UdSSR hervorhebt. Die einzelnen Artikel des vorliegenden Sammelbandes entstanden Ende 1968 in der UdSSR und spiegeln die einzelnen Standpunkte zu den dargelegten wissenschaftlichen Teilgebieten in der ökonomischen Semiotik wider.

Die Frage der ökonomischen Wissenschaftssprachen haben für die Entwicklung der sozialistischen Leitungsorganisation in der DDR sowohl theoretische als auch praktische Bedeutung. Das Fehlen einheitlich aufeinander abgestimmter und hierarchisch geordneter ökonomischer Wissenschaftssprachen, Bezeichnungen und Symbole hat sich als Hemmnis sowohl im Aufbau eines progressiven Planungssystems als auch im Berichtswesen herausgestellt. Es ist oft notwendig, bei der Anwendung von Modellen oder EDV-Projekten jedesmal ein neues, meist subjektiv gefärbtes Zeichen- bzw. Symbolsystem zu erlernen, das nur für das eine Projekt Gültigkeit hat und mit anderen Projekten nicht korrespondiert.

Gegenwärtig stellt die Unordnung in der ökonomischen Informationssprache einen Hauptfaktor für die noch vorhandene Desintegration zwischen Informations- und Planungssystem dar, wobei dadurch die Mensch-Maschine-Kommunikation weitgehend behindert wird. Eine der wichtigsten Voraussetzungen für die Integration besteht eben in der systemgerechten Gestaltung der ökonomischen Sprache.

In der UdSSR wurde zum Beispiel neben einer Reihe von Untersuchungen in den letzten Jahren ein Allunions-Klassifikator ausgearbeitet. Die Erfahrungen bei dessen Anwendung zeigten jedoch, daß weitere theoretische Grundlagen erarbeitet werden müssen und es notwendig ist, tiefer in das Wesen der Problematik der ökonomischen Sprache einzudringen.

In den nachstehenden Artikeln werden nun theoretische und auch praktische Probleme behandelt, die sich mit dem Aufbau einheitlicher moderner ökonomischer Sprachen für Informationssysteme beschäftigen, die u. a. auch beim Aufbau automatisierter Systeme der Leitung erforderlich werden.

Einige Artikel beschäftigen sich mit dem Informationsgehalt und mit dem Wert der Information, wobei sie vorwiegend an die Arbeiten von Wiener und Shannon anknüpfen. Dabei werden insbesondere von Jasin solche Fragen, wie Übersichtlichkeit der Information, Bequemlichkeit der Wahrnehmung verbunden mit den Grenzen des Informationsgehaltes, Messung des Wertes der Informationen und andere Probleme behandelt.

Die Mehrzahl der Artikel beschäftigt sich mit Klassifikationsproblemen im Zusammenhang mit der Herausarbeitung einheitlicher Sprachen. Diese Arbeiten bieten neben theoretischen Betrachtungen praktische Ansatzpunkte auch für den Aufbau von einheitlichen ökonomischen Sprachen in der DDR, vor allem im Hinblick auf den Einsatz der EDV-Technik bei der Herausarbeitung von Planentscheidungen und den späteren Aufbau von automatisierten Systemen der Leitung. Es sei vor allem auf solche Arbeiten verwiesen, wie „SSÖIN – eine Sprache der Projektierung automatisierter Systeme ökonomischer Information" und „Das linguistische Herangehen an die Codierung ökonomischer Kennziffern", die Vorschläge für die Ausarbeitung eines Thesaurus für ein automatisiertes System der Planberechnungen bzw. ein Kodierungsschema in Form einer grammatisch-semantischen Schablone enthalten. Die weiteren Artikel befassen sich mit Problemen der ökonomischen Semiotik, wie zum Beispiel der Dokumentation, der Modellierung ökonomischer Sprachen, der Kennziffernzusammenhänge, der Entscheidungsproblematik u. a.

Das Buch „Ökonomische Semiotik", das eine Artikelsammlung darstellt, ist sehr aktuell. Alle Beiträge haben ein hohes wissenschaftliches Niveau. Sie stellen Ansatzpunkte und Anregungen für eine noch auszuarbeitende geschlossene Theorie der ökonomischen Semiotik dar.

Zusammenfassend können wir einschätzen, daß das Buch „Ökonomische Semiotik" vom Standpunkt der Information über die vorliegenden sowjetischen Erfahrungen auf diesem sich herausbildenden neuen Wissensgebiet von großem Interesse ist. Darüber hinaus ist dieses Buch für die Ökonomen, die direkt auf den Wissensgebieten arbeiten, die von der „Ökonomischen Semiotik" berührt werden, von großem Nutzen für die Lösung ihrer Aufgaben.

Vermerkt werden soll noch, daß gegenüber der sowjetischen Ausgabe des Buches die vorliegende deutsche Ausgabe um 3 Artikel, deren Inhalt weniger interessant ist, gekürzt wurde.

Dr. K.-H. Reuß und H. Maskos

*Ju. I. Černjak*

# Die Methoden der ökonomischen Semiotik

Die ökonomische Semiotik ist die Methodologie der Erforschung von Zeichensystemen für die Leitungsprozesse in der Volkswirtschaft.

Ein neuer Blick auf alte Dinge ist gewöhnlich überaus nützlich. So brauoht zum Beispiel nicht mehr bewiesen zu werden, wie produktiv sich die Idee erwies, daß es möglich sei, ökonomische Erscheinungen quantitativ mit Hilfe der Sprache der Mathematik zu analysieren und mit Hilfe numerischer Methoden auf quantitative Weise optimale Lösungen zu suchen. Als nicht weniger richtig erwies sich auch das kybernetische Herangehen an die Prozesse der ökonomischen Leitung, die als Prozesse der Informationsverarbeitung aufgefaßt wurden; denn daraus ergab sich die Verwendung elektronischer Rechenmaschinen zur Lösung ökonomisch-mathematischer Aufgaben und die Projektierung von automatisierten Mensch-Maschine-Systemen zur Informationsbearbeitung in allen Zweigen der Volkswirtschaft. In der gegenwärtigen Entwicklungsetappe der konstruktiven ökonomischen Wissenschaft sind folgende Fragen außerordentlich aktuell geworden: Wie können ökonomisch-mathematische Modelle und Methoden organisch in die volkswirtschaftlichen Leitungsprozesse einbezogen, und wie kann bei Anwendung automatisierter Leitungssysteme der damit verbundene mögliche Effekt voll realisiert werden? Ausgehend von den anfänglichen einfachen, dem Wesen nach richtigen Behauptungen, daß Maschinen den Menschen in der Leitungstätigkeit nicht ersetzen können, sind die Forscher zu einem tieferen Verständnis des Problems der wachsenden Schwierigkeiten gekommen, die sich bei der menschlichen Kommunikation mittels Maschinen ergeben, darunter auch mit den Maschinen, die Daten verarbeiten und Entscheidungen fällen. Es entsteht die Notwendigkeit einer Koppelung der ökonomisch-mathematischen und ökonomisch-kybernetischen Forschungen mit wissenschaftlichen Disziplinen, die die verschiedenen Formen der Kommunikation studieren, und zwar der Mensch-Mensch-Kommunikationen wie der Mensch-Maschine-Kommunikation. Dazu gehören Soziologie, Psychologie, Ergonomik, Rechtswissenschaften und die Sprachwissenschaft. Das intuitive oder auf Erfahrung gegründete Verständnis der Notwendigkeit einer derartigen Einheit von Methoden und verschiedenartigen Begriffskomplexen für die Lösung von praktischen Aufgaben der Analyse und der Projektierung von Methoden und Mitteln für eine effektive ökonomische Leitung wird als systematisches Herangehen bezeichnet. Die Erforschung dieses empirischen systematischen Herangehens in der Systemtheorie ermöglichte es, endlich einen ärgerlichen Knoten zu entwirren, der entstanden war, als man die Theorie der Kybernetik in der ökonomischen Praxis anzuwenden begann, und der zu einer Menge von Unbequemlichkeiten und Schereien geführt hatte.

Gemeint ist die Vermischung abstrakter wissenschaftlicher Begriffe mit den Benennungen ganz konkreter, real existierender Dinge, die Vermischung der Kategorie der Materie, d. h. der uns in der Empfindung gegebenen objektiven Realität, mit den Kategorien der Widerspiegelung dieser Materie im Bewußtsein. Der Arbeiter ist ein Vertreter der Art Mensch, eine *elektronische Rechenmaschine* – ein Vertreter der Klasse dieser Maschinen, *eine Institution* – eines der möglichen Organe der Leitung. Sie alle können als Systeme betrachtet werden, und wenn man sie als kybernetische Systeme ansieht, so kann man sagen, daß in ihnen Prozesse der Informationsverarbeitung ablaufen. Aber ein konkreter Mensch (Sie, ich, Kollege Ivanov) ist trotz allem ein materielles Objekt und kein System, die Maschine bleibt eine Maschine, und eine Institution bleibt ein Kollektiv von Menschen. Und in dieser konkreten Eigenschaft verarbeiten sie keinerlei Information, weil Information ebenso wie der Begriff System letzten Endes eine Abstraktion ist, eine Denkkategorie.

Es muß bemerkt werden, daß zu dieser Vermischung von abstrakten und konkreten Begriffen der Konservatismus unserer Sprache wesentlich beiträgt. Obwohl Wissenschaft, Produktion und soziale Beziehungen täglich neue Begriffe hervorbringen, benutzen wir zur Bezeichnung dieser Begriffe ein und dieselben alten Wörter, so daß am Ende einem Wort oft Dutzende verschiedener Begriffe entsprechen. Davon kann man sich durch einen Blick in ein beliebiges Wörterbuch leicht überzeugen. Die Wörter „System" und „Information" werden in kurzer Zeit nicht weniger verschiedene und voneinander ganz unabhängige Bedeutungen besitzen, als man das heute bei den Wörtern „Maschine" oder „Form" feststellen kann.

Im allgemeinen Sinne bedeutet Information eine gewisse Form der Beziehungen oder Abhängigkeit von Objekten, Erscheinungen und Denkprozessen. Information ist ein Begriff, der zur Widerspiegelung bestimmter Formen wechselseitiger Beziehungen von Objekten der materiellen Welt im menschlichen Bewußtsein gehört. Der Begriff der Information ist überaus weit und vielseitig und besitzt deshalb eine ganze Reihe von Definitionen und Synonymen: Information – das ist die Bezeichnung des Inhalts, der aus der äußeren Welt gewonnen wird; ist Verneinung der Entropie (Wiener); ist Negentropie (Brillouin); ist Kommunikation, Verbindung (Shannon), Beschränkung der Vielfalt (Ashby), Originalität, Maß der Kompliziertheit (Moles), Wahrscheinlichkeit der Auswahl (Mailz Martin) usw. Wenn wir von einem konkreten Menschen oder einer konkreten Maschine sprechen, so können wir diese kaum als Mechanismus für die Verarbeitung der Begrenzung der Vielfalt oder der Negierung der Entropie bezeichnen.

Die Information als eine Kategorie des Denkens besitzt ihr Äquivalent in den Kategorien der materiellen Welt. Dieses Äquivalent ist das Zeichen. Das Zeichen, welcher Natur es auch immer ist – optischer, akustischer, dinglicher, elektromagnetischer oder biochemischer, ist die materielle Verkörperung, der diskrete Träger der Information. Die realen Objekte der materiellen Welt – der Mensch, menschliche Organisationen, Maschinen, Mensch-Maschine-Systeme sowie auch die Tiere – besitzen die Fähigkeit zur Wahrnehmung, Umwandlung und Wiedergabe von Zeichen, und zwar jeweils in dem Maße, in dem dies durch die Natur oder die Konstruktion gegeben ist. Bei der Erforschung des logischen Mechanismus der Steuerungsprozesse in Systemen werden diese Zeichenumwandlungen als Informationsverarbeitung behandelt.

Eben deshalb ist eine Erforschung der Steuerungsprozesse als einer Informationsumwandlung in den Termini der realen materiellen Welt, der realen menschlichen Kollektive oder Mensch-Maschine-Systeme unmöglich, wenn nicht die Eigenschaften der Zeichensysteme und der konkrete Mechanismus der Wahrnehmung, Umwandlung und Wiedergabe der Zeichen erforscht werden. Die klassische Semiotik hat die Eigenschaften der Zeichensysteme natürlicher Sprachen, der Sprachen der Tiere und gewisser Ausdrucksmittel der Kunst erforscht Die Aufgabe der ökonomischen Semiotik, d. h. der Wissenschaft von den Zeichensystemen, angewandt auf die Erforschung der Leitungsprozesse in der Volkswirtschaft, ist bedeutend komplizierter. Denn in diesem Bereich wird ein außerordentlich kompliziertes Konglomerat aus verschiedenen professionellen Dialekten der natürlichen Sprache, aus historisch entstandenen und überaus verworrenen Zeichensystemen der Dokumentation, aus künstlich aufgebauten algorithmischen Sprachen, Klassifikatoren und Kodierern sowie einer Vielzahl spezialisierter Maschinenkodes benutzt.

In realen ökonomischen Objekten – in Betrieben, Institutionen, Ministerien und Behörden – wird die ökonomische Information mit Hilfe von Wörtern, Kennziffern, Schlüsselbezeichnungen oder Kodebezeichnungen ausgedrückt, die Dokumente und Klartexte darstellen. Ihr Sinn ist in verschiedenen Situationen und innerhalb verschiedener Klartexte nicht gleichbedeutend. Das macht es erstens oft unmöglich, ein für ein bestimmtes Objekt geschaffenes System der Datenverarbeitung auf ein anderes Objekt anzuwenden, und erschwert zweitens den Prozeß der Schaffung eines automatisierten Systems der Datenverarbeitung selbst außerordentlich. Es ist so, daß bis heute die Überzeugung dominiert, die ökonomische Leitung könne auf eine aufeinanderfolgende Reihe von Berechnungsprozeduren zurückgeführt werden. In Wahrheit bilden die Rechenprozesse nur einen minimalen Teil der ökonomischen Leitungstätigkeit. Die Arbeit bei der ökonomischen Analyse besteht in der Hauptsache aus logischen Prozeduren der Umwandlung von Begriffen. Dabei handelt es sich um Begriffe, die mit den Mitteln der natürlichen Sprache und mit Hilfe zahlreicher spezifischer professioneller Bedeutungsnuancen ausgedrückt werden. Das Ziel der Erforschung der Sprache der ökonomischen Leitung besteht darin, die Logik dieses Prozesses aufzudecken und ihn soweit zu formalisieren, daß auch die Operationen der ökonomischen Leitung selbst algorithmiert werden können, um danach für die elektronische Bearbeitung programmiert zu werden. Es sind in dieser Richtung bereits bestimmte Erfolge zu verzeichnen.

Die ersten Forschungen begannen auf dem Gebiet der formalsyntaktischen Analyse ökonomischer Kennziffern. Man ging davon aus, daß gerade die Kennziffer eine grundlegende Sinnbelastung trägt. Es erwies sich jedoch, daß es zu viele Kennziffern gibt, als daß es möglich wäre, sich überhaupt in ihnen auszukennen. Allein in einem Betrieb werden manchmal einige zehntausend Kennziffern benutzt.

Kennziffern, die aus dem Klartext des Dokuments herausgelöst werden, verlieren jeden Sinn, und dechiffriert man sie mit Hilfe der Requisiten des Dokuments, so können sie eine Länge von fünfzehn bis zwanzig Wörtern erreichen. Die anfänglichen Versuche, die Kennziffern in Basis und Requisiten (oder den Merkmalteil) zu gliedern, führten nur in einzelnen Sonderfällen zu Ergebnissen, da es erstens überaus schwierig ist, die Basis von den Merkmalen zu trennen, und weil, zweitens, beide die Plätze frei tauschen können. Das zwingt dazu, die Kennziffern nicht als elementare Zellen der ökonomischen Sprache, sondern als entfaltete Sprachkonstruktionen anzusehen und auf sie nicht etwa die Regeln der Morphologie, sondern die ganz entwickelte

Grammatik der russischen Sprache einschließlich der Syntax anzuwenden. Eine Kennziffer, selbst die einfachste, stellt einen entfalteten Satz dar, der Subjekt, Prädikat, eine ganze Reihe von Objekten, Adverbialbestimmungen des Ortes, der Zeit u. a. enthält.

Klassischer Untersuchungsgegenstand der Semiotik sind Situationen wie jene, auf denen gewöhnlich die Detektivgeschichten Chestertons aufgebaut sind: ein und dieselbe Äußerung, die von verschiedenen Menschen deutlich gehört worden ist, wird von ihnen auf verschiedene Weise verstanden und veranlaßt sie zu ganz verschiedenen Handlungen. Jede noch so klar ausgedrückte ökonomische Kennziffer kann außerhalb des Klartextes ihres Dokumentes und jenes Aufgabenkreises, den sie mit Information versorgt, zum Ausgangspunkt verworrenster ökonomischer Handlungen werden. Und das ist nicht selten der Fall. Deshalb kann die Erforschung der ökonomischen Kennziffern nichts Wesentliches ergeben, wenn nicht die Regeln der Auslegung dieser Kennziffern studiert werden. D. h. letzten Endes, daß ein Thesaurus des Leitungssystems geschaffen werden muß oder aber ein Komplex von Begriffen, der für den jeweiligen Aufgabenkreis genutzt werden kann und dessen Weitergabe die Kennziffern dienen. Die Analyse der ökonomischen Sprache geht also auf die semantische Ebene und zur inhaltlichen Analyse der im Leitungssystem zirkulierenden Mitteilungen über und ermöglicht es, nicht nur die Formen der Kennziffern und Dokumente zu rationalisieren, sondern auch den Leitungsprozeß wesentlich zu verbessern.

Auf der pragmatischen Ebene wird die Nützlichkeit dieser oder jener Sinneinheiten, die Häufigkeit ihres Gebrauchs in Aufgaben verschiedener Typen sowie die Priorität der Mitteilungen, die mit der Reihenfolge und der relativen Bedeutung der Aufgaben zusammenhängt, eingeschätzt und die Vereinigung der Aufgaben auf der Basis einer Integration des Eintreffens von inhaltlicher Information bei einem Objekt und der Gewinnung inhaltlicher Ergebnisse festgestellt. Die Analyse integrierter Aufagben macht es möglich, solche Aufgaben zu typisieren, sie ökonomisch-mathematisch zu modellieren und die entsprechenden ökonomisch-mathematischen Lösungsmethoden auszuwählen.

Da die Information keine materielle Sache, keine bestimmte Form der Energie ist, sondern alles in allem eine wissenschaftliche Abstraktion, einen Begriff darstellt, hat der Forscher die Möglichkeit, ihre Menge willkürlich zu messen. Wir können eine beliebige, vorher aufgegebene Menge von Information in einer beliebigen ökonomischen Mitteilung feststellen, wenn wir dazu entsprechende Prämissen und einen entsprechenden mathematischen Apparat heranziehen. Geht man jedoch ernsthaft an die Dinge heran und wünscht ein konstruktives Instrument zur Projektierung rationeller Datenverarbeitungssysteme zu erhalten, dann muß die Methodologie der Messung der Informationsmenge jenen Mitteln, mit deren Hilfe die Information in den realen ökonomischen Leitungssystemen übermittelt wird, in vollem Umfange adäquat sein. Die quantitative Analyse der ökonomischen Information ist nicht zu trennen von einer qualitativen Erforschung der Sprache der ökonomischen Leitung.

Der Begriff Information ist vom Begriff System nicht zu trennen, und eine produktive Messung der Informationsmenge kann nur in einem System erreicht werden, das der untersuchten Erscheinung adäquat ist. Die Sprache der ökonomischen Leitung bildet ein kompliziertes System, da sie multifunktional ist, und jeder Aspekt ihrer Untersuchung erfordert seinerseits ein besonderes Instrumentarium. Es muß für jeden Aspekt der Messung ökonomischer Information ein besonderes Maß geben, und die Wechselbeziehung dieser Maße wird durch die Einheit des betrachteten Objekts und einen einheitlichen mathematischen Apparat gesichert.

Selbst im einfachsten Falle erfordert die Untersuchung der Informationsmenge, die zur Lösung einer Einzelaufgabe der ökonomischen Leitung notwendig ist, den Aufbau eines hierarchischen (großen) und viele Aspekte berücksichtigenden (komplizierten) Systems von wechselseitig verbundenen Informationsmaßen. So besitzt von einer endlichen Menge von Mitteilungen in einer gegebenen Sprache nur ein gewisser Teil eine Beziehung zur gestellten Aufgabe, und es kann die Nützlichkeit jeder dieser Mitteilungen für die Lösung der gestellten Aufgabe gemessen werden. In diesem Falle wird die Lösung der gestellten Aufgabe als Funktion angesehen, eine gewisse Kollektion nützlicher Mitteilungen als das realisierende Schema. Bereits auf der folgenden Ebene muß eine Transformation des Systems vorgenommen werden: Jede der nützlichen Mitteilungen ist eine Funktion, die mit Hilfe einer bestimmten Kollektion von Sinneinheiten (Elementen des Thesaurus) realisiert werden kann und für die man die Menge der Sinninformation je Einheit der nützlichen Information berechnen kann. In den meisten realen ökonomischen Situationen wird jede Einheit der Sinninformation mit Hilfe gewisser Kollektionen von Wörtern, die durch eine Reihe von Requisiten der Dokumente ergänzt sind, weitergegeben. Dabei sind hier die Wörter der natürlichen Sprache gemeinsam mit den Requisiten der Dokumente jene Schemata, die die Funktion der Weitergabe einer bestimmten Sinnmenge (Thesauruselemente) wahrnehmen. In Abhängigkeit von den Eigenschaften des benutzten Alphabets und der Regeln der Morphologie können diese Wörter durch eine bestimmte Menge von Zeichen (Buchstaben, Ziffern, grammatischen und speziellen Zeichen) übermittelt werden, so daß es möglich wird, die Menge der Zeichen, mit deren Hilfe die Übermittlung eines bestimmten Wortes erfolgt, zu berechnen. Und nur in dem Falle, wo diesen Zeichen ein bestimmter Kode entspricht und die Übermittlung der Zeichen über irgendeinen technischen Nachrichtenkanal erfolgt, ist es auf dieser niedrigsten Ebene möglich, den klassischen Apparat der Informationstheorie von Wiener und Shannon zur Berechnung der Signalinformation in bit zu benutzen.

Nachdem die qualitative Analyse der Sprache der ökonomischen Leitung durchgeführt worden ist, erscheint es wenig kompliziert, die in einem wechselseitig verbundenen System von Einheiten ausgedrückte Informationsmenge auf allen Ebenen zu berechnen. Dies hat jedoch nur dann einen Sinn, wenn die Aufgabe gestellt ist, eine optimale Synthese des Informationssystems vorzunehmen. Diese Aufgabe ist ebenfalls kompliziert und vielschichtig: Es ist ein Kode zu wählen, der den Charakteristika des jeweiligen Nachrichtenkanals am besten entspricht; es muß ein Alphabet gewählt werden, das den Anforderungen des Wortschatzes des Systems am besten gerecht wird; das Wörterbuch des Systems muß so aufgebaut werden, daß mit einer möglichst geringen Zahl von Wörtern jede Sinneinheit ausgedrückt werden kann; es muß ein solcher Thesaurus des Systems gewählt werden, der dem Inhalt der gestellten ökonomischen Leitungsaufgabe maximal entspricht.

Bislang eignet sich der Apparat der vielschichtigen Berechnung der Menge ökonomischer Information nur für den einfachsten Fall der einmaligen Lösung einer ökonomischen Aufgabe, die in Form einer logischen Maschine dargestellt werden kann. Es ist noch viel Arbeit zu tun, um einen Apparat zu schaffen, der sich für solche realistischen Aufgaben eignet, wie sie in den ökonomischen Leitungssystemen vorkommen. Berücksichtigt werden muß die wechselseitige Verbindung ökonomischer Aufgaben, die Priorität und Reihenfolge ihrer Lösung, das Vorhandensein von Rückkopplung in den Netzen ökonomischer Aufgaben sowie die Lösung von Aufgaben in kontinuierlich funktionierenden geschlossenen Leitungssystemen.

Die ökonomische Semiotik hat es tatsächlich bis heute nur mit den primitivsten Formen der ökonomischen Information zu tun, wie sie in den Kennziffern der Primärerfassung und einfachsten analytischen Dokumenten vorliegen. Indessen besitzen kompliziertere Formen der ökonomischen Information, wie Wertungen der Rentabilität, der Produktivität und Qualität, Kostenschätzungen und Preise sowie eine ganze Reihe anderer Formen, keineswegs nur „unterrichtende" Funktionen, sind also nicht nur Träger bestimmter Nachrichten zur Lösung dieser oder jener Aufgaben. Sie besitzen auch unmittelbar regulierende Funktionen, d. h. sie bestimmen die Motive der Ausarbeitung dieser oder anderer ökonomischer Entscheidungen und regen direkt bestimmte Arten von Handlungen an. Solche Typen von Kennziffern sind konkrete, verwirklichte Formen ökonomischer Information, von denen sich ökonomische Kollektive bei der Ausarbeitung von Zielsetzungen und Kriterien der wirtschaftlichen Tätigkeit leiten lassen. Sie bilden ein Teilsystem eines größeren Systems gesellschaftlicher Wertungen, das auch Wertungen einschließt, die sowohl andere Sphären der materiellen Tätigkeit als auch der geistigen Tätigkeit regulieren. Ihre Besonderheit besteht darin, daß sie ein einheitliches, wechselseitig verbundenes System bilden. Keine individuelle Wertung ist allein für sich, außerhalb der Verbindung mit anderen ein Regulator.

In bezug auf die Theorie der Entscheidungen sagt man im Scherz, daß natürlich verschiedene Regeln für die Ausarbeitung von Entscheidungen durch Menschen in bestimmten Situationen vorhanden sind, daß es aber leider keine Regel für die Auswahl dieser Regeln gibt. Die Motivation der Entscheidungen und des Verhaltens ist unmittelbar mit den Einschätzungen der Situationen verbunden, die in Zeichenkomplexen ausgedrückt werden. Ein wechselseitig verbundenes System von Wertungen kann den Schlüssel zur Synthese von Algorithmen für die Ausarbeitung ökonomischer Entscheidungen in automatisierten Leitungssystemen liefern.

In einem Artikel zur ökonomischen Semiotik[1] wurden fünf grundlegende perspektivische Richtungen der Anwendung der Semiotik in ökonomischen Forschungen genannt:

1. Die Ausarbeitung einer Methodologie der konsequenten Formalisierung vielschichtiger und größtenteils maßstabloser volkswirtschaftlicher Prozesse und Erscheinungen mit dem Ziel, diese in mehr adäquater Weise ökonomisch-mathematisch zu modellieren.
2. Das Studium der konkreten Formen der Aufzeichnung und Verarbeitung von ökonomischer Information, d. h. ökonomischer Daten in Form von Kennziffern, Dokumenten und anderen ökonomischen Texten, mit dem Ziel, rationelle Systeme für die Bearbeitung ökonomischer Daten zu projektieren.

[1] „Ökonomie und mathematische Methoden", 4/1966

3. Die Ausarbeitung von Methoden für eine radikale Erhöhung der Durchlaßfähigkeit der Kommunikationen in den wirtschaftsleitenden Organen unter den Bedingungen der Anwendung elektronischer Rechenmaschinen und anderer automatischer Ausrüstung zur Datenübermittlung und -verarbeitung.

4. Die Ausarbeitung einer allgemeinen Methodologie des Aufbaus spezialisierter Sprachen der Datenverarbeitung sowie des Aufbaus eines verzweigten Komplexes algorithmierter Sprachen, Recherchesprachen, Verarbeitungssprachen und spezialisierter „Fachsprachen“ für die ökonomische Dokumentation.

5. Die Erforschung der Prozesse der Umwandlung primitiver Formen der ökonomischen Information in den untersten Gliedern des ökonomischen Systems (Aufwandsnormative, Produktionsziffern, Prozente der Planerfüllung) zu komplizierten und hoch organisierten Formen ökonomischer Information auf der volkswirtschaftlichen Ebene der Planung und Leitung, wie Preisen, Verbrauchsschätzungen, ökonomisch-mathematischen Wertungen usw; die Erforschung des Wirkungsmechanismus der sogenannten ökonomischen Hebel der Leitung.

Außerordentlich intensiv haben sich in der letzten Zeit Arbeiten entwickelt, die der Erforschung der Formen der konkreten Verkörperung ökonomischer Information in verschiedenen Zeichensystemen und auf verschiedenen Trägern sowie der Formulierung der sogenannten ökonomischen Leitungssprachen gewidmet sind. Das erklärt sich daraus, daß das aktuellste Problem, auf dessen Lösung sich die meisten Forscher konzentrierten, in der Projektierung und Einführung von automatisierten Systemen zur Leitung von Industriebetrieben und Zweigen der Volkswirtschaft bestand. Die Mehrzahl der Industriezweigsysteme, die in den Ministerien und Verwaltungen ausgearbeitet werden, befinden sich heute im Stadium der detaillierten Vorprojektierungsüberprüfung. Analog liegen die Dinge auch in der überwiegenden Mehrzahl der Betriebe, obgleich in einigen die Projekte bereits abgeschlossen sind und sich die Arbeiten im Stadium der Vorbereitung der Inbetriebnahme der Planungs- und Leitungssysteme befinden. Das bestimmt das grundlegende Interesse der Forscher an Methoden zum Studium des existierenden Informationssystems jedes gegebenen ökonomischen Objekts, zur Erforschung der Dokumentation und anderer Zeichensysteme sowie an Methoden zur Projektierung eines Systems der Datenverarbeitung und der dieses System versorgenden Teilsysteme. Gegenwärtig ist folgende Klassifikation der Probleme der ökonomischen Semiotik üblich:

I. *Methoden zur Erforschung von Informationssystemen*

1. Analyse der Aufgaben der Leitung und der Informationsströme.
2. Erforschung und Klassifizierung der qualitativen Zusammensetzung der Information.
3. Analyse der Struktur des Informationssystems.

II. *Methoden der Analyse des Informationssystems*

4. Strukturell-linguistische Analyse der Sprache der ökonomischen Leitung.
5. Methodologie der Berechnung der Menge ökonomischer Information in den Mitteilungen.
6. Analyse der zu modellierenden und zu abstrahierenden Eigenschaften der Kennziffern.

III. *Methoden der Synthese eines Informationssystems*

7. Auswahl einer rationellen Struktur des Systems der Datenverarbeitung.
8. Projektierung der Kennziffern und der Dokumentation.
9. Aufstellung von ökonomischen Klassifikatoren und Kodes.

Die umfangreichen praktischen Erfahrungen, die bei der Untersuchung einer ganzen Reihe von ökonomischen Objekten gesammelt worden sind, machen deutlich, daß ein Studium der Informationsströme ohne vorherige und begleitende Analyse der Leitungsaufgaben sinnlos ist. Die Dokumentation an sich trägt wie auch die anderen Typen von Mitteilungen außerhalb einer konkreten Verbindung keinerlei Information. Information kann qualitativ wie quantitativ nur in Beziehung zu bestimmten Leitungsaufgaben verstanden und gewertet werden. Die früher veröffentlichten Methodiken zur Untersuchung der Informationsströme richteten das Hauptaugenmerk gerade auf die Erforschung des Dokumentenumlaufs und auf den Aufbau integrierter Schemata der Informationsverarbeitung im vorhandenen Leitungssystem. Die neu ausgearbeitete Methodik konzentriert die Aufmerksamkeit vor allem auf die Methoden zur Feststellung der Funktion der Leitungen, auf die standardisierte Abbildung von ökonomischen Leitungsaufgaben, auf die Aufstellung von Graphen ihrer Wechselbeziehung und wechselseitigen Abhängigkeit.

E. S. Maiminas hat das Problem des Aufbaus eines abgestuften Klassifikators ökonomischer Leitungsaufgaben aufgeworfen. Dies ist eine typische semiotische Aufgabe, weil der Übergang von einem

Klassifikator zum anderen, von der informationellen inhaltlichen Charakteristik der Funktion der ökonomischen Leitung zur ökonomisch-mathematischen Formulierung der Aufgabe mit einem vielfachen Übergang von einem Begriffssystem zum anderen, mit einer aufeinanderfolgenden Übersetzung in die Sprachen der verschiedenen Abteilungen der ökonomischen Wissenschaft verbunden ist. Der Konzeption von Maiminas zufolge muß der erste Schritt der Leitungsaufgaben in der allgemeinen Charakterisierung der Aufgaben vom Standpunkt ihrer Beziehungen zu den Hauptkategorien der ökonomischen Wissenschaft bestehen. In der zweiten Etappe werden die Aufgaben im Leitungssystem detailliert und in die Sprache des organisatorischen temporären Aspekts übersetzt. In der dritten Etappe erfolgt die Übersetzung der Operationen in das Begriffssystem der Untersuchung und die Bestimmung des Grundtyps des Modells, der dem unterschiedlichen Typ der Aufgaben entspricht. In der vierten Etappe wird die Übersetzung in die eigentliche mathematische Sprache vorgenommen, danach wird das konkrete ökonomisch-mathematische Modell zur Lösung bestimmt. Das Schema unterliegt der weiteren theoretischen und experimentellen Bearbeitung.

Die qualitative Sinnanalyse und die Bestimmung der Zusammensetzung der ökonomischen Information ergeben sich direkt aus der Klassifikation der Leitungsaufgaben und aus der Struktur ihrer Wechselbeziehung. In der Etappe der Bestimmung der Informationszusammensetzung wird die grundlegende Struktur des Thesaurus des Systems festgestellt, d. h. des der Leitungssprache zugrunde liegenden Begriffssystems und der Wechselbeziehungen dieser Begriffe. Der Thesaurus des Systems wird sowohl auf der Grundlage der Aufgabenklassifikation als auch auf der Basis der folgenden Festlegung der Sprache der ökonomischen Leitung aufgebaut. Die Elemente des Thesaurus werden detailliert, und ihre Wechselbeziehung wird festgestellt.

Die Aufdeckung der Strktur eines Informationssystems ist verbunden mit der bedingten Einteilung der Information in „Felder“ und „Ströme“, mit der Bestimmung detaillierter Charakteristika des Umfangs und der Periodizität der „Lebensdauer“ jedes Stromes und Feldes, mit der Bestimmung ihrer Wechselbeziehung, des Systems der Erneuerung des Feldes und anderer grundlegender Parameter des Informationssystems. Das interessanteste Ergebnis auf diesem Gebiet ist die Ausarbeitung einer Methodologie der Strukturanalyse eines Informationssystems mit Hilfe von Serien standardisierter Typenprogramme auf Elektronenrechnern. Standardisierte Typenformen der

Untersuchung, die zur Eingabe von Daten in ein maschinelles Bearbeitungssystem bestimmt sind, befinden sich gegenwärtig im Stadium der Fertigstellung. Das Hauptproblem besteht in der weiteren Ausarbeitung von Programmkomplexen, die die Interpretation der erlangten Ergebnisse sichern. Denn im Bearbeitungsprozeß liegt ein großer Teil der Information in Form von Tabellierlisten vor, die wie das bei Ergebnissen maschineller Informationsverarbeitung meist der Fall ist, schwer verständlich sind und im allgemeinen eine manuelle Analyse erfordern.

Die oben angeführte Klassifikation der Probleme der ökonomischen Semiotik ist keineswegs erschöpfend. Sie spiegelt nur jene Vorstellungen von der Wichtigkeit und Aktualität der Probleme wider, die heute vorliegen, sowie jene Richtungen, in denen die bedeutendsten Arbeiten im Gange sind. Das zeigt, daß die ökonomische Semiotik noch keinesfalls als selbständige wissenschaftliche Disziplin betrachtet werden kann. Sie bildet bislang einen gewissen wechselseitig verbundenen Komplex von Ideen, Methoden und nur manchmal bereits mehr oder minder ausgearbeiteter Instrumente, mit deren Hilfe man die Aufgabe der Projektierung von automatisierten Systemen der ökonomischen Leitung lösen kann. Man darf jedoch davon überzeugt sein, daß die ökonomische Semiotik große Perspektiven besitzt. Mit der Zeit wird sie ihre Problematik präzisieren und erweitern, den Komplex ihrer Begriffe und ihren Forschungsapparat ausbauen. Das Hauptziel und die Aufgabe der ökonomischen Semiotik bestehen darin, ein Instrumentarium zu schaffen, das es möglich macht, die Prozesse des Informationsaustauschs und der Informationsverarbeitung in den Leitungssystemen tiefgehend und gründlich zu erforschen. Zu diesem Zwecke studiert sie die Probleme der sprachlichen und dokumentellen Kommunikation der Menschen, die Prozesse der Eingabe von Information in Elektronenrechner, die Probleme des Ausdrucks gesellschaftlicher Wertungen durch konkrete Kennziffern materieller Bedingungen und die Probleme der Synthese gesellschaftlicher Wertungen aus der Masse individueller Wertungen in den Informationskanälen der Gesellschaft. Synthetische Wertungen mit einer der Entwicklung der Leitungssysteme entsprechenden großen modellierenden Einflußnahme müssen die Millionen und Milliarden direkter Direktiven darüber ablösen, wo, was und wie zu produzieren und zu verteilen ist, müssen zu eingebauten Regulatoren der ökonomischen Leitungssysteme werden. Kennziffern solchen Typs, wie Wertungen der Rentabilität, der gesellschaftlichen und der Produktionsfonds, Kosten- und Wertbeurteilungen, konsumtive und ökonomisch-mathematische Wertungen, sind im Grunde genommen das letzte Mal in den Arbeiten von Akademiemitglied V. S. Nemčinov untersucht worden. Uns scheint, daß dies die gegenwärtig am wenigsten ausgearbeitete, aber aussichtsreichste Abteilung der ökonomischen Semiotik ist.

Mit den Problemen der Synthese von rationellen Systemen ökonomischer Information beschäftigen sich gegenwärtig zahlreiche Organisationen und Kollektive. Es sind auf diesem Gebiet eine ganze Reihe von methodologischen und praktischen Arbeiten zu verzeichnen, so Arbeiten des Zentralen ökonomisch-mathematischen Instituts der Akademie der Wissenschaften der UdSSR im Bereich der Analyse und Projektierung von integrierten Systemen der Datenverarbeitung und Arbeiten des Allunionsinstituts für wissenschaftliche und technische Information (VINITI) der Akademie der Wissenschaften der UdSSR im Bereich der Methoden zur Projektierung der Dokumentation, des Abrufs von Information und ihrer Interpretation durch Opratoren sowie auf dem Gebiet der Erforschung von Prozessen der Wechselwirkung von Mensch und Maschine in automatisierten Systemen der Datenverarbeitung.

Die Leitung der verschiedenen Gebiete der Produktionstätigkeit und der gesellschaftlichen Tätigkeit, die Datenverarbeitung sowie Forschungs- und Projektierungsarbeiten bilden ein aktuelles und ständig wachsendes Gebiet der menschlichen Tätigkeit. Im Apparat der ökonomischen Leitung allein sind schon heute in der UdSSR mehr als 12,5 Millionen Menschen beschäftigt. Mag dies gut oder schlecht sein, die Entwicklungstendenz in allen fortgeschrittenen Ländern geht jedenfalls dahin, daß ein Viertel bis ein Drittel aller Beschäftigten auf dem Gebiet der Informationsverarbeitung (ökonomische Leitung, staatliche Administration, Wissenschaft, Kultur, Volksbildung, Mittel der Massenkommunikation) tätig sind. Es ist deshalb unbeschadet der bis heute bescheidenen Erfolge der ökonomischen Semiotik nicht daran zu zweifeln, daß diese Richtung mit der Zeit zu einem der notwendigsten und nützlichsten wissenschaftlichen Instrumente werden wird.

*V. M. Žerebin*

# Prinzipien der Modellierung einer ökonomischen Sprache

Viele Forscher haben wiederholt auf die Notwendigkeit hingewiesen, die Sprache der Ökonomie und die Arbeit mit dieser Sprache sorgfältig zu studieren. Jedoch sind die Ziele der Forschungen und die konkreten Richtungen der Ausarbeitungen auf diesem Gebiet bis in die letzte Zeit unbestimmt geblieben. Die Ausarbeitung von automatisierten Systemen der ökonomischen Leitung, insbesondere die Vorbereitung ihrer informationell-programmlichen Sicherstellung, hat nicht nur zur Notwendigkeit des Aufbaus ökonomisch-mathematischer Modelle und der Aufstellung von Algorithmen und Programmen geführt, sondern hat auch die Wichtigkeit der Arbeit an Klassifikatoren, Kodifikatoren und Kodieren der Information aufgezeigt sowie die Fragen der Konstruktion von Sprachen, in denen die Information gespeichert und bearbeitet werden muß, aktuell gemacht. Das hat es ermöglicht, zunächst in allgemeinen Zügen die Anforderungen an derartige Ausarbeitungen zu formulieren und die Grundprinzipien für die Rekonstruktion der ökonomischen Sprache unter den neuen Bedingungen zu markieren. Die Aktualität einer Rekonstruktion der ökonomischen Sprache geht auf verschiedene Umstände zurück.

Die Tendenz zur Erhöhung der Effektivität durch die Anwendung der Rechentechnik in der ökonomischen Leitung und insbesondere das Bestreben, die Möglichkeit einer kompakten Speicherung und operativen Bearbeitung großer Datenfelder maximal zu nutzen, führt unvermeidlich zur Ablösung eines bedeutenden Teils der ökonomischen Dokumentation durch Aufzeichnungen im Speicher von EDV-Anlagen.

Die Führung derartiger Aufzeichnungen erfordert besondere Formulierungsregeln, deren Ausarbeitung letzten Endes mit der Schaffung einer ökonomischen Informationssprache abgeschlossen werden muß.

Das wichtigste Prinzip des Aufbaus moderner Informationssysteme ist die Integration der Informationsverarbeitung. Und wenn im Rahmen eines beliebigen automatisierten Systems der Informationsverarbeitung eine genaue Sinndifferenzierung und Identifizierung der Kennziffern und der sie ergebenden Wörter erforderlich ist, so werden in einem integrierten System besonders hohe Anforderungen an die Einheitlichkeit der Terminologie und an die Exaktheit des Sprachgebrauchs insgesamt gestellt. Gegenwärtig ist es so, daß sich in den verschiedenen funktionalen Unterabteilungen desselben Leitungsorgans die Darstellungsformen der Information, die Wörter, die Kennziffern bezeichnen, oft überschneiden, weil jede Unterabteilung praktisch ihre eigene Terminologie und ihr eigenes Kennziffernsystem benutzt. Im Ergebnis werden Informationen herausgearbeitet, die inhaltlich identisch sind und sich nur durch die Darstellungsform unterscheiden. Um die Sprachzeichen zu vereinheitlichen, den Umfang der verarbeiteten Information zu verringern und den Arbeitsaufwand bei ihrer Bearbeitung zu vermindern, muß eine für alle funktionalen Unterabteilungen des Systems einheitliche maschinelle Informationssprache eingeführt werden. Die Schaffung einer Informationssprache stellt eine notwendige Bedingung für die Verwirklichung des Prinzips der Integration der Datenverarbeitung dar.

Die gegenwärtig laufenden experimentellen Forschungen auf dem Gebiet des Aufbaus von Systemen der Bearbeitung großer Felder ökonomischer Kennziffern, insbesondere der Schaffung von automatisierten Systemen der Planberechnung, haben gezeigt, daß es wichtig ist, formale Methoden für die Analyse und Synthese der Bezeichnungen von Kennziffern zu erarbeiten. Es stellte sich heraus, daß die Lösung einer großen Zahl von Aufgaben in den verschiedenen funktionalen Teilsystemen und auf den verschiedenen Ebenen der ökonomischen Leitung in der Regel mit einer relativ kleinen Zahl von Typenalgorithmen erfolgt. Das Hauptproblem ist nicht die Durchführung der Berechnungen selbst, sondern die Kollektion von Kennziffern am Eingang des Systems und die Verarbeitung und Auswahl der erforderlichen Kennziffernbezeichnungen am Ausgang des Systems entsprechend der zu lösenden Aufgabe. Die Versuche, dieses Problems ohne Benutzung eines linguistisch-semiotischen Apparates zu lösen, hatten keinen Erfolg. Es erwies sich als dringlich, eine innermaschinelle Sprache von Kennziffern zu konstruieren. Das ist das einzige effektive Mittel zur Lösung der Aufgabe der Herstellung einer logischen Übereinstimmung zwischen den Kennziffern am Eingang und am Ausgang des Systems sowie für die Erreichung einer adäquaten Synthese der geforderten Kennziffernbezeichnungen.

Die Schaffung von künstlichen Sprachen ist gewöhnlich mit einer gewissen Vereinfachung einer natürlichen Sprache, ihres Wortschatzes und ihrer Grammatik verbunden. Das geschieht durch eine Verminderung der Anzahl der Zeichen der Sprache, durch die Zusammenlegung von Zeichen und die Beschränkung der Kombinationsmöglichkeiten. In diesem Sinne stellen viele künstliche Sprachen Sprachen mit Klassifikationscharakter dar, da in ihnen wie in den Klassifikationssprachen Begriffe der natürlichen Sprache zusammengelegt werden und dem Wesen nach den Rubriken eines Klassifikators entsprechen. Die ökonomische Informationssprache ist in diesem Sinne keine Ausnahme. In diesem Zusammenhang ist das Problem des Aufbaus einer ökonomischen Informationssprache in vielem mit dem Problem der Klassifikation der ökonomischen Information verbunden. Dieser Zusammenhang wird noch offensichtlicher, wenn man das System der Klassifikation der ökonomischen Information als eine besondere ökonomische Sprache ansieht. Tatsächlich dient die Klassifikation wie jede andere Sprache als Mittel zur Weitergabe und Speicherung von Information. Die Klassifikationsrubriken sind im Grunde Zeichen einer Sprache, und die Regeln des Aufbaus von Klassifikationstabellen und der Aufstellung der Klassifikationsmerkmale der Objekte sind nichts anderes als die Grammatik der Sprache.

Daraus folgt, daß die Konstruktion einer ökonomischen Informationssprache nicht von der Lösung eines anderen wichtigen Problems der ökonomischen Semiotik zu trennen ist, nämlich von der Ausarbeitung einer Klassifikation der ökonomischen Information, die die Anforderungen der maschinellen Bearbeitung berücksichtigt.

Die Aktualität der Ausarbeitung von Informationssprachen ergibt sich auch aus anderen Überlegungen.

Ein automatisiertes Leitungssystem stellt, erstens, einen komplizierten Komplex von Vorschriften dar, die in ihren inneren Sprachen die Informationsverarbeitung vornehmen, und besteht, zweitens, aus einer Reihe von funktionalen und strukturellen Teilsystemen, in denen die Datenverarbeitung ebenfalls in unterschiedlichen Sprachen (Informations-Recherchesprachen, algorithmischen modellierenden Sprachen usw.) erfolgt. Deshalb wird für die Organisation eines abgestimmten Ausarbeitens und Funktionierens dieser Vorschriften und Teilsysteme eine für das ganze System einheitliche gemeinsame Sprache gebraucht. Sie muß in der Lage sein, den ganzen Komplex der im System benutzten Begriffe zu vermitteln, und es ermöglichen, die logische Verarbeitung der Information in Übereinstimmung mit der Forderung der Lösung der Aufgaben des Systems vorzunehmen.

Ein hohes Automatisierungsniveau der Informationsverarbeitung im System kann nur durch die Entwicklung von Mitteln und Verfahren einer logischen Informationsverarbeitung erreicht werden, die eine ständige Hinwendung zum Sinn der Informationen erfordert. Die gegenwärtig benutzten formalen Kodierungsverfahren garantieren die Möglichkeit einer innermaschinellen Verarbeitung des Sinnes der ökonomischen Information nicht. Diese Möglichkeit kann nur eine semantische Informationssprache bieten, die über Mittel zur Fixierung sowohl der Bedeutungen der Einzelwörter, als auch der inhaltlichen Wechselbeziehungen zwischen ihnen verfügt.

Und schließlich schafft die Ausarbeitung einer ökonomischen Informationssprache die Voraussetzung für die Verwirklichung des unmittelbaren Verkehrs zwischen Mensch und Maschine in einem automatisierten System, was gegenwärtig noch ein ernstes Problem darstellt.

Nur die existierende Sprache der Ökonomie kann zu einer solchen Sprache, die über diese erforderlichen Eigenschaften verfügt, entwickelt werden. Sie muß zu diesem Zweck einer gewissen Bearbeitung und Formalisierung unterzogen werden.

Um die ökonomische Sprache modellieren zu können, müssen vor allem ihre Haupteigenschaften festgelegt werden, müssen wir es lernen, diese Sprache abzugrenzen und in jedem ökonomischen System zu bestimmen.

Im ganzen stellt die Sprache der ökonomischen Dokumentation, des Hauptträgers der ökonomischen Information, ein kompliziertes Konglomerat von Zeichensystemen dar (von spezifischen graphischen Sprachen der Dokumente, von Elementen symbolischer Sprachen solcher Wissenschaften wie Mathematik, Logik, Chemie u. a.). Die Unterscheidung und das Studium dieser Zeichensysteme mit dem Ziel ihrer Aufnahme in ein unifiziertes Kodesystem bildet eine besondere Aufgabe der Semiotik. Die Schwierigkeit des linguistischen Problems besteht jedoch nicht einmal in der Differenzierung der Sprache der ökonomischen Dokumentation in Teilsprachen, sondern darin, daß diese Sprache, die sich durch gewisse besondere Züge von der allgemeinen Sprache unterscheidet, dieser allgemeinen Sprache dennoch durch ihre unzureichende Genauigkeit und übermäßige Biegsamkeit sowie durch die Mehrdeutigkeit und Verschwommenheit der Bedeutungen vieler Wörter sehr ähnlich ist. In dieser Beziehung ist noch viel Arbeit zu tun, ehe die Sprache der ökonomischen Dokumentation in eine Form gebracht ist, die ihre automatische Bearbeitung zuläßt.

Die Sprache der ökonomischen Dokumentation besitzt folgende Besonderheiten:

1. Sättigung mit spezieller Terminologie;
2. ein relativ enger Satz von grammatischen Konstruktionen;
3. das Überwiegen nominaler Konstruktionen;

4. die Möglichkeit, die Mehrzahl der Wörter aus den Bezeichnungen der Kennziffern eines Systems auf allgemeine Nomenklaturen zu beziehen;
5. ein hoher Abhängigkeitsgrad der Form der Aufzeichnung der Kennziffern vom Kopf des Dokuments (gemeint sind Weglassungen einzelner Merkmale).

Hieraus kann man eine allgemeine Schlußfolgerung ziehen: In der Sprache der ökonomischen Dokumentation überwiegt der paradigmatische Aspekt (die Systematisierung in der Sprache) gegenüber dem syntagmatischen Aspekt (der grammatischen Verbindung der Wörter im Text). Diese Tatsache läßt es überaus zweckmäßig erscheinen, zur Ordnung und Rationalisierung dieser Sprache Wörterbücher vom Typ eines Thesaurus zu benutzen.

Wie jedes entwickelte semiotische System enthält auch die ökonomische Sprache eine Reihe von Teil-Zeichensystemen verschiedener Ebenen – Buchstaben, Morpheme und Wörter, Kennziffern und Dokumente. Jede dieser Ebenen besitzt ihre Spezifik und ist auf eine bestimmte Weise mit den anderen Ebenen der Sprache verbunden. Auf der Ebene der Buchstaben, Morpheme und Wörter unterscheidet sich die ökonomische Sprache fast gar nicht von der allgemeinen natürlichen Sprache.

Spezifisch sind nur die Zeichensysteme der Kennziffern und Dokumente. Wir werden diese grundlegenden Ebenen der ökonomischen Sprache näher betrachten und zeigen, was unter den syntaktischen, semantischen und pragmatischen Aspekten der Analyse der zeichenhaften ökonomischen Information zu verstehen ist.

Als Kennziffer gilt im allgemeinen die Bezeichnung einer bestimmten Variablen, die das Funktionieren eines ökonomischen Systems charakterisiert, oder die Einheit der Bezeichnung und des zahlenmäßigen oder andersartigen Wertes der Variablen.

Die Gesamtheit der als Variable betrachteten Kennziffern, die ein ökonomisches System charakterisieren, bildet ein System von Kennziffern. Dieses Kennziffernsystem stellt das Skelett der Sprache des gesamten ökonomischen Systems dar.

Die Betrachtung der ökonomischen Information als eine Menge von einzelnen Kennziffern entspricht völlig dem Vertändnis der Information als Daten, die zur Lösung einer bestimmten Aufgabe erforderlich sind. Bei einem Herangehen von der Aufgabe her werden sowohl die Kennziffern als auch andere Daten, die analog in der Form von bestimmten Bezeichnungen zusammen mit ihren Werten aufgezeichnet worden sind, in gleicher Weise als Ausgangsbedingungen für die Lösung der Aufgabe betrachtet.

Die Arbeit mit einzelnen Kennziffern erfordert nicht nur die Registrierung des Platzes jeder Kennziffer im Dokument, sondern auch die vollständige Aufzeichnung der Kennziffer.

Die vollständige Aufzeichnung der Kennziffer muß dem Benutzer das Verständnis des Sinnes der Kennziffer und ihres Platzes in der Struktur des Informationssystems sichern. Zum Beispiel ergibt sich aus den Zeilen und Spalten eines Dokuments die Aufzeichnung der Kennziffer: „Insgesamt in der Abteilung 95 Prozent." Die volle Notiz dieser Kennziffer nach der Untersuchung des Kopfes und des Inhalts des Dokuments wird bei ihrer Betrachtung auf der Ebene des Betriebes folgendermaßen aussehen: „Planerfüllung der Abteilung Nr. 5 im ersten Quartal 1968 – 95 Prozent." Dieselbe Kennziffer muß, wenn sie auf der Ebene des Ministeriums betrachtet wird, zusätzlich die Bezeichnung oder den Index des Betriebes usw. enthalten.

Die Dokumentation bildet ein kompliziertes Zeichensystem, das über eine große Spezifik verfügt. Diese Spezifik zeigt sich insbesondere in der Vielzahl der Funktionen des Dokuments: Mit seiner Hilfe erfolgt die Fixierung und Organisation der Information, ihre Speicherung und Weitergabe, die juristische Bestätigung des Sinnes und der Zuverlässigkeit der Information sowie die Sicherstellung der Zugänglichkeit und Anschaulichkeit der Information, die zur Lösung bestimmter Aufgaben des Systems erforderlich ist. Da das Dokument eine multifunktionale sprachliche Einheit ist, die eine oder mehrere im System zu lösende Aufgabe(n) mit Information versorgt, ein Zeichen, in dem die notwendigen Informationswege, die Möglichkeiten, Mittel und Methoden sowie der Charakter und die Arbeitsaufwendigkeit der Operationen der Informationsverarbeitung berücksichtigt werden, muß man es als das Ergebnis eines schwierigen Kompromisses zwischen diesen zahlreichen und vielseitigen sowie oft widersprüchlichen Forderungen ansehen.

Wie jedes Zeichen stellt das Dokument auch das Ergebnis einer Vereinbarung über die Einheit einer bestimmten Form und eines in gewissem Grade reglementierten Inhalts der Information dar. Die Form des Dokuments (und mehr noch sein Inhalt) kann ihren Ausdruck in verschiedenen physischen Trägern finden: in Papierformularen, Lochkarten, Magnetkarten und -bändern, Mikrofilmen usw. Die exklusive Besonderheit des Dokuments als Zeichen besteht darin, daß sein Inhalt (die Bedeutung der Kennziffern und die Füllung der Requisiten) überaus breit variiert.

Die Kompliziertheit des Dokuments als Zeichen, insbesondere seine vielfachen Funktionen, erschwert ganz erheblich die Analyse der existierenden Dokumentation, eine Analyse, die auf die Rationalisierung der Schemata des Dokumentenumlaufs und der Formen der Dokumente gerichtet ist. Diese Aufgabe können nicht nur auf der Basis der Erforschung der Dokumente selbst gelöst werden. Sie erfordern die Aufdeckung der funktionalen Struktur des Systems sowie die Feststellung der Zusammensetzung der Information und ihrer Sprache. Es ist eine dringliche Aufgabe der ökonomischen Semiotik, eine Methodik der Projektierung von rationellen Formen der Dokumentation (Zahl, Charakter, Anordnung der Daten, Form und Abmessung der Formulare usw.) auszuarbeiten. Dabei ist von den Bedeutungen einer Reihe von Parametern des Systems auszugehen, und diese Methodik ist anschließend in ein Programm für die maschinelle Bearbeitung überzuführen.

Wenn man die ökonomische Sprache als ein Zeichensystem charakterisiert, so kann man nicht umhin, sie unter den für die Semiotik traditionellen Aspekten der Analyse darzustellen – unter dem syntaktischen, dem semantischen und dem pragmatischen Aspekt.

Der syntaktische Aspekt der Betrachtung der Zeichen einer ökonomischen Sprache bedeutet, daß diese Zeichen unter dem Gesichtspunkt ihrer möglichen Kombination, Verbindung und Verteilung studiert werden. In den Fällen, in denen sich eine Analyse des Sinnes oder der Nützlichkeit der Information als unmöglich oder schwierig erweist, wird nur eine syntaktische Analyse vorgenommen. Dabei kann in vollem Umfang der statistisch-wahrscheinlichkeitstheoretische Apparat der Informationstheorie benutzt werden. Gegenwärtig ist gerade das syntaktische Herangehen an die ökonomische Information am gebräuchlichsten, obwohl es in ziemlich primitiver Form praktiziert wird. Die Analyse beschränkt sich im allgemeinen auf die Berechnung der Anzahl der Zeichen, die auf den verschiedenen Ebenen verarbeitet werden, und ist im besten Falle mit der Berechnung ihrer Häufigkeit verbunden. Auf dem syntaktischen Herangehen beruhen die Bewertungen von Parametern der existierenden Informationssysteme und die Berechnung der Durchlaßfähigkeit der Nachrichtenkanäle und der Informationsverarbeitungsglieder der Systeme, die projektiert werden. Es muß jedoch betont werden, daß der syntaktische Aspekt der Analyse, der mit den technischen, signalhaften Ebenen der Betrachtung der Information am engsten verbunden ist, ein gewisses Abstrahieren vom Sinn und der Nützlichkeit der Mitteilungen bedeutet. Deshalb kann er kein vollständiges Bild der Informationsverteilung im System geben.

Die Betrachtung der Zeichen einer ökonomischen Sprache unter dem semantischen Aspekt bedeutet die Erforschung der für jedes Zeichen fixierten entsprechenden Bedeutungen. Das erfordert insbesondere eine begriffliche Klassifizierung der Objekte, die Präzisierung der Sinnvarianten jedes der Zeichen in verschiedenen Klartexten, die Beobachtung der Modifikationen dieser Bedeutungen entsprechend der Entwicklung des Systems sowie die Fixierung der Zugehörigkeit der Zeichen zu den verschiedenen funktionalen Teilsystemen.

Da der Sinn von Mitteilungen oft schwer von ihrer Relevanz für das System zu trennen ist, überschneidet sich das semantische Vorgehen bei der Informationsanalyse weitgehend mit dem pragmatischen Aspekt.

Der pragmatische Aspekt der Informationsanalyse erfordert die exakte Orientierung jeder Mitteilung auf ein bestimmtes System und eine bestimmte Aufgabe, die in diesem System gelöst wird. Das pragmatische Herangehen ist gerichtet auf die Einschätzung der Relevanz jedes der sprachlichen Zeichen für die Aufgaben, die im System gelöst werden, die Bewertung der Kosten der Informationsgewinnung, die Berücksichtigung von Angaben über den Ort der Entstehung und Bearbeitung sowie über die Arbeitsaufwendigkeit der Informationsgewinnung und die Informationswege.

Bei einem Vergleich der allgemeinen natürlichen Sprache mit der Sprache der Ökonomie und den Sprachen einzelner ökonomischer Systeme ist zu beachten, daß die Universalität der allgemeinen Sprache, die sich aus der Zahllosigkeit der Aufgaben und Situationen ergibt, die zu lösen und zu beschreiben sind, dazu führt, daß die Zeichen der allgemeinen Sprache mehrdeutig sind und der Sinn dieser Zeichen ungenau definiert wird. Im Gegensatz dazu ist in der Sprache der Ökonomie eine Tendenz zur Festlegung der Eindeutigkeit der Zeichen zu bemerken, analog wie das in den technischen Sprachen der Industriezweige geschieht. Zusätzlich zu dieser allgemeinen Tendenz der ökonomischen Sprache wächst die Bestimmtheit des Sinnes und die Konkretheit der Zeichen in den Sprachen konkreter ökonomischer Systeme derart, daß sich die Möglichkeit ergibt, den Sinn und die Bedeutung jedes Zeichens für das System zu fixieren, und zwar auch in quantitativer Weise. Dies wiederum schafft große Möglichkeiten für eine rationelle Rekonstruktion des vorhandenen Systems der Datenverarbeitung auf der Basis von Wertungen der Relevanz der Informationen.

Um die Sprache eines konkreten ökonomischen Systems zu bestimmen, muß die Zusammensetzung seiner Information festgestellt werden. Diese wird ihrerseits durch die funktionale Struktur des Systems bestimmt.

Die funktionale Struktur des Systems stellt eine gewisse Aufspaltung der Zielfunktion des Systems in Teilfunktionen oder Teilaufgaben dar, bis hin zu den elementaren Funktionen oder Aufgaben. Die funktionale Struktur kann mit Hilfe eines Aufgaben-Graphen dargestellt werden.

Unter der Informationszusammensetzung ist jener Kreis von Begriffen, Mitteilungen und ihren Kombinationen zu verstehen, der für das Funktionieren des ökonomischen Systems notwendig ist. Die Informationszusammensetzung kann durch einen Satz von Listen und entsprechend von Begriffen, Mitteilungen und Dokumenten vorgegeben werden.

Die Aufstellung eines Aufgaben-Graphen ist eine bestimmte Art der Abgrenzung des Systems, das diese oder jene Zielfunktion (allgemeine Aufgabe) erfüllt. Die allgemeine Aufgabe zerfällt in Teilaufgaben, die sich auf gleichen Rangstufen befinden. Eine schematische Darstellung der hierarchischen Wechselbeziehung der Aufgaben des Systems ermöglicht der Graph. Eben deshalb benutzen wir den Ausdruck „Aufgaben-Graph".

Der Aufgaben-Graph wird so aufgestellt, daß die Knoten gleichzeitig sowohl als eigene Aufgaben als auch als Ausgangsdaten für die Lösung von anderen Aufgaben des Systems angesehen werden. Ein Teil der Ausgangsdaten wird von außen genommen; es sind die Ausgangsinformationen. Ein anderer Teil wird innerhalb des Graphen herausgearbeitet; es sind die abgeleiteten Informationen. Die Kanten bezeichnen die Bewegungsrichtungen der Ausgangsdaten für die Lösung der Aufgaben.

Die Bestimmung der Systemsprache führt nun zur Aufstellung einer Liste vonAusgangsdaten für die Lösung aller Aufgaben des konstruierten Graphen, die als Liste der Aussagen der Sprache betrachtet wird. Als Aussagen der Sprache erweisen sich Kennziffern, Normativdaten, Konstanten etc. Entsprechend der Aussageliste werden das Wörterbuch und das Alphabet der Sprache verfaßt. Die Aussagen der Sprache gelten als kleinste Informationseinheiten.

Die funktionale Eingrenzung des Systems durch die Aufstellung eines Aufgaben-Graphen hat gezeigt, wie unkonkret und unzulänglich eine der verbreitetsten Definitionen der ökonomischen Information ist, die besagt, daß Information Nachrichten seien, die das ökonomische System vervollkommnen. Weiter ist sichtbar geworden, daß es notwendig ist, diese Definition in die Begriffe Information der unmittelbaren Leitung und Information zur Systementwicklung zu unterteilen.

Unter Information der unmittelbaren Leitung ist Information zu verstehen, die mit mehr oder minder großer Häufigkeit im System zirkuliert und die zur Lösung der im Graphen fixierten Aufgaben benutzt wird.

Information zur Systementwicklung sind Nachrichten, die zur radikalen Änderung des Systems benutzt werden können: neue Aufgabenstellungen, Änderungen der Lösungsalgorithmen, Entwicklung und Einführung von neuen Anlagen der Informationsverarbeitung (wissenschaftlich-technische Information).

Von der Information der unmittelbaren Leitung kann exakt gesagt werden, in welchen Leitungsaufgaben sie benutzt wird. Für die Information zur Systementwicklung ist in dieser Hinsicht eine gewisse Unbestimmtheit charakteristisch – es kann nur orientierend auf ein Problem hingewiesen werden, zu dem die jeweilige Information in Beziehung steht.

Einen wesentlichen Teil der Information der unmittelbaren Leitung jedes Informationssystems bildet die determinierte Information, d. h. Information, die in der Sprache eines konkreten ökonomischen Systems fixiert ist (ein bestimmter Satz von Kennziffern und Dokumenten, ein spezifisches Begriffswörterbuch usw.).

Wenn man von der ökonomischen Leitungsinformation spricht, dann hat man darunter eben die Information der unmittelbaren Leitung zu verstehen, d. h. Informationen, die für die Verwirklichung der Lösung von Aufgaben des ökonomischen Systems notwendig sind.

Als Informationseinheit ist in diesem Falle eine elementare Aussage zu verstehen, die die Form einer gewissen Einheit der Bezeichnung und ihres Wertes besitzt (Kennziffern, Normativdaten, Konstanten etc.).

Die Hervorhebung der elementaren Aussagen als einer besonderen Zeichenebene der ökonomischen Sprache ist ein wichtiges Argument dafür, die Kennziffern als selbständige Einheiten und nicht im Bestand des Dokuments zu bearbeiten.

Mit Hilfe des Aufgaben-Graphen kann jede Informationseinheit aus dem Bestand der Information einzeln im Hinblick auf eine ganze Reihe von wichtigen Parametern bewertet werden: nach Relevanz, Nützlichkeit, Gebrauchsgrad, Rang, Rechtzeitigkeit, Zuverlässigkeit, Zugänglichkeit sowie, verallgemeinert, nach ihrem Informationsgehalt.

Den Einflußgrad dieser oder jener Bedingung auf die Genauigkeit der Lösung einer bestimmten Aufgabe der Informationsverarbeitung nennen wir die *Relevanz* der Informationseinheit.

Den Anteil dieser oder jener Informationseinheit an der Lösung der Gesamtaufgabe definieren wir als *ihre Nützlichkeit.*

Die Anzahl der Aufgaben, in denen eine Informationseinheit verwendet wird, und die Periodizität ihrer Verwendung ergeben den *Gebrauchsgrad* dieser Informationseinheit.

Die Ebene, in der die Aufgabe im Aufgaben-Graphen liegt (die Ebene wird durch den Abstand bis zum Knoten des Graphen bestimmt und durch die Anzahl der Kanten ausgedrückt), nennen wir den *Rang* der Informationseinheit.

Ein sorgfältig aufgestellter Aufgaben-Graph muß auf der Grundlage von Expertenurteilen für jedes konkrete Informationssystem der ökonomischen Leitung den Grad der *Zugänglichkeit* jeder Informationseinheit berücksichtigen (anhand einer Ordnungsskala oder wertmäßig ausgedrückt). Er muß ferner die Zuverlässigkeit der Informationseinheit berücksichtigen, zum Beispiel einer synthetischen Kennziffer, die Kenntnis über die Zuverlässigkeit der Informationsquelle, des Verarbeitungspunktes und der verwendeten Berechnungsmethoden und die eigentlichen Kosten der Herausarbeitung der Bedeutung jeder Informationseinheit.

Es ist zu sagen, daß wir, wenn wir über eine vielschichtige Charakteristik jeder Informationseinheit eines konkreten Informationssystems verfügen, grundsätzlich die Möglichkeit besitzen, bei der Datenverarbeitung eine automatische Sinnanalyse der Daten vorzunehmen, da wir für jede Informationseinheit genau sagen können, welche Bedeutung sie für das System und für jede seiner Aufgaben hat.

Wenn notwendig, kann eine verallgemeinerte Charakteristik der Informationseinheit eingeführt werden – der Informationsgehalt. Er wird dadurch gewonnen, daß jedem der Wertkriterien Gewichtskoeffizienten beigemessen und diese dann summiert werden.

Der Informationsgehalt eines Textes oder Dokuments kann unter Berücksichtigung der Größen des Informationsgehalts der einzelnen darin enthaltenen Informationseinheiten errechnet werden.

Die Abgrenzung des Systems durch die Methode des Aufbaus eines Aufgaben-Graphen und die Bestimmung der Sprache des Systems erlauben es, Mittelwerte des Informationsgehalts für einzelne Wörter und Buchstaben der Sprache abzuleiten, analog wie das in den linguistischen Anwendungen der Informationstheorie geschieht. Dabei wird eine relativ hohe Genauigkeit der Mittelwerte dadurch erreicht, daß von einem gewissen Abstrahieren der Information vom konkreten System abgegangen wird und die Verteilung der durchschnittlichen Charakteristika nicht auf die ganze natürliche Sprache, sondern nur auf die Aussagen, das Wörterbuch und das Alphabet der Sprache des jeweiligen Systems erfolgt.

Die durchschnittlichen Informationscharakteristika für die Aussagen, Wörter und elementaren Zeichen der Systemsprache werden durch einfache arithmetische Berechnung ermittelt. So gewinnt man durch eine Teilung des Informationsgehalts des Systems durch die Gesamtzahl der Aussagen den durchschnittlichen Informationsgehalt einer Aussage. Teilt man weiter den durchschnittlichen Informationsgehalt einer Aussage durch die mittlere Zahl der Wörter oder der Buchstaben in einer Aussage, so erhält man den durchschnittlichen Informationsgehalt eines Wortes oder Buchstabens der Systemsprache.

Geht man davon aus, was über die Informationseinheiten und über den Charakter der Sprache eines ökonomischen Systems gesagt worden ist, so kann man vorschlagen, den gesamten Vorrat an Informationen über das System nach dem Thesaurus-Prinzip zu organisieren, wobei die Informationen bei den sprachlichen Zeichen annähernd genauso gruppiert werden wie in den üblichen erklärenden Wörterbüchern.

Ein derartiger Thesaurus eines ökonomischen Systems bildet ein Informationsfeld, das die notwendigen Angaben über das System enthält. Er setzt sich aus folgenden Teilfeldern zusammen: dem Thesaurus der Wörter, dem Thesaurus der Kennziffern und dem Thesaurus der Dokumente. Der Artikel jeder lexikalischen Einheit des Thesaurus besteht aus der syntaktischen, der semantischen und der pragmatischen Charakteristik.

Der *Thesaurus der Wörter* enthält folgende Kennzeichnungen:
*syntaktischer Teil* – Anzahl der Buchstaben, Häufigkeit des Wortes, Vorkommen in Kennziffern;
*semantischer Teil* – Hinweise zum Typ „ist allgemeiner als der Terminus ...“, „ist eine Konkretisierung des Terminus ...“, „ist eine Variante des Terminus ...“;
*pragmatischer Teil* – mittlerer Informationsgehalt.

Der *Thesaurus der Kennziffern* wird durch folgende Merkmale charakterisiert:
*syntaktischer Teil* – Anzahl der Wörter und Buchstaben in der Kennziffer, Vorkommen in Dokumenten, Häufigkeit;
*semantischer Teil* – Varianten der Aufzeichnung, Plan- oder Abrechnungskennziffer, funktionale Zugehörigkeit, Sinnverbindung mit anderen Kennziffern;
*pragmatischer Teil* – allgemeiner Informationsgehalt, Werte der einzelnen Parameter des Informationsgehalts, Ermittlungskosten, Aufgaben, in denen die Kennziffer verwendet wird, Aufgaben, in denen sie gewonnen wird, primäre oder sekundäre (abgeleitete) Kennziffer.

*Thesaurus der Dokumente:*
*syntaktischer Teil* – Anzahl und Nummern der Kennziffern, Vorkommen in Dokumentensammlungen, Periodizität der Herstellung;

*semantischer Teil* – funktionale Sphäre, Art des Dokuments;
*pragmatischer Teil* – primär oder sekundär, wird zur Lösung welcher Aufgaben benutzt, Anzahl der Exemplare, Ort der Entstehung und Benutzung, Adressat, Arbeitsaufwendigkeit der Herstellung, Informationsgehalt.

Ein auf solche Weise aufgestellter Thesaurus eines ökonomischen Systems ist ein Wörterbuch der Informationssprache des Systems. Ähnlich wie der Thesaurus dadurch aufgebaut wird, daß dem vorhandenen Wortschatz der Systemsprache gewisse formale Beschränkungen auferlegt werden, so wird auch die Grammatik der Informationssprache auf der Basis einer Formalisierung der vorhandenen Grammatik der natürlichen Sprache erarbeitet. Auf der Grundlage der Sichtung der Kennziffern des Systems wird ein allgemeines grammatisches Schema für die Aufzeichnung einer Kennziffer geschaffen. Das Schema wird notwendigen Vereinfachungen unterzogen, die danach zu Regeln für die Aufzeichnung einer Kennziffer umgearbeitet werden[1].

Die Übersetzung von der natürlichen ökonomischen Sprache des Systems in die Informationssprache erfolgt mittels Kodierung der einzelnen Aussagen. Als Grammatik dient dabei ein formalisiertes universelles Schema für die Aufzeichnung der Kennziffern.

Die Informationsrecherche gründet sich bei der Verwendung von Wörterbüchern des Thesaurustyps prinzipiell auf den Vergleich des Suchmerkmales, das eine Kollektion von im Wörterbuch vorhandenen Wörtern oder Aussagen enthält, mit den realen Dokumenten und Texten sowie auf die Auswahl jener Dokumente und Texte, bei denen die Anzahl der übereinstimmenden Einheiten und der Verbindungen zwischen ihnen einen vorgegebenen Schwellenwert übersteigt.

Zur Organisation der Informationsrecherche eines konkreten ökonomischen Systems mit einer Wertung der Information im Speicherfeld werden die Aussagen der Sprache als Grundkonstruktionen genommen. Für jede Aussage in realen Texten wird eine Kollektion von Aufzeichnungsvarianten herangezogen. Es wird ein Algorithmus der syntaktischen Analyse aufgestellt, der mit Hilfe des Informationswörterbuches die Analyse der im Text vorkommenden Bezeichnungen und der Zahlenwerte durchführt, die Gewinnung der „Ja“-„Nein“-Antworten für die Nominalkennziffern vornimmt und der die Feststellung des Ranges der Ordnungskennziffern oder bestimmter Eigen-

[1] Vgl. den Artikel von Žerebin, V. M., u. a., Das linguistische Herangehen an die Kodierung ökonomischer Kennziffern, im vorliegenden Sammelband

schaften für die Kennziffern übernimmt, die nicht skaliert werden. Der Algorithmus verwirklicht auch den Durchlaß von Daten, die früher vorgekommen sind. Da im Informationswörterbuch jeder Wörterbucheinheit eine Wertcharakteristik beigegeben ist, die sowohl die entsprechenden quantitativen Werte mehrerer Bewertungsparameter der Information als auch die Größen für den Wert und den mittleren Informationsgehalt dieser Wörterbucheinheit umfaßt, so kann eine quantitative Einschätzung des Informationsgehalts oder der Vollständigkeit des Textes oder des Feldes ökonomischer Daten automatisch durch die Summierung der Werte aller darin vorkommenden Wörterbucheinheiten gewonnen werden.

Die automatische Informationsverarbeitung hat dazu geführt, einen außerordentlich entwickelten Komplex von Maschinensprachen zu schaffen, die auf verschiedene Komplexe von ökonomischen Aufgabentypen ausgerichtet sind. Jedoch wird bis heute bei der Ausarbeitung dieser Sprachen nicht in jedem konkreten Fall die Spezifik der Informationszusammensetzung berücksichtigt. Dadurch wird die Effektivität der Verwendung dieser Sprachen erheblich gemindert. In diesem Zusammenhang muß die Aufgabe gestellt und unverzüglich gelöst werden, die universellen Maschinensprachen mit den existierenden Sprachen und der Zusammensetzung der Information der konkreten ökonomischen Systeme in Einklang zu bringen.

*E. G. Jasin*

# Menge, Informationsgehalt und Wert der Information

Gegenwärtig ziehen die Fragen der quantitativen Beschreibung der Information die Aufmerksamkeit besonders der Spezialisten auf sich, die mit der Ausarbeitung automatisierter Leitungssysteme beschäftigt sind. Die Erarbeitung des Informationsmaßes durch Wiener und Shannon war ein revolutionärer Moment bei der Lösung dieser Fragen. Heute wird dieses Maß bei der Lösung einer Reihe praktischer Aufgaben im Nachrichtenwesen erfolgreich angewendet. Es sollte jedoch eine breitere Anwendung besonders bei der Analyse der ökonomischen Information finden. Diese Möglichkeit wird angezweifelt.

Das Informationsmaß von Wiener und Shannon abstrahiert den Inhalt und den Wert der Mitteilungen, indem es sie ausschließlich vom Standpunkt des Wahrscheinlichkeitsfaktors aus mißt. Die Informationsmenge, die in der einen oder anderen Mitteilung enthalten ist, wird in Abhängigkeit von der Zahl der möglichen Mitteilungen und der Wahrscheinlichkeit jeder von ihnen bestimmt: eine Mitteilung enthält um so mehr Informationen, je weniger sie unter den gegebenen Bedingungen wahrscheinlich ist. Wenn eine solche Definition für die Erarbeitung eines Nachrichtensystems hinreichend ist, so ist sie für eine ökonomische Information, die von anderen Informationsarten sogar nur nach inhaltlichen Merkmalen unterschieden werden kann, nicht ausreichend. Vom praktischen Standpunkt aus sind ihre Resultate äußerst bescheiden, was zweifellos auch die Kompliziertheit des Problems erklärt.

Ausgehend vom Charakter des Informationsmaßes von Wiener und Shannon und dem relativ engen Gebiet seiner direkten Anwendung, benutzen einige Forscher, die auf dem Gebiet der maschinellen Verarbeitung der ökonomischen Information tätig sind, dieses Maß in ihren Arbeiten im allgemeinen nicht und erwähnen es auch nicht. Sie beschränken sich bei der Messung des Datenvolumens auf die Menge der sprachlichen Formen – die Struktureinheiten der Sprache, sowie auf die Zahl der Mitteilungen und Dokumente. Zum Beispiel schreibt M. A. Korolev, daß die Elemente einer Informationsmenge, d. h. die Symbole notwendiger Angaben, Kennziffern, „natürliche Maßeinheiten der

Information“[1] sind. Selbstverständlich hat vom Standpunkt der Praxis der Einführung der maschinellen Datenverarbeitung aus ein solches Verfahren Vorteile, wobei der wichtigste Vorteil die Einfachheit ist. Wenn man jedoch von der Schaffung eines Informationssystems spricht, das eine Klassifizierung und Auswahl von Daten unter Berücksichtigung ihres Informationsgehaltes, ihres Wertes und der Wahrscheinlichkeit ihres Auftretens im System voraussetzt, so ist solch ein Verfahren bei weitem nicht das beste.

Struktureinheiten einer Sprache sind vor allem Signale und Informationsträger und nicht die Information selbst. In der Ökonomie können als Informationsträger auch materielle Produkte, unterschiedliche Ressourcen, Menschen, Geld usw. fungieren. Die Sprache als Zeichensystem im Prozeß ihrer Entwicklung liefert bequemere Informationsträger, nämlich die Struktureinheiten der Sprache, die die Funktion der Zeichen realisieren. Man kann damit einverstanden sein, daß von einem bestimmten Gesichtspunkt aus die Berechnung der Menge der Symbole, Werte und Sätze völlig berechtigt ist. Die Messung der Informationsmenge in analogen Einheiten setzt aber Mitteilungen mit Informationsgehalt und absolut unsinnige Mitteilungen gleich.

Kann die klassische Informationstheorie bei der Lösung dieser Frage helfen? Sie kann zweifellos irgendwie nützlich sein.

Wir stellen uns vor, daß wir bei der Untersuchung eines bestimmten Informationssystems ein Verzeichnis der benutzten Werte und Wertkombinationen aufgestellt und die relative Häufigkeit ihre Auftretens im System bestimmt haben. Diese Daten können beim Aufbau einer Sprache des Systems, im einzelnen bei der Erarbeitung des Kodes und der Chiffren verwendet werden. Entsprechend der Informationstheorie kann die Effektivität der Kodierung durch eine Kodierung ganzer Symbolblöcke erhöht werden. Symbolblöcke können Werte, Worte und sogar Sätze sein. Wenn man die Unterschiede in der Wahrscheinlichkeit des Auftretens der Blöcke berücksichtigt, so kann man effektive Kodes mit einem Redundanzminimum aufbauen, das von der Zuverlässigkeitsforderung bestimmt wird. Dabei wird eine Vergrößerung der Bitmenge in der Berechnung pro Symbol erreicht. Das ist nicht nur für die Übertragung der Mitteilungen, sondern auch für ihre Verarbeitung, Speicherung und ihren Empfang wichtig, weil beliebige Einrichtungen und Organe, die für die Erfüllung dieser Funktionen vorgesehen sind, als Nachrichtenkanal mit begrenzter Durchlaßfähigkeit betrachtet werden

[1] Korolev, M. A., Obrabotka ekonomičeskoj informacii na elektronnych mašinach, Moskva 1964, S. 102

können, die nur durch ein rationelles Kodierungssystem erhöht werden kann.

Ohne auf Einzelheiten einzugehen, bemerken wir, daß von unserem Gesichtspunkt aus das Informationsmengen-Maß von Wiener und Shannon für die Analyse und Vervollkommnung der Sprache des Informationssystems nützlich ist. Es gestattet, den „Informationsgehalt“ der Struktureinheiten der Sprache nach der statistischen Häufigkeit ihres Auftretens quantitativ zu bestimmen.

Weiterhin lohnt es sich, seine Aufmerksamkeit auch auf den Umstand zu richten, daß, wie C. E. Sherry hervorhebt, das „Maß von Wiener-Shannon“ sich nicht nur auf Signale, Gesamtheiten von Buchstaben, Worte, Wortkombinationen und andere Sprachabschnitte bezieht, sondern auch auf Mengen bestimmter Gegenstände, Ereignisse und anderes und auch auf die Gesamtheit der Reaktionen des Empfängers, der die Signale wahrnimmt[2], anwendbar ist. Das bedeutet, daß es möglich wäre, die Unterschiede in der Informationsmenge einzuschätzen, die durch die Fakten der rechtzeitigen Lieferung von Rohstoffen an den Betrieb in Übereinstimmung mit dem Lieferplan und durch wesentliche Abweichungen vom Plan usw. gebildet werden. Mit anderen Worten: Mißt man die Informationsmenge mit Hilfe des Maßes von Wiener-Shannon, so berücksichtigt man nur den Wahrscheinlichkeitsfaktor der Ereignisse oder Mitteilungen. Das Informationsmaß von Wiener-Shannon berücksichtigt keine anderen Faktoren, daraus folgt jedoch nicht, daß dieser Faktor im allgemeinen bei der quantitativen Bewertung der Information nicht berücksichtigt werden muß. Um den Platz dieses Faktors und die Notwendigkeit anderer quantitativer Bewertungen der Information zu bestimmen, muß man an die Grundaspekte der Untersuchung der Information und der Sprache erinnern. Im Rahmen der Semantik werden bekanntlich folgende Aspekte gesondert betrachtet: die Syntax, die die Mitteilung untersucht und dabei ihren Inhalt und Wert außer acht läßt; die Semantik, deren Gegenstand der Inhalt der Mitteilung ist, oder, mit anderen Worten, die Beziehungen zwischen den Zeichen, die die Gegenstände abbilden, und ihrer Reflexion und Form im Speicher des Organisationssystems; die Pragmatik, die die Beziehungen zwischen den

[2] Es wurde eine abstrakte Theorie entwickelt, in der die Elemente des Ensembles der Reihe nach entweder a-„Symbole“, wie in der Nachrichtentheorie, oder b-„Sätze“, wie in der Wahrscheinlichkeitstheorie, oder c-„Aufgaben“ in der Rechentheorie repräsentieren. Vgl. Inženernaja psichologija, Moskva 1964, S. 239

Zeichen und ihren Verbrauchern vom Standpunkt der Verwendung der Zeichen und ihrer Auswirkungen auf das Verhalten der Verbraucher aus untersucht.

Der Wahrscheinlichkeitsfaktor und das Informationsmaß von Wiener-Shannon gehören in der Hauptsache zum syntaktischen Aspekt, da sie den Inhalt und den Wert der Information außer Betracht lassen. Der Informationsgehalt der Information gehört zur Semantik. In diesem Zusammenhang wird die Frage nach der Notwendigkeit eines Maßes für den Informationsgehalt gestellt. Die Pragmatik ist letzten Endes sehr an der Messung des Wertes der Information für den einzelnen Verbraucher und noch mehr für ihre Assoziationen interessiert.

Dieses Herangehen gestattet zu erläutern, warum man das klassische Maß der Informationsmenge erstens zur Seite legen und zweitens durch keine anderen qualitativen Bewertungen ersetzen kann. Berücksichtigt man das heutige Niveau der Kenntnisse und die entstandenen Traditionen, so ist es zweckmäßig, anzunehmen, daß die Informationsmenge gerade im Zusammenhang mit den Wahrscheinlichkeitsfaktoren bestimmt wird. Andere quantitative Bewertungen der Information kann man als Bewertung der qualitativen Charakteristik der betreffenden Informationsmenge betrachten. Analog kann man die betreffende Produktionsmenge von der qualitativen Seite her durch die Zusammensetzung des nutzbaren Materials, die Aufwandsumme für die Produktion, den Preis usw. charakterisieren.

Um an das Problem des Informationsgehaltes der Information heranzugehen, muß man die Beziehung zwischen den sprachlichen Formen und ihrem Inhalt, der die sinngemäße Bedeutung widergibt, betrachten.

Die Semiotik deutet den Inhalt dieses oder jenes Zeichens als Widerspiegelung des betreffenden Gegenstandes im Speicher des Organisationssystems als eine gewisse Form des Gegenstandes, der durch dieses oder ein anderes Zeichen dargestellt ist. Diese Form kann die unterschiedlichste Gestalt annehmen – von der räumlichen Vorstellung bis zum raffinierten Funktionalmodell, welches das Verhalten des Gegenstandes imitiert. Hier können wir uns auf die Betrachtung der in der Wissenschaft am verbreitetsten Typen solcher Formen beschränken. Das sind die sogenennten logischen Formen – Begriffe, logische Schlüsse, Ansichten usw. Natürlich interessieren uns die einen oder anderen Begriffe und Urteile nur in dem Maße, in dem sie im Verkehr zwischen Systemen einer bestimmten Klasse allgemein üblich sind.

Zwischen sprachlichen und logischen Formen kann man eine bestimmte Beziehung zwischen Form und Inhalt herstellen. Das Wort und die Syntagma dienen gewöhnlich als Ausdrucksform des Begriffes. Der Satz ist geeignet, eine Ansicht (oder eine Aussage) wiederzugeben. Einen Begriff kann man durch mehrere Worte und Syntagmen mit unterschiedlicher Wortmenge definieren. Trotz der Unterschiede ist der Sinn dieser Sätze der gleiche, da sie eine Aussage enthalten. Einen beliebigen Text kann man als Gesamtheit von Sätzen betrachten, die gemeinsam einen bestimmten Inhalt zum Ausdruck bringen, der aus einer Reihe wechselseitig abhängiger Aussagen besteht. Dabei kann der betreffende Inhalt durch eine Reihe von Texten unterschiedlichen Umfangs dargestellt werden.

Folglich kann man den Schluß ziehen, daß man es auf der semantischen Ebene mit einer gewissen Zahl von Begriffen, d. h. mit Einheiten des Inhalts, zu tun hat.

Soweit uns bekannt ist, wurde nur ein Versuch (R. Carnap und J. Bar-Hillel) der unabhängigen Messung des Inhaltes einer Information oder einer Menge der „semantischen Information"[3] unternommen. In ihrer Arbeit wird jedoch der Inhalt der Information unabhängig vom Verbraucher, auf rein semantischem Niveau und für sehr einfache formale Sprachen betrachtet, die als Gesamtheit von Aussagen bezüglich einer endlichen Zahl von Gegenständen mit einer endlichen Zahl von Eigenschaften (Merkmalen) dargestellt werden.

Ohne den Inhalt dieser Arbeit ausführlich darzulegen, bemerken wir, daß das von den Autoren vorgeschlagene Maß für den Inhalt der Information alle Eigenschaften des Shannonschen Maßes für die Informationsmenge besitzt. Die Autoren führen sogar die Begriffe, „semantisches Rauschen" als Ursache einer falschen Interpretation der Mitteilung und „Effektivität der Sprache" in Analogie zur Effektivität des Kodes ein. J. Bar-Hillel sagte, daß in der Theorie von Wiener und Shannon alles auf die semantische Theorie angelegt sei und nicht umgekehrt.

Obwohl dieser Versuch theoretisch sehr interessant ist, erhält er infolge seines abstrakten Charakters keine praktische Bedeutung. Den Inhalt dieses Versuches untersuchend, kommt C. E. Sherry zu der Überzeugung, daß die Semantik vom Standpunkt der Beziehungen zwischen Menschen nur ein Zwischenglied zwischen der Syntax und der Pragmatik ist und als solches nur durch die qualitative Seite der Sache, die das Maß des Inhalts der Information nicht betrifft, begrenzt werden kann. Für eine Erörterung „der Bedeutung" im Falle der Beziehungen

[3] Carnap, R.; Bar-Hillel, J., An outline of theory of semantic information, in: M. I. T. Research Lab. Elektronic, Techn., Rept., 1953, Nr. 247

zwischen Menschen ist es notwendig, bestimmte Verbraucher der Zeichen in die Betrachtung einzubeziehen, da der Inhalt und das Zeichen im Denkprozeß verbunden sind und die Beziehung von der Erfahrung der Verbraucher (die Bedeutung für irgendetwas) abhängt. Mit anderen Worten, die Diskussion soll nicht nur auf dem abstrakten semantischen Niveau geführt werden, sie soll auch die pragmatischen Überlegungen berücksichtigen."[4]

Die Versuche von R. Carnap und J. Bar-Hillel – die Menge der „semantischen" Information unabhängig von ihrem Verbraucher und den zu lösenden Aufgaben zu messen – anzweifelnd, behauptet C. E. Sherry im Grunde genommen, daß die Unterschiede im Maß des Informationsgehaltes zweier Aussagen auf einem rein semantischen Niveau nicht bestimmt werden können: Dafür ist ein Übergang auf das Niveau der Pragmatik nötig[5].

Wenn diese Hypothese richtig ist, so soll sich die Semantik in der Hauptsache auf die rein qualitative Problematik der Bedeutung, des Sinns, der Gegenüberstellung[6] beschränken, die praktisch mit der eindeutigen Definition der Begriffe (inklusive des Operationsbegriffs), der Analyse der Wechselbeziehungen zwischen ihnen, des Aufbaus eines Systems für die Klassifizierung, von Wörterbüchern usw. verbunden ist.

Für die quantitative Charakteristik des Informationsgehaltes der Mitteilungen muß man sich mit jenen Größen begnügen, die die Beziehungen zwischen den sprachlichen und logischen Formen, d. h. die Beziehungen zwischen Form und Inhalt der Information charakterisieren.

Weiter oben hatten wir unsere Aufmerksamkeit schon auf den Umstand gerichtet, daß man bei der Analyse des Inhaltes der Information

[4] Iženernaja psichologija . . . a. a. O., S. 243

[5] Eine ähnliche Meinung vertritt auch E. S. Maiminas. Er schreibt über das Maß qualitativer Charakteristika der Information: „Es ist klar, daß eine isolierte Analyse des Inhalts der Daten selbst keine Antwort geben kann. Wie auch immer die Resultate dieser Analyse ausfallen werden, sie charakterisieren nicht den Informationsgehalt der Daten, der nur im Kontakt mit dem Verbraucher auftritt. Deshalb muß man auch bei der Untersuchung des Informationsgehaltes ein Paar – die Mitteilung und den Empfänger der Mitteilung – betrachten. Maiminas, E. S., Planungsprozesse. Informationsaspekt, Berlin 1972.

[6] Die Theorie der Gegenüberstellung im Rahmen der Semantik untersucht die Wahrheit und Modalität der Aussagen am Beispiel, im Unterschied zu der logischen Werttheorie, in der die Wahrheit der Aussagen anhand der Beziehung zu den Regeln der formalen Logik bestimmt wird.

mit der einen oder anderen Quantität von Begriffen und Aussagen operieren muß. Jede Aussage aus dieser Gesamtheit als Eigenheit des Inhaltes, die in der Lage ist, einen selbständigen Sinn zu haben, hat eine bestimmte Wahrscheinlichkeit für das Erscheinen im betreffenden System und stellt unter bestimmten Bedingungen eine gewisse Informationsmenge dar.

Deshalb kann man für die Bewertung des Informationsgehaltes des betreffenden Textes nach dem Wahrscheinlichkeitsfaktor die Kennziffer der Informationsmenge in einer Aussage ($w$) oder die umgekehrte Größe verwenden.

Wenn $I(v)$ – die Menge der im Text enthaltenen Information und $v$ – die Menge der Aussagen in ihm ist, so ist $w = \frac{I(v)}{v}$.

Da die Menge der Aussagen nicht mit der Menge der im Text enthaltenen Sätze zusammenfällt, ist es nicht immer leicht, $v$ zu bestimmen. Das kann man jedoch für solch einen spezifischen und sehr wichtigen Typ von Aussagen, wie sie die Kennziffer[7] ist, ziemlich einfach machen, da Kennziffern immer ein leicht zu unterscheidendes Merkmal – eine qualitative Bedeutung (Begründung) haben.

Weiterhin kann, wie wir aufzeigen, die betreffende Aussage durch Sätze unterschiedlicher Länge zum Ausdruck gebracht werden. Genau das gleiche kann man über das Symbol eines Begriffs durch Worte und Syntagmen, sowie den Inhalt eines Textes sagen. Im Zusammenhang damit kann man für die Charakteristik des Informationsgehaltes des betreffenden Textes eine Kennziffer der Menge der Symbole pro Aussage oder ihre umgekehrte Größe ($\mu$) einführen:

$$\mu = \frac{v}{l},$$

wobei $l$ die Menge der Symbole im Text ist. Kann man diese Kennziffer als Maß des Informationsgehaltes des Textes betrachten? In der Praxis wendet man gerade sie intuitiv an. Indem die Mathematiker ein System bedingter Bezeichnungen für die Parameter der einen oder anderen Aufgabe einführen, erreichen sie eine Erhöhung des Informationsgehaltes des dargelegten Stoffes. Die Statistiker verwenden für diese Ziele die Tabellenform für die Organisation des Textes. Dabei zeigt sich, daß der Informationsgehalt der Tabelle von ihrer Größe abhängt.

[7] Unter einer Kennziffer versteht man hier eine Aussage, deren Inhalt eine quantitative Charakteristik der einen oder anderen Eigenschaft des widergespiegelten Gegenstandes ist.

Anhand von Orientierungsrechnungen wurde ermittelt, daß man für einen eigenständigen Ausdruck einer mittleren statistischen Kennziffer (außerhalb des Textes) in der russischen Sprache einen Satz aus 60–70 Symbolen benötigt. Der Ausdruck derselben Kennziffer in einer Tabelle mit 10 Tabellenfeldern fordert nur 25–30 Symbole, und in einer Tabelle mit mehr als 1000 Tabellenfeldern benötigt man durchschnittlich 4–5 Zeichen pro Kennziffer. Das wird erreicht durch das Eintragen der Erfordernisse in die Tabellenbezeichnung, in den Tabellenkopf und die Vorspalte, die für den gesamten Text oder für die zu diesem Text gehörenden Kennzifferngruppen gültig sind. Dieses Verfahren wenden wir auch in gewöhnlichen Texten an, wo manchmal eine ganze Aussage durch ein Wort ausgedrückt werden kann, da andere notwendige Merkmale in anderen Aussagen des Textes enthalten sind. Dem Wesen nach wird hier von einer rationellen Organisation des Textes gesprochen. Wenn man den Informationsgehalt des Textes so versteht, so wird die Größe $\mu$ seinem Maß genügen.

Wie wir schon bemerken, kann die semantische Seite der Information nicht unabhängig vom Verbraucher sowie von den Wahrscheinlichkeitsfaktoren betrachtet werden. Dies kommt vor allem darin zum Ausdruck, daß die Erhöhung des Informationsgehaltes der Texte nur bis zu der Grenze zweckmäßig ist, die durch die Anforderung an die Geschwindigkeit der Wahrnehmung der Information durch den betreffenden Verbraucher in einer bestimmten Situation ermittelt wird. Zum Beispiel wird ein erhöhter Informationsgehalt des Textes, der in Tabellen dargelegt ist, durch die Vergrößerung der Tabellenausmaße erreicht, dabei verschlechtern sich die Bedingungen der Wahrnehmung der in den Tabellen enthaltenen Daten, und die Übersichtlichkeit wird eingeschränkt. Die Forderung der Übersichtlichkeit ist auch nicht absolut. Sie ändert sich in Abhängigkeit vom Charakter der Aufgaben, die auf der Grundlage der in der Tabelle enthaltenen Informationen gelöst werden sollen. Die Forderung der Übersichtlichkeit ist daher sehr begrenzt.

Deshalb ist für operative Aufgaben eine Darstellung der Daten in kleinen Tabellen notwendig: Hier ist auch die Anwendung graphischer Darstellungen, von Netz-Signaleinrichtungen, Steuerpulten usw. zweckmäßig. Für analytische Aufgaben, deren Lösungszeiten nicht beschränkt sind, kann man Tabellen mit großen Dimensionen mit kombinierten Gruppierungen der Daten oder Tabellen der Verflechtungsbilanz anwenden. Es ist noch zu unterstreichen, daß der Informationsgehalt großer Tabellen nicht nur durch die Verringerung der Zahl der Symbole pro Kennziffer, sondern auch durch den Fakt, daß man in ihnen die Wechselbeziehung zwischen Kennziffern wiedergibt, erhöht wird.

Eine vom Standpunkt der Bequemlichkeit aus zulässige Grenze des Informationsgehaltes der Daten hängt von der Aufrufhäufigkeit durch den bestimmten Verbraucher, von der Häufigkeit der Lösung von Aufgaben ab, für die diese Daten verwendet werden. Hier stellt man eine Abhängigkeit zwischen dem Informationsgehalt des Textes und dem Wahrscheinlichkeitsfaktor fest, d. h. der Menge der im Text enthaltenen Information. Wenn die Daten häufig verwendet werden, so ist die Anwendung eines Systems fiktiver Bezeichnungen gerechtfertigt, die die Länge der sprachlichen Ausdrücke der Begriffe und Ansichten verkürzen. Das entspricht der Einführung des Systems einer speziellen Subsprache für bestimmte Probleme in die Struktur der gewöhnlichen Sprache. Dieses Verfahren wird oft von Mathematikern und Spezialisten anderer wissenschaftlicher Disziplinen angewendet, in dem sie spezielle Termini und fiktive Bezeichnungen für Begriffe verwenden.

Jedoch muß man hervorheben, daß die Wahrnehmung eines Inhaltes, der in einer speziellen Subsprache ausgedrückt ist, eine vorhergehende Aneignung der Subsprache erfordert. Deshalb ist eine solche Sprache nur in dem Fall zweckmäßig, wenn sie genügend oft von einem ausreichend großen Verbraucherkreis angewendet wird. Dabei muß man immer ein Minimum an speziellen Termini und Symbolen anstreben.

Im allgemeinen beeinflussen zwei Faktoren die Bequemlichkeit der Wahrnehmung des Textes – sein Informationsgehalt und die Informationsmenge. In diesem Zusammenhang soll die zulässige Grenze des Informationsgehaltes des Textes für das Produkt aufgestellt werden:

$$w\mu = \frac{I\ (v)}{v} \cdot \frac{v}{l} = \frac{I\ (v)}{l}.$$

Aus dieser Beziehung ist zu ersehen, daß das Maß des Informationsgehaltes der Daten vom Standpunkt der Bequemlichkeit der Wahrnehmung in einem bestimmten Gebiet sich in einem umgekehrten Verhältnis zu der Wahrscheinlichkeit der betreffenden Aussage und folglich zu der Menge der in ihr enthaltenen Information befinden muß. In der Tat, je wahrscheinlicher das Auftreten der Aussage und je geringer deshalb die Menge der in ihr enthaltenen Information ist, um so größer ist die zulässige Grenze des Informationsgehaltes, um so größer kann $\mu$ ($\mu < 1$) sein. Deshalb werden für Begriffe und Aussagen mit großer Wahrscheinlichkeit des Auftretens im betreffenden Gebiet spezielle Bezeichnungen eingeführt, die den Informationsgehalt der Daten erhöhen. Umgekehrt wird für wenig wahrscheinliche Aussagen die zulässige Grenze des Maßes für den Informationsgehalt niedrig sein.

Wir führen den Begriff der Norm des Informationsgehaltes eines Textes ein. Unter einer Norm des Informationsgehaltes eines Textes ($\mu_0$) vestehen wir die durchschnittliche Menge der Symbole, die in der betreffenden Sprache auf eine Aussage kommen, die unabhängig vom Kontakt angenommen wird. Für wenig wahrscheinliche Aussagen gilt $\mu \to \mu_0$. Dabei wird die Bequemlichkeit ihrer Wahrnehmung gewährleistet.

Für beliebige Texte, die in der betreffenden Sprache ausgedrückt sind, gilt $\mu_0 \leqq \mu < 1$. Wir unterstreichen nochmals, daß hier die Beziehung zwischen Wahrscheinlichkeitsfaktoren und dem Informationsgehalt der Mitteilungen vom Standpunkt der Wahrnehmung der Information, d. h. vom Standpunkt des pragmatischen Aspekts, aufgestellt wird. Das bekräftigt den Gedanken über die synthetische Rolle der Pragmatik.

Man kann voraussetzen, daß bei der pragmatischen Bewertung der Information, die in der Form des Wertmaßes der Information zum Ausdruck kommt, die Wahrscheinlichkeitsfaktoren, der Informationsgehalt und andere Faktoren zusammengeführt werden. Mit anderen Worten, die Kennziffern – Menge der Information und Informationsgehalt der einen oder anderen Daten – können als Kennziffern der Faktoren angesehen werden, die mit anderen ihr Wertmaß bestimmen.

Wir gehen jetzt zu der Erörterung des Problems der Messung des Wertes der Daten über. Unsere Betrachtung beginnen wir mit der Darlegung der interessantesten Vorschläge, die in einer Problemdiskussion erarbeitet wurden.

Vor allem muß man die häufig auftretende Meinung bezüglich der entscheidenden Rolle des subjektiven Faktors bei der Beurteilung des Wertes der Daten hervorheben. Den Einfluß dieses Faktors unterstreichend, muß man jedoch erkennen, daß man auf die Lösung des Problems, den Wert einer Information zu messen, verzichten kann, wenn man dem subjektiven Faktor die entscheidende Rolle bei der Bewertung einräumt. Deshalb wurden weiter unten nur jene Versuche betrachtet, die auf der Suche objektiver Grundlagen für die Messung des Wertes der Daten für den einzelnen Verbraucher und für die Verbrauchervereinigungen basieren.

Dem Wesen nach wird in allen unten behandelten Versuchen, den Wert der Information zu messen, das Problem wie folgt gestellt. Man hat ein Ensemble von Mitteilungen, das von einem gewissen Organisationssystem wahrgenommen wird. Das Verhalten des Systems wird durch das Streben nach der Erreichung eines bestimmten Zieles charakterisiert. Unter einem anderen Aspekt kann man sagen, daß das

System eine Aufgabe oder eine sukzessive Reihe von Aufgaben in bezug auf ein bestimmtes Effektivitätskriterium löst. Die Trajektorie* ihrer Bewegung zum Ziel hängt von den zu erhaltenden Mitteilungen ab. Nach der Wahrnehmung der Mitteilung werden 3 Faktoren unterschieden: die Wahrscheinlichkeit der Mitteilung (die Informationsmenge); die Interpretation der Mitteilung (das Verstehen, die Beherrschung ihres Inhaltes, was von der semantischen Richtigkeit der Mitteilung und dem Übertragungskode – dem Maß des Informationsgehaltes abhängt); die Verwendung der Mitteilung (der Einfluß der Mitteilung auf das Verhalten des Organisationssystems).

Von dieser Aufgabenstellung ausgehend, versuchte A. A. Charkevič[8] das Wertmaß einer Information für Systeme mit klar definiertem Ziel nur mit Hilfe des Apparates der klassischen Informationstheorie zu begründen. Er schlug vor, den Wert der Information durch den Zuwachs der Wahrscheinlichkeit der Erreichung des Zieles, der $p_0$ war, und nach dem Eintreffen der Mitteilung – $p_1$ zu bestimmen, so daß der Wert der Information, die in der betreffenden Mitteilung enthalten ist, ergibt:

$$(1) \qquad I = \log_2 p_1 - \log_2 p_0 = \log_2 \frac{p_1}{p_0}.$$

Diese Formel fällt mit der Bestimmung der Informationsmenge im Falle gleichwahrscheinlicher Ausgänge zusammen, wenn ihre Zahl bis zum Eintreffen der Mitteilung $K_0$ betrug und nach dem Eintreffen auf $K_1$ verringert wurde. Dann ist die Informationsmenge

$$I = \log_2 K_0 - \log_2 K_1 = \log_2 \frac{K_0}{K_1}.$$

Diese Formeln sind im Falle $K_0 = \frac{1}{p_0}$ und $K_1 = \frac{1}{p_1}$ gleich. Nach Charkevič wird die Informationsmenge mit dem Informationsmaß zusammenfallen, wenn man annimmt, daß von allen möglichen Ausgängen nur ein Ausgang (im allgemeinen Fall einige) günstig ist, d. h. der Erreichung des Zieles entspricht. Dabei wird die Wahrscheinlichkeit in der Formel (1) als Verhältnis zwischen der Zahl der günstigen Ausgänge und ihrer Gesamtzahl bestimmt.

Ein anderer Versuch, den Wert einer Information bei Einbehaltung des Rahmens der klassischen Informationstheorie zu messen, wurde von

[8] Charkevič, A. A., O cennosti informacii, in: Problemy kibernetiki, 9/1963

* Überführung bzw. Hinüberführung (Anm. d. Bearbeiter).

M. M. Bongard[9] unternommen. Er betrachtet ein System, das die Information für die Lösung der Aufgabe durch eine Reihe sukzessiver Experimente mit dem Objekt ermittelt. Die „Schwierigkeit" der Aufgabe wird als Funktion der Zahl der Experimente bestimmt, die für das Auffinden der Lösung benötigt werden.

Solch ein Herangehen ist analog der Aufgabenstellung für das Erraten einer gedachten Zahl, die von A. M. Jaglom[10] als Illustrationsproblem für die optimale Kodierung beschrieben wird, dessen Lösung durch Methoden der Informationstheorie zu der Schaffung des Kodes von Shannon und Fano führte. Die Originalität der Aufgabenstellung von M. M. Bongard besteht in der Annahme eines äußeren Nachrichtenkanals, durch den der Experimentator Informationen von der Seite erhalten kann, wobei diese Information die notwendige Menge der Experimente verändern kann, d. h. auch die Schwierigkeit der Aufgabe. Mit dieser Änderung wird der Wert der Information in Verbindung gebracht, der als Differenz der mathematischen Erwartung der Zahl der Experimente vor und nach dem Eintreffen der Information bestimmt wird.

M. M. Bongard zeigte die Beziehung zwischen der Bestimmung des Nutzens der Information dieses Typs und des Maßes der Informationsmenge. Wenn eine Teilauflage $a_i$ mit der Wahrscheinlichkeit $p_i$ eine Antwort $b_i$ hat und der Experimentator probiert $b_i$ mit der Wahrscheinlichkeit $q_i$ und $b_i$ ist die einzige Antwort, so ist die Durchschnittszahl der Experimente gleich $\frac{1}{q_i}$, oder die Unbestimmtheit der Aufgabe $a_i$ wird als $\log \frac{1}{q_i} = -\log q_i$ bestimmt. Die Wahrscheinlichkeit solch einer Situation ist gleich $p_i$. Für die Angabenmenge $A = \{a_i\}$ $(i = 1, 2, 3, \ldots, n)$ beträgt die Unbestimmtheit:

$$H(A) = -\sum_{i=1}^{n} p_i \log q_i.$$

Wenn die $p_i$ fixiert sind, so ist die Unbestimmtheit bei $p_i = q_i$ minimal. Dann ist die Unbestimmtheit der Aufgabe gleich der Entropie der Wahrscheinlichkeitsverteilung $p_1, p_2, \ldots, p_n$. Mit anderen Worten, wenn die Wahrscheinlichkeiten $p_i$ bekannt sind, so ist es am besten, die Antworten mit den gleichen Wahrscheinlichkeiten $q_i = p_i$ durch-

[9] Bongard, M. M., O ponjatii „poleznaja informacija", in: Problemy kibernetiki, 9/1963

[10] Jaglom, A. M.; Jaglom, I. M., Verojatnost' i informacija, Moskva 1957

zuprobieren. Die eintreffende Information ist nützlich, da sie die Unbestimmtheit der Aufgabe verringert, $q_i$ an $p_i$ annähert.

$$I = H_0 (A) - H_1 (A),$$

wobei $H_0$ — die Unbestimmtheit der Aufgabe vor Eintreffen der Mitteilung ist,

$H_1$ — die Unbestimmtheit der Aufgabe nach dem Eintreffen der Mitteilung ist.

Leider haben die Versuche von M. M. Bongard und A. A. Charkevič keine praktische Bedeutung. Theoretisch sind sie interessant, da sie die Beziehung zwischen dem Wert einer Mitteilung und der Menge der in ihr enthaltenen Information als Faktor zeigen, der das Wertmaß beeinflußt. Es ist wichtig zu unterstreichen, daß in diesen Versuchen der Wert einer Information in bezug auf eine konkrete Aufgabe oder einen Komplex sukzessiv zu lösender Aufgaben bestimmt wird, was dem Wesen nach eine Vereinigung des semantischen und des pragmatischen Aspekts bedeutet, obwohl die individuellen Eigenschaften des Subjekts, das die Aufgabe löst, außer Betracht gelassen werden.

Interessante Gedanken über die Möglichkeit, die Informationsmenge als Kennziffer ihres Wertes zu verwenden, äußert Ja. N. Chanelis.[11] Seine Gedanken bestehen darin, daß man eine solche Möglichkeit nur „in einer bekannten Beziehung" hat. Der Autor zeigt es an folgendem Beispiel:

Es möge die Wahrscheinlichkeit für den Brotverkauf für $S$ Rubel gleich $p'$ sein und für die Summe von $M$ Rubel gleich $p''$, wobei $p' < p''$. Dann ist die Informationsmenge in der Mitteilung über den Brotverkauf für $S$ Rubel größer als in der anderen Mitteilung. Die erste Mitteilung wird gleichzeitig für die Verwaltung des Brothandels einen größeren Wert haben, da sie weniger erwartet wurde und große Chancen hat, eine Anregung für diese oder jene praktischen Auswirkungen zu geben. Wenn man jedoch gleichwahrscheinliche Mitteilungen über den Verkauf von Brot für die gleiche Summe an die gleiche Personenzahl gegenüberstellt, so wird bei Gleichheit der in ihnen enthaltenen Informationsmengen ihr Wert unterschiedlich sein. Der Autor kommt zu dem Schluß: „. . . wenn man von quantitativ vergleichbaren Ereignissen spricht, so entspricht bei gleichbleibenden Bedingungen einer großen Informationsmenge ein großer Wert".[12]

[11] Chanelis, Ja. N., Torgovo-ekonomičeskaja informacija, Moskva 1967
[12] Ebenda, S. 23

Hier bestätigt Ja. N. Chanelis dem Wesen nach den schon früher ausgesprochenen Gedanken, daß die Informationsmenge im Shannonschen Sinne als einer der Faktoren, die den Wert der Daten beeinflussen, betrachtet werden soll. Es ist natürlich, daß der Wert der Daten durch die Informationsmenge ausgedrückt werden kann, wenn nicht andere Faktoren wirken, d. h. bei gleichbleibenden übrigen Bedingungen.

Ein wenig anders sieht E. S. Maiminas[13] das Problem an. Ein wahrnehmendes System betrachtet er als Black-box. Auf das System wirkt ein Ensemble von Symbolen-Mitteilungen $X = \{x_i\}$ ein; durch deren Einwirkung nimmt das System eine gewisse Menge möglicher Zustände $Y = \{y_i\}$ an. Beim Eintreffen der Mitteilung $x_i \in X$ geht das System in den Zustand $y_i \in Y$ über; möglich ist eine Übereinstimmung mit dem primären Zustand. Somit kann man eine Abbildung $X \rightarrow Y$ und den entsprechenden Algorithmus angeben, der jedem $x \in X$ ein $y \in Y$ gegenüberstellt. Die Daten über $X$, $Y$ und $X \rightarrow Y$ kann man durch eine Beobachtung der Black-box gewinnen.

Die Aufgabe besteht in der Ordnung des Ensembles $X$, das die Wechselbeziehung der Mitteilungen nach dem Nutzen vom Standpunkt des Systems wiedergibt. Solch eine Ordnung kann man festlegen, indem man die Reihenfolge untersucht, in der der Verbraucher den Satz der gleichzeitig zu übergebenden Daten anfordert. Der Autor nimmt an, daß es möglich ist, die Präferenzbeziehungen der Methoden für die Analyse der Verbrauchernachfrage zu erforschen. Dabei muß man solche Parameter wie die Gesamtaufwendungen für die Gewinnung der Information und den „Preis" der Mitteilung in die Betrachtung einbeziehen. Ein anderes Herangehen ist mit der begrenzten Aufnahmefähigkeit des Empfängers verbunden. In diesen Fällen spricht man von der Untersuchung der Reaktionen des Systemeingangs – der Präferenz des Verbrauchers. Ein weiteres mögliches Verfahren besteht in der Untersuchung der Reaktion der Systemausgänge, die durch die eintreffenden Mitteilungen hervorgerufen werden. Diese Vorschläge sind – obwohl sie zur Zeit infolge der überaus fragmentarischen Darstellung keine praktische Bedeutung haben, – von großem Interesse, weil das Problem der Messung des Wertes einer Information über den Rahmen der klassischen Theorie hinausgeht.

Analog zu den Feststellungen von E. S. Maiminas wird im wissenschaftlichen Forschungsinstitut bei der Zentralverwaltung für Statistik

[13] Maiminas, E. S., Planungsprozesse. Informationsaspekt . . ., a. a. O.

der UdSSR an der Untersuchung der Verwendung von Daten am Beispiel der statistischen Abrechnung gearbeitet.[14]

Die Methode für die Untersuchung der Verwendung statistischer Daten in den Verwaltungsorganen baut auf der Annahme auf, daß durch die Häufigkeit der Verwendung (Anwendbarkeit) unter gleichen Bedingungen der Nutzen bestimmt wird.

Bei einer Untersuchung in einer der Hauptverwaltungen des Ministeriums für Gerätebau wurden die statistischen Kennziffern, die Bestandteil der Hauptabrechnungsformen sind, ihre Verwendung innerhalb der Hauptverwaltung und ihre Endverwendung betrachtet. Die Gesamtzahl der Fälle der dokumentierten Verwendung und die Menge der Fälle einer effektiven Verwendung (unter einer effektiven Verwendung wird die Endverwendung der Kennziffern für die Entscheidungsfällung verstanden, deren Resultat die Übermittlung von Befehlen an die zu leitenden Betriebe ist) werden gesondert ausgewiesen. In der Hauptsache werden aus der effektiven Verwendung (im betreffenden Leitungsorgan) die Daten für die Zusammenfassung und Übertragung der Gesamtdaten für die übergeordneten Instanzen eliminiert.

Für die Charakterisierung der Anwendbarkeit der Kennziffern werden ein Koeffizient der absoluten Verwendung ($K_a$), der als Verhältnis zwischen der Gesamtmenge der Fälle der Verwendung und der entsprechenden Menge der erhaltenen Kennziffern bestimmt wird, und ein Koeffizient der effektiven Verwendung ($K_e$) benutzt, der als Verhältnis zwischen der Menge der Fälle der effektiven Verwendung und der entsprechenden Menge der erhaltenen Kennziffern definiert wird. Trotz der Unvollständigkeit der Methodik sind die Resultate der Untersuchung von bestimmtem Interesse. Im einzelnen zeigte sich, daß von 418 Kennziffern, die in der Arbeits- und Lohnabrechnung eines Industriebetriebes enthalten sind (Form Nr. 2 – $A$), $K_e$ für insgesamt 4 Kennziffern größer als Eins ist. Es folgt eine Aufzählung dieser Kennziffern:

| Kennziffer | $K_a$ | $K_e$ |
|---|---|---|
| Durchschnittliche listenmäßige Anzahl des Produktionspersonals zu Beginn des Jahres | 4.16 | 1.33 |
| Lohnfonds des Produktionspersonals zu Beginn des Jahres | 4.34 | 1.33 |

[14] An der Lösung dieses Problems arbeiten insbesondere S. P. Afanas'ev, A. G. Starosjel'skaja und V. S. Tereskina.

| Kennziffer | $K_a$ | $K_e$ |
|---|---|---|
| Durchschnittlicher Monatslohn zu Beginn des Jahres | 4.33 | 1.58 |
| Bruttoproduktion je Beschäftigten zu Beginn des Jahres | 4.25 | 1.17 |

Gleichzeitig wurden 41 Kennziffern ganz und gar nicht benutzt, und 196 fanden keine effektive Anwendung. Insgesamt wurde die Verwendung der Kennziffern der drei Hauptabrechnungsformen – Produktion (Nr. 1 — *P*), Arbeit (Nr. 2 — *A*) und Selbstkosten (Nr. 1 — *S*) – durch folgende Angaben charakterisiert:

| | 1 – *P* | 2 – *A* | 1 – *S* |
|---|---|---|---|
| $K_a$ | 1.80 | 1.20 | 2.39 |
| $K_e$ | 0.09 | 0.16 | 0.30 |

Wir müssen noch bemerken, daß analoge Daten infolge einer ungenügenden Erforschtheit der Prozesse der Informationsverwendung und von Annahmen, die bei der Durchführung der beschriebenen Arbeit gemacht wurden, nicht erlauben, irgendwelche unmittelbaren Schlußfolgerungen, darunter auch über den Wert der Daten, zu ziehen.

Ungeachtet dessen gestatten sie, auf der betreffenden Ebene der Untersuchung des Problems Charakteristiken zu erhalten, die hinreichend gut mit der erfahrungsgemäßen Einschätzung übereinstimmen.

Weiterhin verdient die Arbeit von V. M. Žerebin[15], in welcher der Versuch unternommen wird, an die Bestimmung des Wertes einer Information bei der Ausarbeitung der automatisierten Leitungssysteme (ALS) komplex heranzugehen, unsere Aufmerksamkeit. V. M. Žerebin betrachtet das Funktionalschema des ALS, das als Hierarchie wechselseitig abhängiger Aufgaben, die im Prozeß des Funktionierens des ALS zu lösen sind, oder, wie der Autor sagt, als Aufgabenbaum dargestellt wird. Im Schema werden Aufgaben aller Arten, rechentechnische und logische, mit unterschiedlicher Anwendungshäufigkeit, verbunden. Die Information, die im ALS zirkuliert, wird bezüglich einzelner Aufgaben und des gesamten Komplexes nach folgenden Faktoren eingeschätzt; Bedeutung, Anwendbarkeit, Nützlichkeit, Rang, Wert sowie Rechtzeitigkeit, Zugänglichkeit und Richtigkeit.

Die Bedeutung der Information wird bezüglich jeder konkreten Aufgabe vom Standpunkt des Einflusses bestimmter Daten auf die

15 Žerebin, V. M., Jazyk ekonomičeskich sistem i ocenka informacii, in: Ekonomika i matematičeskie metody, 5/1968

Qualität der Lösung bestimmt. Wenn die Aufgabe im allgemeinen ohne diese Daten nicht gelöst werden kann, so wird ihre Bedeutung mit Eins bewertet. Wenn man ohne sie eine Lösung, die jedoch weniger genau oder weniger effektiv ist, bekommen kann, so wird ihre Bedeutung durch Teile von Eins zum Ausdruck gebracht. Es wird vorgeschlagen, die Nützlichkeit der Information als Charakteristik zu bestimmen, die die Unterschiede in der Bedeutung der Daten berücksichtigt, die aus den unterschiedlichen Ebenen des Aufgabenbaumes erhalten werden. Es wird vorausgesetzt, daß die Daten einer Ebene gleichwertig sind. Die Nützlichkeit der Information wird als „Anteil ihrer Beteiligung" an der Lösung einer gewissen „allgemeinen" Aufgabe gedeutet.

Die Anwendbarkeit von Information wird als Anwendungshäufigkeit dieser Information in Gestalt von Primärinformation für die parallele Lösung vieler Aufgaben verwendet. Die Anwendbarkeit hängt von der Menge der Aufgaben ab, für die diese Information genutzt wird, und von der Häufigkeit ihrer Lösung. Der Rang der Information charakterisiert ihre Wichtigkeit vom Standpunkt der Stellung der Aufgaben in der allgemeinen Hierarchie, die auf ihrer Grundlage gelöst werden. Der Rang wird definiert als Verhältnis zwischen der Gesamtzahl der Ebenen des Baumes und der laufenden Nummer der Ebene, zu der die betreffende Informationseinheit gehört. Der Wert der Information wird ermittelt anhand des Aufgabenbaumes durch eine einfache Summierung der Aufwendungen für die Erarbeitung aller Informationseinheiten, die an der Schaffung der betreffenden Einheit beteiligt sind, plus die Aufwendungen für die Gewinnung der zu betrachtenden Einheit selbst.

Mit anderen Worten, alle aufgezählten Faktoren sind nach dem einen oder anderen Prinzip qualitative Bewertungen (nach einer qualitativen oder Ordnungsskala). Der Wert der betreffenden Informationseinheit wird als Funktion dieser qualitativen Bewertungen und ihrer Gewichtskoeffizienten bestimmt, die die wechselseitige Bedeutung der Faktoren in dem konkreten ökonomischen System charakterisieren. Der Informationsgehalt eines Dokumentes, Informationsfeldes, Textes, Informationsstromes wird als Summe der Werte des Wertes der in ihnen enthaltenen Informations-(Aussagen)einheiten bestimmt. Das Verhältnis zwischen dem Informationsgehalt der betreffenden Gesamtheit und dem Komponenten ihrer Informationseinheiten charakterisiert die Effektivität des Informationssystems.

Dieser Versuch ist vor allem durch das komplexe Herangehen durch die Analyse der gesamten Liste der Faktoren, die den Wert der Information bestimmen, sehr interessant. Die Konstruktion sieht jedoch hinreichend willkürlich aus. Sie gleicht einem Punkte-Bewertungssystem. Ein ähnliches System, wie zum Beispiel in Turnwettkämpfen, wird für die Ermittlung der Bewertung konkreter Tätigkeiten verwendet, wo die Faktoren Arbeitszeit, Kompliziertheit, Qualifikation und Verantwortung gewichtet werden.

Eine lange Untersuchung der Objekte der Bewertung und reiche Erfahrungen sind die Bedingung für die praktische Anwendbarkeit solcher Systeme. In bezug auf die ökonomische Information haben wir gegenwärtig nicht die notwendigen Voraussetzungen. Das Fehlen dieser Informationen bestimmt das Vorhandensein willkürlicher Elemente in den Konstruktionen von V. M. Žerebin.

Und schließlich, betrachten wir noch eine – unserer Meinung nach die fruchtbarste – Konzeption der Bestimmung des Wertes der Information. E. S. Maiminas verbindet sie mit dem Namen F. Machlup[16], obwohl auch er, wie aus der weiter oben gegebenen Charakteristik seines Herangehens an den Wert der Information zu ersehen ist, dieser Konzeption sehr nahe kommt.

Das Wesen dieser Konzeption besteht darin, daß sie die Information (und das Wissen im allgemeinen) als spezifisches Produkt einer bestimmten Sphäre der gesellschaftlichen Produktion ansieht.

Oben wurde der Wert der Information als ihre Eigenschaft betrachtet, die durch ihre Beziehung zum Verbraucher oder zu einer Vereinigung von Verbrauchern bestimmt und als Wichtigkeit und Bedeutung charakterisiert wurde. In diesem Sinne besitzen die unterschiedlichsten Objekte und Erscheinungen, wie zum Beispiel die Luft, moralische und rechtliche Normen, fossile Spuren antiker Zivilisation einen Wert. Produkte der gesellschaftlichen Arbeit, die unter den Bedingungen der Warenproduktion erzeugt werden, besitzen einen spezifisch ökonomischen Wert, den Wert, der ein klares qualitatives Maß hat. Durch seine qualitative Bestimmtheit unterscheidet sich z. B. der ökonomische Wert eines Tafelservices von seinem ästhetischen Wert.[17]

Man muß nun die Frage beantworten, über welchen Wert der Information gesprochen wird. Und wenn man von dem ökonomischen Wert spricht (was wahrscheinlich sein wird), so unterscheidet sich die Bestimmung des Wertmaßes einer Information im Prinzip durch nichts von seiner Bestimmung für andere Produkte der menschlichen Arbeit.

Meidet man die Extremfälle, in die F. Machlup bisweilen verfällt, indem er ein Gespräch an einem Tisch im Café als Produktion von Infor-

[16] Machlup, F., Produktion und Verbreitung von Wissen in den USA, Moskva 1966

[17] Filosofskij slovar', Moskva 1963, S. 497

mationen bezeichnet, so müssen wir ungeachtet dessen erkennen, daß die überwiegende Masse der in der Gesellschaft zirkulierenden Informationen, darunter auch die ökonomische, ein Produkt menschlicher Arbeit ist und unter Anwendung einer wachsenden Masse von Ressourcen, darunter auch solchen, wie moderne elektronische Datenverarbeitungsanlagen, erzeugt werden. Untersucht man den Informationslauf in sozial-ökonomischen Systemen, so kann man Informationsströme unterscheiden, die die Funktion von Arbeitsgegenständen besitzen, Wissenvorräte sind und die Funktion der Grundmittel erfüllten. In automatisierten Leitungssystemen unterscheidet man das Hardware-Untersystem, das die materiellen Arbeitsgegenstände umfaßt, und die Software-Untersysteme, deren Bestandteile Modell, Programme, Normtabellen, Wörterbücher sind, d. h., dem Wesen nach die gleichen Arbeitsgegenstände, die jedoch Informationsarbeitsgegenstände sind. Die Daten haben unzweifelhaft auch einen Gebrauchswert, einen Nutzen, der durch solche Eigenschaften wie Informationsgehalt, Zugänglichkeit für die Wahrnehmung, Richtigkeit usw. charakterisiert wird. Somit besitzt eine Information alle Eigenschaften eines Produkts. Sie muß somit auch einen Wert als Charakteristik des ökonomischen Wertes besitzen.

Um das Wesen der dargelegten Konzeption zu erklären, ist es zweckmäßig, sie mit den von L. Fogel[18] betrachteten Lösungstypen unter dem Aspekt ihrer Verbindung mit der Informationsausarbeitung zu vergleichen. L. Fogel kommt zu der Schlußfolgerung, daß die deduktive Lösung im Unterschied zu den induktiven und abduktiven keine zusätzliche Information gegenüber den Primärdaten liefert. Gleichzeitig wird der semantische Aspekt der Untersuchung, der mit der Beobachtung der Faktoren, ihrer Verallgemeinerung und Klassifikation, verbunden ist, in Übereinstimmung mit der Induktion gebracht.

Die Beobachtung liefert uns eine größere Menge an Informationen, jedoch in Form von unvollständigen Daten. Ihr analog liefert die extraktive Industrie eine Masse an Rohmaterialien. Wir versuchen diese Analogie fortzusetzen. Die Verarbeitungsindustrie gibt dem Rohmaterial Form und Eigenschaft, die es für den Verbrauch verwendbar machen; dabei wächst die Masse der Rohmaterialien jedoch nicht, sondern wird kleiner. Dafür steigt jedoch entsprechend ihrem Übergang von einem Verarbeitungsstadium zum anderen ihr Wert, der einerseits das Wachstum ihres gesellschaftlichen Nutzens, die Annäherung an die Verbrauchseigenschaften, die für den Endverbrauch gefordert werden,

[18] Inženernaja psichologija . . . a. a. O.

und andererseits das Anwachsen der Aufwendungen an lebendiger und vergegenständlichter Arbeit widerspiegelt. Geschieht nicht genau das gleiche mit der Information?

Die Beobachtung liefert eine Menge Daten, die durch die Informationsmenge im Sinne der klassischen Theorie charakterisiert werden können; das ist jedoch nur Rohstoff. Die Verarbeitung der Daten, die in der Regel nach deduktiven (logischen und rechentechnischen) Verfahren realisiert wird, vergrößert nicht die Rohstoffmenge, verändert jedoch ihre Form, erhöht den Informationsgehalt der Information und ihren Wert (ntürlich unter den Bedingungen, daß das Resultat dem Bedarf entspricht). Zum Beispiel erhalten wir anstelle der großen Gesamtheit individueller Daten bei ihrer Verarbeitung unter Anwendung der mathematischen Statistik eine begrenzte Anzahl von Kennziffern, die die Gesamtheit im ganzen charakterisieren – das Mittel, den Streuungskoeffizienten, den häufigsten Wert usw. Wenn man eine Aufgabe bezüglich der Gesamtheit im ganzen betrachtet, so besitzen diese Daten einen unvergleichlich höheren Wert, als die Gesamtheit der individuellen Ausgangsdaten, obwohl sie keine große Informationsmenge beinhalten.

Somit sind die Verbrauchseigenschaften (Nutzen, Gebrauchswert) und die Aufwendung für die Gewinnung, Verarbeitung, Speicherung und Übertragung die Hauptfaktoren bei der Bestimmung des Wertes der Daten.

Dieses allgemeine Herangehen steht in voller Übereinstimmung mit jenen Teilüberlegungen bezüglich des Wertes einer Information, die oben dargelegt worden sind.

Kommt man zu dem Schluß, daß das Wertmaß der Information – ihr Wert ist, so haben wir das Problem keineswegs gelöst, da wir nicht nur für die Informationen, sondern auch für die anderen Produkte den Wert nicht bestimmen können. Wir haben nur ein spezifisch und schwach ausgearbeitetes Problem in ein anderes überführt, das allgemeiner und unvergleichlich ausführlicher erforscht ist. Und es ist nicht unsere Schuld, daß das andere Problem eine Arena noch heftigerer Diskussionen ist.

Es bleibt nur noch übrig zu bemerken, daß das Problem der Messung des Wertes einer Information praktisch relativ leicht gelöst werden kann. Die Lösung des Problems wird in der Hauptsache durch den Umstand gehemmt, daß die ökonomische Information gewöhnlich nicht als Produkt der Arbeit betrachtet und den Verbrauchern (den Leitungsorganen) unentgeltlich geliefert wird.

*J. Ch. Pjartel'poeg*

# Über den Wert der Information

Eine der wichtigsten Arbeiten bei der Schaffung eines automatisierten Leitungssystems ist die Optimierung der Informationsströme. Nicht jede Information wird für die Leitung benötigt, aber gleichzeitig kann der Fall eintreten, daß ein Leiter nicht jede gewünschte Information erhält. Bei der Schaffung eines automatisierten Leitungssystems muß man deshalb den Wert der Informationen, die in den Mitteilungen enthalten sind, sorgfältig prüfen und neue optimale Informationsströme entwerfen.

Eine Information, die in Mitteilungen enthalten ist, kann als eine Folge diskreter Symbole betrachtet werden. Die Informationstheorie gibt uns einen mathematischen Apparat für die Bestimmung der Informationsmenge, die in den Signalen der Mitteilung enthalten ist. Dafür wird die bekannte Formel für die Entropie von K. Shannon[1] verwendet:

$$H(T) = -\sum_{i=1}^{n} p_i \log a\, p_i$$

Errechnet man nach dieser Formel die Menge der übermittelten Information, so kann man den Wert der unterschiedlichen Mitteilungen auf der Grundlage der in ihnen enthaltenen Informationsmengen vergleichen.

Hierbei muß man jedoch die Aufmerksamkeit darauf richten, daß die Größe lediglich zeigt, wieviel Signale der Information vom Absender zum Empfänger sukzessiv übergeben wurden. Diese Formel zeigt nicht, wie wertvoll die Information aus der Mitteilung für den Empfänger ist.

Wenn man irgendeine bestimmte Mitteilung (Telegramm, Dokument) außer dem direkten Empfänger noch anderen Personen übergibt, so wird die Reaktion auf diese Mitteilung unterschiedlich sein. Ein und dieselbe Folge von Werten ist für die eine Person eine nicht notwendige Information und für die andere eine wertvolle Information.

[1] Shannon, K., Arbeiten über Informationstheorie und Kybernetik, 1963

Die Formel von Shannon bestimmt lediglich die Menge der möglichen Informationen, die man aus der betreffenden Mitteilung erhalten kann. Deshalb darf man sie nicht in der „reinen Form“ für die Bestimmung des Wertes der Information verwenden. Wohin ein solcher Gebrauch der genannten Formel der Informationstheorie führt, zeigt ein Beispiel der Bestimmung der Informationsmenge in literarischen Werken. Man kommt zu folgendem Resultat: Die kleinste Informationsmenge, die durch einen Buchstaben übermittelt werden kann, tritt im allgemeinen in wissenschaftlichen Artikeln auf, was auf den Lakonismus und den relativ armen Wortschatz zurückzuführen ist. Werke der schöngeistigen Literatur befinden sich im Sinne der „Informiertheit“ auf dem höchsten Niveau.

Für die klassische Informationstheorie ist nur das Signal wertvoll, das eine Mitteilung beinhaltet, die dem Empfänger bisher unbekannt war, das heißt, eine „Information“. Dabei ist nicht wichtig, ob die erhaltene Information für den Empfänger von Bedeutung ist oder nicht. Das Bedürfnis den Wert einer Sinninformation zu verändern, führte zur Schaffung der semantischen Informationstheorie.

Die Bewertung der Informationsmenge, die in der betreffenden Mitteilung enthalten ist, hängt eng damit zusammen, wie konkret der Empfänger diese Information verarbeitet. Um die Information, die in der Mitteilung enthalten ist, zu verstehen, muß der Empfänger bezüglich der Frage, die in der Mitteilung angeschnitten wird, einen gewissen Wissensschatz besitzen. Solch ein Wissensschatz kann als Wörterbuch dargestellt werden, das man in der Semantik als Thesaurus bezeichnet.

Als Mengenmaß für die Sinninformationen in Mitteilungen kann die Veränderung des Thesaurus des Informationsempfängers auf der Grundlage der betreffenden Mitteilung verwendet werden. Hat die Mitteilung nichts Gemeinsames mit dem Thesaurus, so ist die empfangene Information gleich Null.[2] Analog kann man sagen, daß in dem Fall, wenn ein Leiter eine Information bekommt, die er für die Leitung des Objekts nicht benötigt, d. h. die den entsprechenden Abschnitt seines Thesaurus nicht betrifft, diese Information für ihn keinen Wert besitzt. In der klassischen Informationstheorie kann das Anwachsen des apriorischen Wissensschatzes nur die Menge der zu übermittelnden Information verringern: je mehr wir wissen, um so geringer ist der Unbestimmtheitsgrad des Systems und um so weniger Informationen enthält die Mitteilung: Im semantischen Sinne erhält die Person, deren Thesaurus nicht für den Empfang einer bestimmten Information

[2] Grekova, I., K voprosy ob informacii, in: Nauka i Žizn', 3/1967, S. 31–37

vorbereitet ist, im allgemeinen keine Sinninformationen. Die meisten Informationen erhält derjenige, dessen Thesaurus aus der Mitteilung die größte Menge zusätzlichen Wissens herausholt.

Die Informationstheorie betrachtet die Informationsübertragung entsprechend dem Schema 1. Die in der Informationsquelle $S$ entstehenden Signale werden mittels Sender $T$ über den Nachrichtenkanal $c$ mit Hilfe des Empfängers $R$ dem Adressat $A$ übermittelt. Im Nachrichtenkanal treten Störungen auf – das Rauschen $N$ –, die die Übertragung der Signale stören; dadurch stimmen die Signale am Eingang

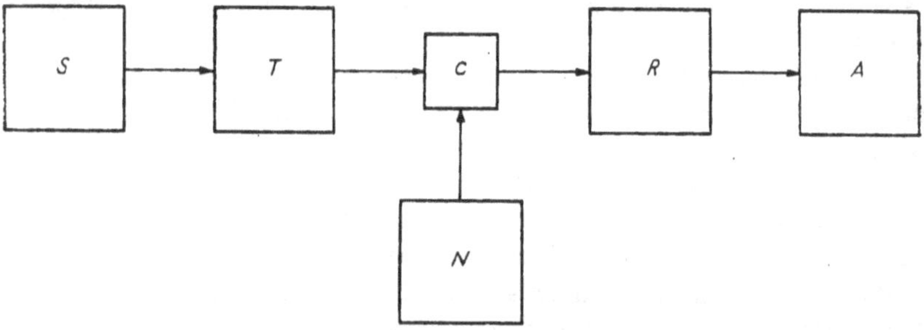


und am Ausgang nicht immer vollständig überein. Die Menge der richtig übertragenen Information $I(S, A)$ (Transformation) ist um jenen Teil der Information (Äquivokation) $H_E$, der durch das Rauschen im Kanal verloren geht, kleiner als die Information $H_S$ am Ausgang der Informationsquelle.[3] Die Formel

$$I(S, A) = H_S - H_E$$

zeigt jene Informationsmenge, die am Eingang des Empfängers angekommen ist. Der Empfänger ist in der Lage, einen bestimmten Teil dieser Sinninformation nutzbringend zu verwenden. Die Größe dieses Teils hängt von der Qualität des Thesaurus des Empfängers bezüglich der betreffenden Information ab. Die vom Grad der Qualität des Thesaurus abhängigen Beschränkungen für den Empfang der Information kann man analog als Rauschen des Thesaurus bezeichnen. Wir nennen es $H_u$.

Diesen Prozeß kann man in der Form des Schemas 2 darstellen.

Den Übertragungsprozeß der Sinninformation kann man wie folgt darstellen:

$$I_{SEM}(S, A) = H_S - H_E - H_u.$$

[3] Mathematik. Kleine Enzyklopädie, Leipzig 1965

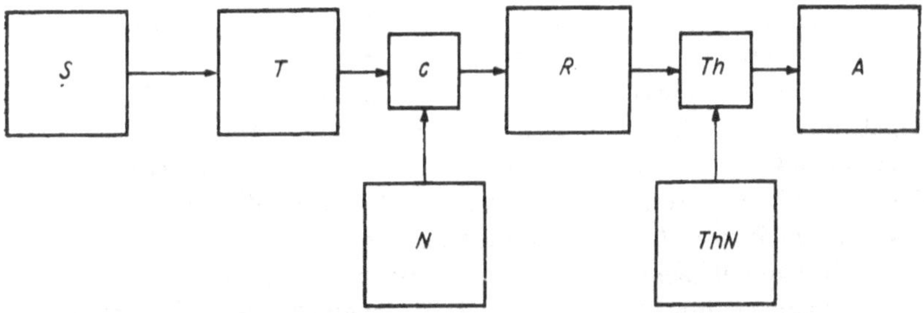


Aus der Formel geht hervor, daß die vom Empfänger empfangene Sinninformation nicht größer sein kann als die Transinformation. Sie ist um so größer, je vollständiger der Thesaurus des Empfängers auf den Empfang der betreffenden Information vorbereitet ist. Folglich wird die empfangene semantische Information dann maximal wertvoll sein, wenn der Verlust durch das Rauschen des Thesaurus gleich Null ist. $H_u = 0$.

Und umgekehrt, der Verlust durch das Rauschen des Thesaurus wird maximal, d. h. strebt gegen unendlich — $H_u \to \infty$, in 2 Fällen: wenn der Thesaurus die empfangene Information nicht überlappt und wenn die gesamt empfangene Information schon im Thesaurus des Empfängers enthalten ist. (Abb. 1)

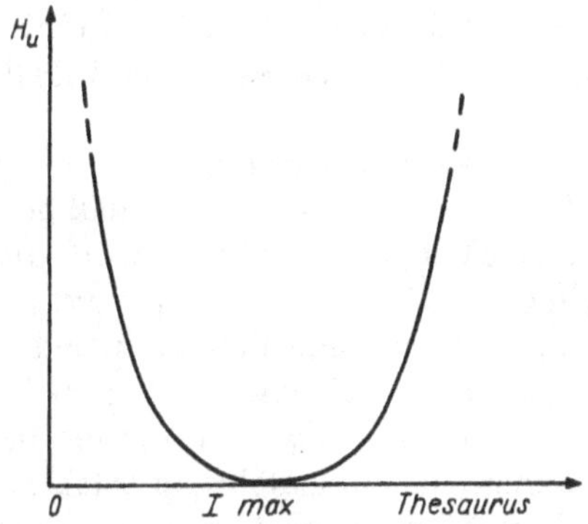


Abb. 1.

Im ersten Fall liegt eine Information vor, die der Empfänger nicht benötigt (eine Information, die mit der Sache nichts zu tun hat), im zweiten Fall ist die gesamte Information, die in der Mitteilung enthalten war, schon vorher im Thesaurus des Empfängers gespeichert (der Inhalt der Mitteilung war vorher bekannt).

Der Adressat verwendet die erhaltene semantische Information für das Fällen einer Leitungsentscheidung. Gewöhnlich wird dabei die

Ausgangsinformation verarbeitet und analysiert. Oft ist das Volumen der erarbeiteten Information größer als das Volumen der Ausgangsinformation. Das erweckt den Eindruck, daß man bei der Bearbeitung der Information ihr Volumen vergrößern kann. Dabei kann jedoch keine neue Information geschaffen werden (d. h. solch eine Information, die noch nicht in der übermittelten Mitteilung enthalten ist). Worin besteht das Wesen der betreffenden Erscheinung?

Die Menge der (semantischen) Sinninformation hängt davon ab, wie der Thesaurus des Adressaten für die betreffende Information geeignet ist, ob sie gemeinsame Punkte haben. Wenn die Information keine gemeinsamen Punkte mit dem Thesaurus hat, wenn sie dem Adressaten unverständlich ist, so findet die Aufnahme der semantischen Information nicht statt. (Abb. 2, A).

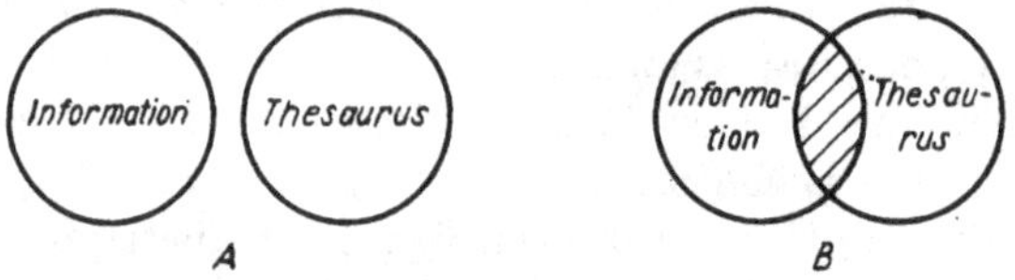


Abb. 2.

Zu einer Aufnahme der semantischen Information kommt es nur in dem Fall, wenn der Thesaurus und die zu empfangende Information gemeinsame Punkte haben, wenn beim Adressat eine Tabelle für die Dekodierung vorliegt (Abb. 2, B).

Die Aufgabe der Informationsverarbeitung besteht in einer Umformung der empfangenen Information, und zwar so, daß gemeinsame Punkte mit dem Thesaurus erreicht werden. Dafür wird die Art der Information so verändert, daß sie dem Adressaten verständlich ist und seinen Thesaurus überlappt. Wenn zum Beispiel irgendein Prozeß in einer empfangenen Information als Zahlenfolge dargestellt war und im Thesaurus als irgendeine Kurve, so muß man, um die betreffende Information verstehen zu können, die Zahlenfolge in solch eine Kurve transformieren. Obwohl bei der Transformation keine neuen Informationen ergänzt wurden, kann der Adressat dank der entsprechenden Verarbeitung der Information eine wesentlich größere semantische Information bekommen.

Das Volumen der erarbeiteten Information kann im Vergleich zu den Ausgangsdaten auch in dem Fall vergrößert werden, wenn bei der Verarbeitung eine von vornherein im Thesaurus gespeicherte Information (Programme, eine konstante Information, usw.) ergänzt wird, die zusammen mit der Ausgangsinformation ein neues Niveau der Information bildet. Jedoch wird auch hier keine prinzipiell neue Information geschaffen.

Die Bestimmung des Wertes der Information spielt bei der Optimierung von Leitungssystemen eine besondere Rolle: Sie schafft die Möglichkeit, das notwendige Volumen und die Struktur der geforderten Information für jedes Leitungsglied konkret zu bestimmen, die Dateien der konstanten und bedingt konstanten Information besser zu organisieren; sie gestattet, die Formen der Informationsträger zu präzisieren, die Richtung und die Frequenz der Informationsströme zu bestimmen; sie dient als wirksames Mittel in den Händen der Entwickler von Leitungssystemen.

*M. V. Charchardin*

# Quantitative Charakteristika der „Nützlichkeit" von Information in ökonomischen Dokumenten

## *Einführung*

Der Terminus „Information" ist, wie sich R. Hartley ausdrückt, derart „elastisch" und besitzt in seiner täglichen Anwendung so viele Auslegungen, Synonyme und Interpretationen, daß bei seiner weitesten, aber logisch strengen Definition unbedingt der Umfang, der Inhalt und das Gebiet der Anwendung dieses Terminus abgegrenzt werden müssen.

Beginnend mit den Arbeiten Shannons, Wieners und J. von Neumanns und bis in die Gegenwart, haben alle Versuche, eine universelle Definition der Information zu schaffen, Schiffbruch erlitten. Das hat seine Ursache in der Unlösbarkeit der Frage, ob es für alle „Empfänger" der Information ein einheitliches Kriterium für die Auswahl jener und nur jener Einwirkungen aus der Menge der Einwirkungen der materiellen Welt gibt, die für die jeweiligen „Empfänger" Information enthalten. Die Suche nach einem solchen Kriterium führte unvermeidlich zu solchen Fragen wie: Wie erkennt der „Empfänger" die Information? Was betrachtet er als Information? „Verstehen" verschiedene „Empfänger" dieselbe Information in gleichem Grade (d. h. ist die in derselben Mitteilung enthaltene Information für sie identisch)?

Heute wird die Überzeugung immer allgemeiner, daß es ein derartiges universelles Kriterium nicht gibt. Es bleibt nur ein Ausweg – es muß eine Methodik für die Feststellung der Kriterien der Auswahl (des Verständnisses) der Information geschaffen werden, wobei diese Kriterien jeweils zu bestimmten Klassen von „Empfängern" gehören, die als Systeme mit einer zweckgerichteten Veränderung ihrer Zustände in der Zeit angesehen werden. Mit anderen Worten, es gibt für jedes System (jede Klasse von Systemen) ein hinreichend spezifisches Kriterium, auf Grund dessen dieses System die an seinen Eingängen eintreffende Information wahrnimmt (erkennt, versteht, unterscheidet, bewertet). Die Besonderheit eines solchen Kriteriums wird in erster Linie durch das Hauptziel des Funktionierens des Systems als solches bestimmt.

Nach Meinung des Autors wird die Fähigkeit eines Systems, die in den Einwirkungen von außen enthaltene Information zu „verstehen“ und zu unterscheiden und ihre Relevanz (Wichtigkeit, Nützlichkeit) für die Erreichung bestimmter Ziele (bestimmter Zustände des Systems) zu bewerten, durch das Organisationsniveau der strukturellen und funktionalen Verbindungen im System sowie durch den Umfang und die Qualität der Information charakterisiert, die früher eingetroffen ist, verarbeitet wurde und im Gedächtnis des Systems gespeichert ist.

Das Wirken dieser Faktoren im System kann mit der Wirkung der Mechanismen der unbedingten und bedingten Reflexe im lebenden Organismus verglichen werden.

Das Problem des Aufbaus eines automatisierten Systems zur Leitung eines ökonomischen Objekts (AÖL) ist untrennbar mit der Lösung der Aufgaben verbunden, Kriterien für die Bewertung der „Nützlichkeit“ der Information, des Organisationsniveaus der strukturellen und funktionalen Verbindungen im System sowie des Ausgangsvolumens und der Qualität der Vorinformation zu finden, die im Speicher eines AÖL vorgegeben werden.

In der vorliegenden Arbeit wird der Versuch unternommen, Wege zur Lösung einiger der aufgezählten Aufgaben für ein automatisiertes System zur Leitung eines Betriebes zu zeigen.

Insbesondere werden Kriterien für die Bestimmung der „Nützlichkeit“ der Information vorgeschlagen, die in ökonomischen Kennziffern enthalten ist, und zwar in Abhängigkeit vom Einflußgrad jeder Kennziffer auf die Wahrscheinlichkeit der Erreichung des Hauptfunktionszieles des Systems, von der Entstehungszeit sowie von der Dauer und der Häufigkeit der Benutzung der jeweiligen Kennziffer. Es werden gewisse Formen vorgeschlagen, die es ermöglichen, die in ökonomischen Systemen benutzte Sprache in einem gewissen Grade zu formalisieren.

Wir werden nur jene ökonomische Information betrachten, die in Form von Dokumenten kodiert ist. Wie bekannt, ist die minimale Struktureinheit eines Dokuments, die einen selbständigen Sinn trägt, das Requisit. Bedient man sich der Sprache der Systeme, so ist jedes Requisit die Charakteristik eines Eingangs (Ausgangs) des jeweiligen Systems. Die traditionelle Spaltung der Requisiten in Basis und Merkmal eröffnet noch nicht die Möglichkeit, den mathematischen Apparat zur Beschreibung der Struktur der Dokumente zu benutzen, gestattet es jedoch schon, eine minimale Form für die Dokumentenbildung zu schaffen – die Form der Kennziffer.

In der ökonomischen Literatur wird oft das Wort „Kennziffer“ selbst mit der Form der Kennziffer identifiziert, was im Endeffekt falsch ist. Denn die Form der Kennziffer ist ein einstelliges Prädikat, dessen gegenständliche Variable die variable Basis ist, während die Kennziffer bereits den konkreten Wert der Basis enthält, also eine Aussage ist. Kürzer gesagt, die Kennziffer – das ist der Wert der Form der Kennziffer.

Die Einführung der Form der Kennziffer ermöglicht es, die Symbolik und gewisse Methoden der formalen Logik zur Beschreibung und Analyse der Struktur des Dokuments zu benutzen. Das macht es in einer Reihe von Fällen möglich, die optimale Struktur des Dokuments zu finden. Mehr noch, wenn man den Veränderungsbereich der Variablen kennt – die Basis des jeweiligen Prädikats und die Verteilung der Eintrittswahrscheinlichkeiten (-häufigkeiten) jedes Wertes dieser Variablen, so kann man nach der Formel von Shannon eine quantifizierende Wertung der Information vornehmen, die in der jeweiligen Kennziffer enthalten ist. Die Form der Kennziffer sei z. B. folgende: $P(x)$ – „Werk ‚Hammer und Sichel' erfüllte das Programm des 4. Quartals 1967 mit $x\%$". Nehmen wir an, daß der Veränderungsbereich von $x$ zwischen 50 und 150 liegt.

Nach den Daten der Erfüllung der Pläne für das 4. Quartal durch das Werk von 1951 bis 1966 überschreitet die absolute Abweichung von 100 Prozent nicht 30 Prozent, und die Häufigkeitsverteilung hat das Aussehen: (50—70) — 0, (71—80) — $\frac{1}{16}$, (81—90) — $\frac{1}{16}$, (91—95) — $\frac{2}{16}$, (96—100) — $\frac{2}{16}$, (101—110) — $\frac{5}{16}$, (111—120) — $\frac{4}{16}$, (121—130) — $\frac{1}{16}$, (131—150) — 0.

Da mit dem Eintreffen einer Mitteilung über den Eintritt eines Ereignisses in diesem Falle die Situation zuverlässig wird, so erhalten wir nach der Formel Shannon (in bit):

$$J = -\left(\frac{1}{16}\log_2\frac{1}{16} + \frac{1}{16}\log_2\frac{1}{16} + \frac{2}{16}\log_2\frac{2}{16} + \frac{2}{16}\log_2\frac{2}{16} + \frac{5}{16}\log_2\frac{5}{16} + \frac{4}{16}\log_2\frac{4}{16} + \frac{1}{16}\log_2\frac{1}{16}\right) \approx 4{,}5.$$

Es ist leicht zu sehen, daß im vorliegenden Fall die Informationsmenge nicht davon abhängt, wie der konkrete zulässige Wert der Basis $x$ ist, und deshalb bietet die erhaltene zahlenmäßige Charakteristik natürlich nicht die Möglichkeit, den „Nutzen" der konkreten Mitteilung für das weitere Funktionieren des Systems zu bewerten. Diese Tatsache kann nicht überraschen, denn das Shannonsche Modell ist für spezifische Bedürfnisse der Nachrichtentheorie bestimmt und darf seinem Aufbau entsprechend die semantischen und pragmatischen Eigenschaften der Information nicht berücksichtigen.

Die Eigenschaft der Information, „Sinn zu haben", ist ihrer Natur nach anthropomorph, d. h. man geht davon aus, daß nur der Mensch fähig ist, jenes gewisse „Etwas" zu verstehen, das die Einwirkungen der Umwelt enthalten und das er „Sinn" oder „Information" nennt. Nach Meinung des Autors ist dies eine zu enge Auffassung.

Richtiger ist eine etwas andere Auffassung des Begriffes „Sinn", die auf der Eigenschaft jedes „Empfängers" äußerer Einwirkungen beruht, auf diese Einwirkungen auswählend (selektiv) zu antworten, d. h. seinen Zustand zu verändern. Wie oben gezeigt wurde, hängen der Bereich, die Qualität und die Vielfalt der Einwirkungen, die die Selektion durchlaufen haben, d. h. die vom „Empfänger" „verstanden" worden sind, vom Organisationsniveau des „Empfängers" und dem Vorrat der vorher gesammelten Information ab. Diese Auffassung stimmt auch mit der anthropomorphen Deutung des Ausdrucks „Sinn haben" gut überein. In der Tat, wenn wir uns einen anderen Menschen oder eine Gruppe von Menschen als „Empfänger" betrachten, so wird als informationstragend eine solche Einwirkung angesehen, in der wir etwas uns vorher Bekanntes (Vermutetes) finden, oder etwas, das sich mit dem, was wir wissen, assoziiert (d. h. nach irgendwelchen Kriterien vergleichen läßt). Mit anderen Worten, der „Sinn" einer vom Menschen aufgenommenen Information wird mit Hilfe jenes Vorrates an Kenntnissen gefunden, über die der betroffene Mensch verfügt.

Es ist offenkundig, daß ein solcher Vorrat an Vorinformation die „Eingabesprache" des jeweiligen „Empfängers" darstellt. Das Wörterbuch und die Grammatik dieser Sprache bilden den Anfangsthesaurus des „Empfängers".

Der Thesaurus des „Empfängers" muß imstande sein, nicht nur das jeweilige „Wort" oder den „Satz" zu „erkennen", sondern auch den „Wert" (die Wichtigkeit, Relevanz) des Erscheinens oder Vorhandenseins dieser Information für das weitere Funktionieren des „Empfängers" zu bestimmen, der als System mit zielgerichteten Zustandsveränderungen aufgefaßt wird. Folglich wird mit jedem Wort und mit jeder Regel (jedem Algorithmus) in der Grammatik ein bestimmter Regulierungsmechanismus verbunden, der die Entstehung neuer Zustände des Systems sichert.

1. *Technologischer Wert*

Als „Wort" in der Sprache des AÖL eines Betriebes werden wir die Form der Kennziffern $P(x)$ betrachten, wobei $x$ die variable Basis ist. Für jeden fixierten Wert $x_j$ verwandelt sich die Form der Kennziffer in die Aussage $P(x_j)$. Im weiteren werden wir $P(x_j)$ eine Mitteilung nennen.

Als „Technologischer Wert der Mitteilung" (TWM) bezeichnen wir eine dimensionale Zahlengröße, die den Einflußgrad (die Wichtigkeit, Relevanz) der jeweiligen Mitteilung für weitere Wechselwirkungen des Leitungssystems und des geleiteten Objekts charakterisiert. Da eine derartige Wechselwirkung immer als zielgerichtet angesehen wird, so muß der TWM die Veränderung der Möglichkeit zur Erreichung des Zieles nach Eintreffen der Mitteilung widerspiegeln.

$P(x_0)$ sei eine Mitteilung darüber, daß sich der gegebene Ausgang des zu leitenden Objekts in einem Zustand befindet, der zur optimalen Erreichung des Zieles der Leitung notwendig ist. In diesem Falle wird die entsprechende Leitungseinwirkung des automatisierten Leitungssystems in Stärke und Relevanz minimal sein (vielleicht sogar gleich Null). Je mehr sich $x_j$ von $x_0$ unterscheidet, desto stärker und bedeutender wird die Antwort des automatisierten Leitungssystems auf das Eintreffen der Mitteilung $P(x_j)$ sein. Folglich hängt die Größe des TWM von $\Delta x_j = x_j - x_0$ ab. $x_0$ wird gewöhnlich bestimmt, indem man von dem Gesamtziel ausgeht, das dem Leitungsobjekt vom Leitungssystem gestellt wird. Deshalb muß „$x_j = x_0$" ein „Wort" des Anfangsthesaurus des automatisierten Leitungssystems sein.

Aus der Analyse der konkreten Kennziffern geht hervor, daß die Reaktion des geleiteten Systems auf die Mitteilung $P(x_j)$ in vielen Fällen vom Zeichen der Abweichung $\Delta x_j$ abhängt. Das wird zum Beispiel an der Form der Kennziffer, die in der Einführung zur Illustration benutzt wurde, offensichtlich: Die Erfüllung des Planes mit 99 Prozent führt zu einer wesentlich stärkeren Reaktion des automatischen Leitungssystems, als das bei einer Planerfüllung von 110 Prozent der Fall ist. Die Festlegung, welches Abweichungszeichen für die jeweilige Kennziffer „stärker" ist, gehört ebenfalls zum Anfangsthesaurus des automatisierten Leitungssystems.

Das Eintreffen von wenig wahrscheinlichen Werten der Form der Kennziffer kann selbst dann zu einer radikalen Änderung der Leitungssignale führen, wenn es sich um für die Erreichung des Zieles günstige Fälle handelt. Folglich wird die Größe des TWM auch durch die Wahrscheinlichkeit des Eintreffens von $P(x_j)$ beeinflußt.

Führen wir folgende Bezeichnungen ein:

$z_j$ – zahlenmäßige Charakteristik des TWM

$\Delta x_j$ – Größe der Abweichung des Basiswertes von $x_0$

$p_j$ – Wahrscheinlichkeit (Häufigkeit) des Eintreffens von $x_j$

$\alpha$ – Koeffizient, der den Einfluß des Abweichungszeichens auf die Größe des TWM bestimmt.

Nehmen wir an, daß

$$z_j = F\,[\varphi\,(\Delta x_j)\,p_j] = \varphi\,(\Delta x_j)\,f\,(p_j).$$

Für genügend kleine Werte $\Delta x_j$ kann angenommen werden, daß die Größe des TWM direkt proportional $\Delta x_j$ ist, d. h.

$$d\,(z_j) = (a\Delta x_j + b) f\,(p_j)\,d\,(\Delta x_j),$$

woraus wird

(1) $$z_j = f\,(p_j)\,[a\,(\Delta x_j)^2 + b\Delta x_j + c].$$

Die Abhängigkeit der Größe des TWM von $\Delta x_j$ ist also parabolisch.

Nimmt man an, daß $z_0 = F\,(0,\,p_0) = 1$ die Größe des TWM für die Mitteilung $p\,(x_0)$ ist, so ist

$$z_j = k\left[\frac{x_0 + (\Delta x_j)^2}{x_0} + \frac{\alpha\,\Delta x_j}{x_0}\right](2 - p_j).$$

Da gilt

$$z_0 = k\,(2 - p_0),\ \text{so ist}\ k = \frac{1}{2 - p_0}.$$

Dann nimmt die Formel (1) folgendes Aussehen an:

(2) $$z_j = \frac{(2 - p_j)}{x_0\,(2 - p_0)}\,[(\Delta x_j)^2 - \alpha\Delta x_j + x_0].$$

Wobei wir deswegen durch $x_0$ teilen, damit die Größe $z_j$ dimensionslos wird, und

$$\alpha = \begin{cases} s & \text{— wenn das Zeichen (+) stärker als das Zeichen (—) wirkt,} \\ 0 & \text{— wenn das Abweichungszeichen nicht wirkt,} \\ -s & \text{— wenn das Zeichen (—) stärker als das Zeichen (+) wirkt;} \end{cases}$$

$s > 0$ und seine Größe muß im Anfangsthesaurus des automatisierten Leitungssystems bezeichnet sein.

Wir erhalten den Zahlenwert des TWM am Beispiel der Form der Kennziffer $P\,(x_j)$ – das Werk „Hammer und Sichel“ hat den Plan für das IV. Quartal 1967 mit $x_j$ Prozent erfüllt.

Nehmen wir an, daß $x_0 = 100\%$ ist und das Zeichen (—) stärker als das Zeichen (+) wirkt. Dann hat die Formel folgendes Aussehen:

$$z_j = \frac{8\,(2 - p_j)}{1500}\,[100 + (\Delta x_j)^2 - s\Delta x_j].$$

Nehmen wir an, $s = 2$. Als Vertreter jedes Intervalls werden wir sein rechtes Ende nehmen. Dann haben wir:

| $x_j$ | $p_j$ | $\Delta x_j$ | $z_j$ |
|---|---|---|---|
| 70 | 0 | — 30 | 11,3 |
| 80 | $\frac{1}{16}$ | — 20 | 5,71 |
| 90 | $\frac{1}{16}$ | — 10 | 2,27 |
| 95 | $\frac{2}{16}$ | — 5 | 1,35 |
| 100 | $\frac{2}{16}$ | 0 | 1,00 |
| 110 | $\frac{5}{16}$ | + 10 | 1,98 |
| 120 | $\frac{4}{16}$ | + 20 | 4,22 |
| 130 | $\frac{1}{16}$ | + 30 | 9,71 |
| 150 | 0 | + 50 | 26,67 |

Es ist unschwer festzustellen, daß die Wertungen der Größe des TWM für $x_j$, die von $x_0$ gleich weit entfernt sind, links und rechts verschieden sind. Freilich ist dieser Unterschied nicht sehr groß, es ist jedoch nicht schwer, $s$ so zu wählen, daß dieser Unterschied der intuitiven Vorstellung vom unterschiedlichen Wert der jeweiligen Mitteilungen mehr entspricht.

Wir haben nicht die Frage berührt, wie man die Bedeutung einer gegebenen Kennziffer in einem System von Kennziffern einschätzen kann, die den Zustand des vorliegenden Systems beschreiben, d. h. den Anteil oder die Notwendigkeit der Benutzung dieser Kennziffer bei der Lösung der Hauptaufgabe der Leitung des Systems.

Ju. I. Černjak hat zu Recht festgestellt, daß bei einer korrekten Stellung der Aufgabe (bei fehlender Redundanz der Bedingungen) die Nachrichten (in unserem Falle die Formen der Kennziffern – d. Verf.), die jeder Bedingung der Aufgabe entsprechen, gleiche Bedeutung für die Lösung der Aufgabe besitzen und jede als eine Informationseinheit betrachtet werden kann.

„Für unkorrekte Aufgabenstellungen ... kann folgende Hypothese angenommen werden: die Menge der Informationen im elementaren Wort wird in Übereinstimmung mit dem Anteil der gegebenen Bedingung in der Aufgabenstellung reduziert."

Da jedoch ein und dieselbe Form einer Kennziffer in verschiedenen Aufgaben einen verschiedenen Anteil besitzt, so muß diese Charakteristik im Anfangsthesaurus enthalten sein.

### 2. *Zeitliche Charakteristika*

Für jede Kennziffer kann die Frage gestellt werden: Ist der Wert (die Relevanz) dieser Mitteilung abhängig von der Zeit? Dabei muß zwischen zwei Arten der Abhängigkeit streng differenziert werden – zwischen der Abhängigkeit des Wertes einer Mitteilung vom Zeitpunkt der Ankunft (des Eintreffens) und der Abhängigkeit des Wertes einer Mitteilung von der Dauer der Aufbewahrung dieser Mitteilung im Speicher des Systems.

Beide Arten der Abhängigkeit können sowohl im Hinblick auf jeden Wert der Kennziffer (die Mitteilung) als auch im Hinblick auf die Form der Kennziffer (das Prädikat) betrachtet werden.

Im ersten Falle ist gemeint, daß der Zeitpunkt des Erscheinens des jeweiligen Wertes der Kennziffer wesentlich die Größe der Reaktion des Leitungssystems bestimmt. So ist eine Mitteilung, daß der Plan des 4. Quartals mit 99 Prozent erfüllt wurde, wenn sie am 28. Dezember eingeht, für die Leitung bedeutsamer, als dieselbe Mitteilung, wenn sie erst am 2. Januar eingeht. Die Festlegung des Momentes $t_0$, in dem die erhaltene Mitteilung von maximaler Relevanz für die Hauptaufgabe der Leitung ist, hängt von der Form der Kennziffer und von ihrer Rolle in der Hauptaufgabe ab und muß deshalb zum Ausgangsthesaurus gehören. Dasselbe trifft für die Bestimmung des Momentes $t_1$ zu, in dem die erhaltene Mitteilung die geringste Relevanz für die Hauptaufgabe der Leitung besitzt. In Abhängigkeit von der konkreten Aufgabe der Leitung kann der zeitliche Wert der jeweiligen Mitteilung sowohl eine zunehmende als auch eine abnehmende Funktion der Zeit $t$ sein. Andererseits gilt, daß, je weniger wahrscheinlich der Eintritt eines gewissen Ereignisses ist, desto wichtiger ist der rechtzeitige Empfang einer Mitteilung über das Geschehen eines solchen Ereignisses. Die zeitliche Charakteristik der Relevanz einer gegebenen Mitteilung $P(x_j)$ muß deshalb eine Funktion der Zeit $t$ und der Wahrscheinlichkeit $p_j$ sein.

Wir führen folgende Bezeichnungen ein:

$T_j$ – quantitative Charakteristik der Relevanz (des Wertes) einer Mitteilung $P(x_j)$ in Abhängigkeit vom Moment des Eintreffens;

$t_1$ – Zeitpunkt, zu dem das Eintreffen der Mitteilung den minimalen Wert besitzt;

$t_0$ – Zeitpunkt, zu dem das Eintreffen der Mitteilung den maximalen Wert besitzt;

$p_j$ – Wahrscheinlichkeit des Eintreffens der Bedeutung $P(x_j)$. Dann ist

$$(3) \qquad T_j = \left[R - (-1)^k k \left|\frac{t_0 - t_1}{t_0 - t_1}\right|\right](1 - p_j),$$

wobei $k$ eine ungerade Zahl ist, wenn $T_j$ mit $t$ zunimmt, und eine gerade Zahl im entgegengesetzten Fall. Wenn nach dem Zeitpunkt $t_1$ die Mitteilung keinerlei Wert für die Hauptaufgabe darstellt, dann ist $T_j(t_1, p_j) = 0$ und $k = R$, wobei $k$ eine gerade Zahl ist. In allen anderen Fällen ist $R$ eine gewisse konstante Zahl, die als obere Grenze der Zahlencharakteristiken der Werte der Mitteilungen $P(x_j)$ aufgefaßt wird, die zum Zeitpunkt $t_0$ eintreffen können; $k$ ist eine konstante Zahl, die der oben genannten Forderung sowie der folgenden Ungleichung $k \leqq R$ genügt.

Wie $R$ gehört auch $k$ zum Ausgangsthesaurus. In vielen Fällen kann angenommen werden: $R = \max_j (z_j)$.

Da der zeitliche Wert einer gegebenen Form der Kennziffer seinerseits durch die Werte seiner Größen bestimmt wird, wählen wir als zahlenmäßige Charakteristik dieses Wertes die Größe:

$$T = \max_j (T_j).$$

Wir benutzen hier ein intuitiv hinreichend offensichtliches Kriterium – der Anteil (die Relevanz) der Benutzung der gegebenen Form der Kennziffer wird bestimmt durch die maximal mögliche Einwirkung ihrer Bedeutungen auf das Funktionieren des Systems.

Nehmen wir die zweite Variante der Abhängigkeit – die Abhängigkeit zwischen dem Wert einer Mitteilung und der Zeit ihrer Benutzung und Aufbewahrung. Es ist offenkundig, daß in diesem Falle die zeitliche Relevanz (der Wert) einer Mitteilung $P(x_j)$ von der Zeit der Aufbewahrung (die im Thesaurus festgelegt ist) und der Funktion $\psi(t)$ abhängt. Die letztere Funktion gibt die Wahrscheinlichkeit wieder, daß die gegebene Mitteilung im Zeitpunkt $t$ benutzt werden wird. Die entwickelte Form dieser Funktion wird im Ausgangsthesaurus des Systems festgelegt.

Es sei $t_0$ der Moment des Eintreffens der Mitteilung $P(x_j)$; $C$ – die Dauer der Benutzung der Mitteilung $P(x_j)$; es ist offensichtlich, daß $C$ für alle $x_j$ konstant ist, denn die Dauer wird für alle Werte der Form der Kennziffer einheitlich festgesetzt, obwohl im allgemeinen die Größe $C$ mit TWM verbunden ist, jedoch nicht stark und nicht immer.

Dann ist das Intervall $(t_0, t_0 + C)$ der Definitionsbereich der Funktion $\psi(t)$. $\psi(t_0 + C + \varepsilon)$ sei für jedes $\varepsilon > 0$ gleich Null. Der Definitionsbereich der Funktion $\psi(t)$ ist dann $(t_0 + \infty)$.

Wir werden annehmen, daß der zeitliche Wert der Aufbewahrung der Aufbewahrungsfrist und den Werten der Funktion $\psi(t)$ direkt proportional ist. Wenn wir die zahlenmäßige Charakteristik des zeitlichen Wertes der Aufbewahrung mit $\Pi$ bezeichnen, so haben wir:

$$(4) \qquad \Pi = \frac{c\,\psi(t)}{t_0}.$$

Den Koeffizienten $\frac{1}{t_0}$ führen wir ein, damit $\Pi$ eine dimensionslose Größe wird.

### 3. *Der Wert der Desinformation (des Fehlers)*

Wir werden folgende Arten der Desinformation unterscheiden: vorsätzliche glaubwürdige Desinformation, vorsätzliche unglaubwürdige Desinformation, unabsichtliche glaubwürdige Desinformation und unabsichtliche unglaubwürdige Desinformation.

Wir werden die Größe einer Kennziffer als unglaubwürdig ansehen, wenn die Größe der Basis $x_j$ nicht zum Veränderungsbereich gehört.

In diesem Falle ist die Wahrscheinlichkeit des Eintreffens dieser Mitteilung gleich Null, und die zahlenmäßige Charakteristik des TWM überschreitet die zulässige Norm, die im Thesaurus enthalten ist. Das macht es möglich, diese Mitteilung automatisch zu annullieren. Sehr viel schwieriger ist es, einen glaubwürdigen, insbesondere einen vorsätzlichen glaubwürdigen Fehler zu erkennen (d. h. eine Mitteilung, die zum Wahrheitsbereich der gegebenen Form der Kennziffer gehört). Es gibt gegenwärtig keine genügend allgemeinen Kriterien, die es möglich machen würden, Information und glaubwürdige Desinformation zuverlässig voneinander zu unterscheiden.

In einer Reihe von Fällen ist es möglich, die Wahrscheinlichkeit der Entstehung glaubwürdiger Desinformation einzuschätzen, wenn man den Umstand berücksichtigt, daß vorsätzliche Korrekturen einer Mitteilung gewöhnlich in Richtung von (für das jeweilige geleitete System) günstigen Werten erfolgen. Jedoch muß jeder konkrete Fall (jedes System), jede Form einer Kennziffer usw. speziell untersucht werden.

Die Wahrscheinlichkeit der Entstehung eines unabsichtlichen Fehlers wird durch den „Rauschpegel“ im Nachrichtenkanal bestimmt. In unserem Falle sind das die üblichen Bürosünden: Unaufmerksamkeit, Flüchtigkeit oder Undeutlichkeit der Aufzeichnung, Rechenfehler usw.

Wenn jedoch der Fehler bereits erkannt ist, so macht es wenig Mühe, die Relevanz (den Schaden) dieser Desinformation für die Lösung der Hauptaufgabe des jeweiligen Systems zu berechnen. Der technologische Wert einer wahren Mitteilung $P(x_j)$ sei gleich $z_j$, und der „technologische Wert“ der Desinformation $P(x_i)$ gleich $z_i$. Liegen $x_j$ und $x_i$ auf einer Seite von $x_0$ (vgl. Kap. 1), so hängt die Relevanz des Fehlers nur vom Unterschied des TWM der Mitteilungen $P(x_j)$ und $P(x_i)$ ab, da der Einfluß der Mitteilungen ein und desselben Sinnes auf die Reaktion des leitenden Systems verschieden „stark“ ist. Umgekehrt hängt, wenn $x_i$ und $x_j$ auf verschiedenen Seiten von $x_0$ liegen, die Relevanz des Fehlers von der Summe des TWM der Mitteilungen $P(x_i)$ und $P(x_j)$ ab.

Benennen wir die quantitative Charakteristik der Relevanz des Fehlers mit $0_{ij}$, so erhalten wir:

$$0_{ij} = | z_j + \beta z_i |,$$

$$\text{wo } \beta = \begin{cases} -1 - \text{wenn } x_i, x_j \text{ auf derselben Seite von } x_0 \text{ liegen;} \\ +1 - \text{wenn } x_i, x_j \text{ auf verschiedenen Seiten von } x_0 \text{ liegen;} \\ \phantom{+}0 - \text{wenn } x_i \text{ gleich } x_0 \text{ ist.} \end{cases}$$

Wir benutzen die Angaben des Beispiels aus $n \cdot 1$ und berechnen die Relevanz folgender falscher Mitteilungen:

Das Werk habe den Plan mit 99 Prozent erfüllt, in der Mitteilung sei aber nur eine Planerfüllung von 95 Prozent angegeben. Dann ist

$$0_{3,2} = | z_2 - z_3 | = 0{,}92.$$

Das Werk hat den Plan mit 110 Prozent erfüllt, in der Mitteilung sind jedoch nur 95 Prozent genannt. Dann ist

$$0_{3,5} = | z_3 + z_5 | = 3{,}33.$$

Hat das Werk den Plan mit 100 Prozent erfüllt, in der Mitteilung werden jedoch nur 95 Prozent gemeldet, dann ergibt das

$$0_{4,3} = | z_4 + 0 z_3 | = 1.$$

## 4. *Grundstrukturen*

Die ungewöhnliche Vielfalt der Formen der Kennziffern, die in der Wirtschaft benutzt werden, und der Reichtum der Aufgabenstellungen, in denen sie angewendet werden, erschweren die Anwendung der zahlenmäßigen Charakteristika, die in den Kapiteln 1, 2 und 3 aufgestellt wurden. Mehr noch, da ein und dieselbe Form einer Kennziffer in verschiedenen Systemen ein formaler Parameter mit unterschiedlichem Gewicht (Einfluß) sein kann, so ist die Frage nach der Berechnung von Wertcharakteristika außerhalb der Verbindung mit einer konkreten Aufgabe in einem konkreten System sinnlos. Wenn man aber den Begriff des Informationswertes infolge seines lokalen Charakters nicht völlig formalisieren kann, so muß jedenfalls versucht werden, die lokale Beschränkung dadurch auf ein Mindestmaß zu bringen, daß man die globalen Attribute herausarbeitet, die jeder Form eines ökonomischen Dokuments eigen sind.

Als minimale Struktureinheit des Dokuments werden wir die Form des Requisits betrachten, d. h. jene konstanten Attribute des Requisits, die dieses als solches bestimmen.

Die überwiegende Mehrzahl der Formen von Requisiten besitzt folgende syntaktische Struktur:

<Form des Requisits> : : = <Kopf des Requisits> <Körper des Requisits>

<Kopf des Requisits> : : = <natürliche Menge> / <Wertmenge> / <Menge der Beziehung> / <Name> / <Liste>

<Körper des Requisits> : : = <Benennung> <Zahl> <Benennung der Maßeinheit> / <Benennung> <Zahl> <Symbol> / <Benennung> <Zahl> <leer> / <gemeinsamer Name> <individueller Name>

<Benennung> : : = <Wort> / <Symbol> / <Benennung> <Wort>

<Zahl> : : = <natürliche Zahl> / <positive Dezimalzahl>

<Benennung der Maßeinheit> : : = <Buchstabe> / <Abbreviatur> / <Wort> / <Zahl> <Wort>

<gemeinsamer Name> : : = <Wort> / <gemeinsamer Name> <Wort>

<individueller Name> : : = <Wort> <Symbol> / <individueller Name> <Wort> / <individueller Name> <Symbol>

<Wort> : : = <Substantiv> / <Verb> / <Abverb> / <Konjunktion>

<Symbol> : : = <Buchstabe> / <abstraktes Symbol>.

Unter einem abstrakten Symbol wird ein beliebiges Zeichen auf dem Papier verstanden, das nicht zum russischen Alphabet gehört (z. B. Prozent).

Die Formen der Requisiten bezeichnen wir durch Identifikatoren:

*Φ* 1 – natürliche Menge, *Φ* 2 Wertmenge, *Φ* 3 Beziehungsmenge, *F* 1 – Name, *F* 2 – Liste.

Die Struktur jedes der genannten Formen definieren wir auf folgende Weise:

*Φ* 1 : : = <Benennung> <natürliche Zahl> <Benennung der Maßeinheit>.

*Φ* 2 : : = <Benennung> <Zahl> <Benennung der Maßeinheit>

*Φ* 3 : : = <Benennung> <Zahl> <Symbol> / <Benennung> <Zahl> <Wort> / <Benennung> <Zahl>

*F* 1 : : <gemeinsamer Name> <individueller Name>

*F* 2 : : *F* 1 / *F* 2 <individueller Name.>

Wir werden jede Form genauer untersuchen.

### Natürliche Menge *Φ* 1

Die Benennungen (Wörter), die zum Aufbau konkreter Formen *Φ* 1 benutzt werden, bilden eine ziemlich begrenzte Menge von Substantiven und Verben. Sie werden in den Formen der Dokumente als Attribute natürlicher Produktionsvolumina benutzt (z. B. „ausgeliefert“, „auf Lager genommen“, „während der Schicht produziert“, „Plan“, „faktisch“). Eine Analyse der Formen der Berechnungs-, Abrechnungs- und Plandokumentation der Abteilungen im Werk GPZ-3 in Saratov und im Metallwarenwerk „Lenin“ hat ergeben, daß die Anzahl solcher Wortbildungen 40 nicht überschreitet, konkret waren es in diesen Werken 31 und 35. Man darf vermuten, daß in allen Arten der ökonomischen Dokumentation die Anzahl solcher Wörter nicht sehr viel größer ist. Außerdem ist leicht die Redundanz einer derartigen Liste von Benennungen festzustellen (z. B. „hergestellt“, „verarbeitet“, „produziert“ usw.). Im Endeffekt kann die Liste auf ein Standardminimum von Volumina reduziert werden – nicht mehr als 15–20 Benennungen.

Die Zahl, die das Produktionsvolumen bezeichnet, ist meist eine natürliche (d. h. ganze und positive) Zahl oder führt zu einer solchen. Der Veränderungsbereich wird als (0, n) gekennzeichnet, wobei n bestimmt wird, indem man von den konkreten Formen der Requisiten und den inneren Eigenschaften des Systems ausgeht, in dem sie benutzt werden. Die Benennungen der Maßeinheiten der natürlichen Mengen bilden eine Liste im Umfang von 10–12 Positionen (nach den Ergebnissen aus den obengenannten Werken), wobei es auch hier große Redundanz gibt.

Wenn $x$ die Liste der Benennungen durchläuft, $y$ das Intervall (0, n) ist und $z$ die Liste der Benennungen der Maßeinheiten, dann kann $\Phi$ 1 als dreistelliges Prädikat angesehen werden:

$$\Phi\, 1 = P\,(x,\, y,\, z) = (x,\, y \text{ Maßeinheiten } z).$$

Da für jeden einzelnen Betrieb (System) die Wahrscheinlichkeit des Erscheinens konkreter Werte $x$ und $z$ in der Form $\Phi$ 1 konstant ist und man auch die zeitliche Relevanz für jede konkrete Form des Requisits vorher angeben kann, so können, wenn man die Formeln aus den Kapiteln 1, 2 und 3 benutzt, die Wertcharakteristiken jeder konkreten Form des Requisits (d. h. mit bereits festgelegten $x$ und $z$) in der Hauptaufgabe des untersuchten Systems gefunden werden.

Diese Wertcharakteristiken sind für die jeweilige Form des Requisits in einem gegebenen System konstant. Die Wertcharakteristiken für die Werte einer konkreten Form des Requisits werden schon nur nach den Größen von $y$ bestimmt. So wird also jede Form des Requisits durch einen konstanten Vektor des „Wertes“ und durch die variable zahlenmäßige Charakteristik des TWM der Werte dieser Form gekennzeichnet. Der „Wertvektor“ jeder konkreten Form des Requisits entspricht der Formel

$$W\, 1 = (z_{ij},\, T_{ij},\, \Pi_{ij}),$$

wobei $z_{ij}$ die zahlenmäßige Charakteristik des TWM von $P\,(x_j,\, y\,,\, z_j)$,
$T_{ij}$ die zahlenmäßige Charakteristik des zeitlichen „Wertes“ des rechtzeitigen Eintreffens der Größe $P\,(x_i,\, y,\, z_j)$ und
$\Pi_{ij}$ die zahlenmäßige Charakteristik des zeitlichen „Wertes“ der Aufbewahrung von $(P\,(x_i,\, y,\, z_j)$ sind.

Es ist leicht zu sehen, daß jede Komponente des Vektors $W$ 1 ein Element der für $\Phi$ 1 konstanten Matrize ist. Diese Matrize wird für die gegebene Form $\Phi$ 1 ausgerechnet und im Ausgangsthesaurus aufbewahrt.

Alle oben angeführten Komponenten des Vektors $W$ 1 werden nach den in den Kapiteln 1 und 2 gegebenen Formeln bestimmt, wobei vorausgesetzt wird, daß $y$ ein willkürlicher Parameter ist.

Die Wertmenge $\Phi$ 2

Die Benennungen, die zum Aufbau konkreter Formen $\Phi$ 2 benutzt werden, bilden wie bei $\Phi$ 1 eine Liste, die 40–45 Positionen enthält und ebenfalls über Redundanz verfügt. Die Benennungen sind Attribute der Wertcharakteristiken des Systems (z. B. „ausgegeben“, „bezahlt“, „Preis“, „Kosten“, „Vorauszahlung“ usw.).

Es ist offensichtlich, daß sich die Liste der Benennungen für $\Phi$ 2 mit der Liste der Benennungen für $\Phi$ 1 überschneidet, da die meisten Größen in der Wirtschaft in natürlichen Einheiten und Werteinheiten gemessen werden.

Die Zahl in der Form $\Phi$ 2 kann sowohl eine ganze Zahl als auch eine Dezimalzahl sein und gehört zum Intervall (0, $n$), wobei $n$ die Grenze der zulässigen Werte der jeweiligen Form des Requisits ist. Die Liste der Benennungen der Maßeinheiten ist für $\Phi$ 2 sehr kurz:
<Rubel> / <Kopeken> / <Rubel> <Kopeken> / <Tausende Rubel> / <Zehntausende Rubel / Millionen Rubel>.

Analog zu $\Phi$ 1 gilt

$$\Phi 2 = P(x, y, z)$$

$$W 2 = (z_{ij}, T_{ij}, \Pi_{ij})$$

wobei $x \in$ die Liste der Benennungen $y \in (0, n)$ und
$z \in$ die Liste der Benennungen der Maßeinheiten sind.

Die Beziehungsmenge $\Phi$ 3

In der Form $\Phi$ 3 werden als Benennungen die Bezeichnungen verschiedener Koeffizienten, synthetischer (zusammengefaßter) Charakteristiken, dimensionsloser Größen usw. verwendet, z. B. „Rentabilitätsgrad“, „Plan übererfüllt“, „Amortisation“ usw.

Die Grenzen der Liste der Benennungen festzustellen, ist in diesem Falle nicht einfach, da die Menge der bedingten Größen, Koeffizienten u. dgl. in den einzelnen Betrieben stark schwankt. Neben den obligatorischen (d. h. überall umfassend benutzten) Benenungen werden in jedem Betrieb eigene, spezifische Benennungen verwendet. Ihre Zahl und Vielfalt hängt nicht nur von den objektiven Eigenschaften des Systems (des Betriebes) ab, sondern auch vom Phantasiereichtum der Ökonomen, die am Leitungsprozeß dieses Systems beteiligt sind.

Enthält zum Beispiel die Liste der Benennungen im Werk GPZ-3 in Saratov 27 Positionen, so beträgt die Anzahl der Positionen im Werk für Schwermaschinenbau in Saratov 61 und im Metallwarenwerk „Lenin" 23. Unserer Meinung nach ist dennoch eine Vereinheitlichung der Liste der Benennungen für $\Phi$ 3 möglich. Allerdings wird sie im Unterschied zur Vereinheitlichung der Benennungslisten für $\Phi$ 1 und $\Phi$ 2 einen mehr lokalen Charakter besitzen, d. h. nur für den jeweiligen Betrieb oder eine Gruppe verwandter Betriebe vorgenommen werden können.

Die in die Form $\Phi$ 3 eingehende Zahl kann eine beliebige positive rationale Zahl sein, die zum Intervall $(0, n)$ gehört. Die obere Grenze $n$, die Prädikatform für $\Phi$ 3 und die konstante Wertmatrize $W$ 3 werden ebenso ermittelt, wie das in den vorhergehenden Fällen getan wurde.

Der Name *F* 1

*F* 1 ist die Form des qualitativen Requisits (Merkmals). Der allgemeine Name ist in den meisten Fällen ein Substantiv, das einen Sammelbegriff oder Artbegriff wiedergibt, z. B. „Werk", „Familie", „Abteilung", „TKO", „Unterschrift" usw. Der individuelle Name ist in der Regel ein Substantiv, das die Bezeichnung (die Ziffer, Nummer) eines Gegenstandes, einer Person usw. ist (z. B. „Ivanov", „Nr.3", „Hammer und Sichel", „GAZ-69" usw.).

Die Liste der Bedeutungen des „allgemeinen Namens" enthält etwa 50–60 Positionen, wobei die Anzahl der Positionen für ein konkretes System weitaus geringer sein kann. Jeder Bedeutung des „allgemeinen Namens" entspricht eine eigene „Liste" individueller Namen. Dabei hängt die Anzahl der Positionen in dieser „Liste" von der Bedeutung des „allgemeinen Namens" und von dem System ab, an dem die vorliegende Form des Requisits beteiligt ist. Wenn $x$ die Liste der Bedeutungen des „allgemeinen Namens" durchläuft und $y$ die Liste der Bedeutungen des „individuellen Namens" ist, so kann $F$ 1 als zweistelliges Prädikat definiert werden: $F\,1 = P\,(x, y)$, ($y$ ist der individuelle Name von $x$).

Analog kann ein konstanter Vektor des „Wertes" eingeführt werden:

$$W\,4 = (z_i, T_i, \Pi_i),$$

wobei $z_i$ der technologische Wert der Mitteilung $P\,(x_i, y)$,

$T_i$ die quantitative zeitliche Charakteristik der „Nützlichkeit" der Mitteilung $P\,(x_i, y)$ in Abhängigkeit vom Moment des Eintreffens und

$\Pi_i$ die quantitative Charakteristik der „Nützlichkeit" der Mitteilung $P\,(x_i, y)$ in Abhängigkeit von der Dauer der Aufbewahrung und der Häufigkeit der Benutzung der gegebenen Form des Requisits ist.

In diesem Falle wird $y$ als Parameter angesehen. Sehr oft kommt in Dokumenten eine Superposition der Form $F$ 1 vor, d. h. der Fall, daß der „allgemeine Name“ als „individueller Name“ betrachtet wird. Einfachstes Beispiel: (Unterschrift) (Dienststellung) (individueller Name). Für derartige Konstruktionen einen „Wertvektor“ zu finden, ist schwieriger, obwohl im Endeffekt prinzipielle Schwierigkeiten hier nicht zu erwarten sind.

Die Liste $F$ 2

Die Form $F$ 2 stellt eine Verallgemeinerung der Form $F$ 1 für jenen Fall dar, daß die Zahl der Variablen des Typs „individueller Name“ größer oder gleich 2 ist. Wir stellen $F$ 2 in Form eines Prädikats dar:

$$F\,2 = P\,(x, y_1, y_2, \ldots, y_m),$$

wobei $x$ der „allgemeine Name“ (die Bezeichnung der Liste),
$y_i$ der „individuelle Name“ (die Position der Liste) und
$m$ die Anzahl der Positionen in der Liste sind.

Der konstante Vektor des „Wertes“ wird genauso wie für die Form $F$ 1 errechnet; dabei werden alle $y_i$ als Parameter betrachtet.

Die Einführung zahlenmäßiger Charakteristiken der „Nützlichkeit“ von Information, die in Dokumenten enthalten ist, und die Verwendung der grundlegenden strukturellen Formen der Requisiten sollen nach Meinung des Autors die Lösung folgender Aufgaben erleichtern:

die Vereinheitlichung und Standardisierung der Formen der Dokumente,

die Ausarbeitung von rationellen Verfahren der Aufbewahrung von Information im Speicher des leitenden Systems und

die Ausarbeitung eines Systems von Algorithmen der Informationsverarbeitung unter Berücksichtigung der „Prioritätenregel“.

*V. Ja. Derenkovskij, Z. B. Kobachidze*

# Einige theoretische Fragen der Klassifikation ökonomischer Informationen

Die Klassifikation als wissenschaftliche Untersuchungsmethode der Natur und der Spezifik von Erscheinungen und Objekten besitzt erstrangige Bedeutung bei der Lösung der Kardinalfragen der Theorie der ökonomischen Informationen. Deshalb ist das Klassifikationsproblem eines der aktuellsten Probleme unserer Tage auf dem Gebiet der Bedienungs- und Leitungsinformationssysteme. Die Fragen der Analyse und Synthese von Informationen, der Formalisierung und Kodierung, der maschinellen Verarbeitung und Organisation der Informationsfelder, die Fragen der Reduzierung des Informationsvolumens durch Beseitigung der Redundanz und Doublierung, die Fragen der Suche, Typisierung, Standardisierung und Dispatcherisierung von Informationen in Leitungssystemen können nicht gelöst werden, wenn man kein allgemeingültiges Klassifikationssystem besitzt.

Das Problem der Klassifikation ökonomischer Informationen ist für die ökonomische Wissenschaft nicht neu. Aber in der letzten Zeit wurde immer offensichtlicher, daß man diesem Problem nur geringe Aufmerksamkeit geschenkt hatte, und erst jezt beginnt man zu begreifen, daß die Verluste durch ungenügende Anwendung der Klassifikation analog den Verlusten sind, die dem System durch schlechte Produktions- und Leitungsorganisation erwachsen.

Die Theorie der Klassifikation entwickelt sich gegenwärtig hauptsächlich in zwei Richtungen. Die erste untersucht die Theorie der hierarchischen Klassifikationen, die zweite – die Theorie der nichthierarchischen Klassifikationen und der Klassifikationen mit nicht eindeutig ausgedrückter Hierarchie.

Diese Richtungen sind nicht gleichartig. Innerhalb dieser Richtungen existiert eine Menge verschiedener Strömungen, die in der Hauptsache mit den unterschiedlichen Auffassungen vieler spezieller Fragen in der Theorie der Klassifikation verbunden sind.

Die erste Richtung, als deren Begründer Dewey angesehen wird, entstand Ende des vorigen Jahrhunderts und wird heute durch eine Reihe von Dezimalklassifikationen dargestellt.

Seit ihrem Erscheinen wurde die Dezimalklassifikation mehrmals Veränderungen unterworfen mit dem Ziel, sie den neuen Bedingungen anzupassen, aber die grundlegenden Mängel der Methodologie selbst, die dieser Klassifikation zugrunde liegt, sind die Ursache für die meisten ihrer Unzulänglichkeiten. Eine beliebige Modernisierung und Vervollkommnung der Klassifikation führt nicht zum gewünschten Ergebnis, wenn ihre Struktur gleich bleibt. Interessant ist dazu die Bemerkung des Autors der Dezimalklassifikation selbst:

„Als Autor der ‚Dezimalklassifikation', die gegenwärtig eine weitere Verbreitung als alle anderen zusammengenommen gefunden hat, schenke ich natürlich ihrer Modifikation besondere Aufmerksamkeit, und bin fest davon überzeugt, daß einer der ernsthaftesten Fehler darin besteht, daß man für nichts und wieder nichts Geld und Zeit aufwendet für eine ‚Verbesserung' irgendeines Klassifikationsschemas."[1]

Man muß allerdings feststellen, daß man die Hierarchie der Struktur auf keinen Fall als prinzipiellen Mangel der Klassifikation betrachten darf. Das Unangenehme der hierarchischen Strukturen wird bei der inhaltlichen Betrachtung der zu klassifizierenden Objekte deutlich. Das führt dann zu künstlichen hierarchischen Klassifikationen, zur Vergrößerung des Anteils des Subjektiven, zu einer Trennung der natürlichen Verbindung zwischen den Erscheinungen und Objekten. Ideal für eine Klassifikation mit hierarchischer Struktur wäre die Erfüllung derjenigen Bedingung, die voraussetzt, daß die Menge der Merkmale $P$ nach dem Umfang jener Objekte geordnet werden kann, für welche die Funktion $\mu_x^{f(p)} \in X$ den Wert Eins annimmt, oder, mit anderen Worten, für die zwei Merkmale $P_i$ und $P_j$ wird eine der Bedingungen $X_i \supsetneqq X_j$ erfüllt. Aber eine derartige Zulassung ist eine starke Beschränkung, weil durch nichts der Fall verboten ist, daß $X_i \cap X_j \neq X_j$ oder $X_i$ ist oder, mit anderen Worten, daß die Objekte der Klasse $X_i$, die das Merkmal $P_i$ besitzen, nicht auch das Merkmal $P_j$ besitzen und umgekehrt.

Die zweite feststehende Beschränkung ist die Voraussetzung bezüglich der Möglichkeit, die gesamte zu klassifizierende Menge in zehn Klassen einzuteilen. Gerade diese beiden Beschränkungen zwingen die Autoren hierarchischer Klassifikationen, Hilfsklassen und Kenngrößen in diese einzuführen, die zwar gewisse Schwierigkeiten beseitigen, aber gleichzeitig andere hervorrufen.

Zum Unterschied von hierarchischen Klassifikationen werden die nichthierarchischen ohne irgendwelche zusätzlichen Beschränkungen

[1] Michajlov, A. I., Černyj, A. I., Giljarevskij. R. S., Informatik. Grundlagen, Berlin 1970

aufgestellt. Ihre Aufstellung beginnt mit einer tiefgründigen Analyse des Systems, welche die Aufdeckung und Bildung aller möglichen Identitäten und Unterschiede zwischen den zu klassifizierenden Objekten begünstigt.

Aus der Menge der Merkmale $P$ werden solche Gruppen von Merkmalen herausgezogen, die eine „verträgliche" Teilung der Menge $X$ in Klassen bilden. In der nächsten Etappe wird wiederum eine gewisse Menge von Merkmalsgruppen herausgezogen und eine noch enger gefaßte Differenzierung durchgeführt usw. bis zum erforderlichen Detaillierungsgrad. Es möge $A$ eine gewisse Gruppe von Merkmalen darstellen, auf deren Grundlage $X$ in die Unterklassen: $a_1, a_2, a_3, \ldots, a_k$ eingeteilt wird. Wenn in einer anderen Gruppe von Merkmalen $B$ eine Teilung von $X$ in die Klassen: $b_1, b_2, b_3, \ldots, b_i$ vorgenommen wird, so erhält man, indem man diesen Prozeß für alle herausgezogenen Gruppen von Merkmalen $C_i$ durchführt, verschiedene Gesamtheiten von Unterklassen: $a_1, \ldots, a_k, b_1, \ldots, b_i, c_{i1}, \ldots, c_{i2}, \ldots, a_i b_i, a_2 b_i, \ldots, a_1 b_1 c_j, \ldots, a_2 b_2 c_j, \ldots$ usw.

Mit jeder Einführung einer neuen Gruppe von Merkmalen erhält man immer feinere Strukturen der Klassifikation. Dabei ist zu berücksichtigen, daß die Bildung neuer Gruppen durch nichts beschränkt ist, und diesem Umstand verdanken wir eine unbegrenzte Reserve der Klassifikation. In einer solchen Klassifikation wird die Vielseitigkeit der zu klassifizierenden Dinge und die Vielfalt des menschlichen Gedankens beim Herangehen an die Klassifikation berücksichtigt. Gerade auf die Ausarbeitung einer aspektreichen Klassifikation von ökonomischen Informationen, die einheitlich anwendbar ist sowohl für das gesamte System der Volkswirtschaft als auch für seine einzelnen zweiglichen Teilsysteme, müssen alle Anstrengungen der entsprechenden Forschungskapazitäten konzentriert werden.

Als erfolgversprechende Richtung bei der Ausarbeitung des Klassifikationsproblems für ökonomische Informationen muß die von V. I. Ljubavskij vorgeschlagene und am Beispiel eines Maschinenbaubetriebes realisierte Methode der Parameterklassifikation angesehen werden.

Der Inhalt dieser Methode geht bereits aus ihrem Namen hervor. Als Klassifikationsmerkmal wird ein Parameter genommen, der den Gegenstand oder die Erscheinung objektiv charakterisiert.

Den Ergebnissen dieser Methode nach zu urteilen, kann man schlußfolgern, daß sie eine Reduzierung des Informationsvolumens durch Beseitigung der Redundanz, eine Formalisierung der Informationen sowie ihr schnelles Auffinden gewährleistet.

Es muß allerdings gesagt werden, daß diese Klassifikation bei weitem noch nicht allen real notwendigen Anforderungen genügt, die an eine Klassifikation ökonomischer Informationen gestellt werden.

Tatsächlich läßt sich nicht für alle Arten von ökonomischen Informationen ein sogenannter „objektiver Parameter" finden, insbesondere für solche Informationsarten wie Kennziffern, Normative usw. Für die Klassifikation von Material – Baugruppen und Einzelteile der Hauptproduktion, Industrie- und landwirtschaftliche Produkte – sowie von technologischen Prozessen kann die Anwendung der Parameterklassifikation effektiv sein.

Die Analyse und Gegenüberstellung der verschiedenen Klassifikationssysteme (bibliothekarisch-bibliographische, philosophische, technisch-ökonomische, Klassifikationssysteme der Naturwissenschaften) und der Vorschläge zu ihrer Verbesserung gestatten es, eine passende Auswahl aus den ursprünglichen Lösungsrichtungen des allgemeinen Problems der Schaffung einer befriedigenden Klassifikationstheorie zu treffen und auf der Grundlage dieser Theorie konkrete Klassifikationen für die Belange der Industrie, der Landwirtschaft und die Sphäre der Leitung und Planung der Wirtschaft des Landes aufzubauen.

Um das Problem mit Hilfe der Klassifikation befriedigend zu lösen, muß diese:

- vollständig sein, das heißt den gesamten Kreis der Objekte, Prozesse und Erscheinungen des Wirtschaftslebens umfassen;
- aspektreich sein, das heißt die einzelne Betrachtung eines beliebigen Objektes, einer beliebigen Eigenschaft und eines beliebigen Merkmals des Objektes sowohl vom Standpunkt des Systems als auch vom Standpunkt der dieses System bildenden Teilsysteme ermöglichen;
- die Erweiterung und Ergänzung des Klassifikationssystems zulassen, was praktisch durch den Aspektreichtum der Klassifikation gewährleistet wird;
- dynamisch sein, das heißt die Einbeziehung von Veränderungen, entsprechend den Veränderungen des Zustandes der Objekte, ermöglichen;
- den gegenseitigen Ausschluß der Klassen zulassen;
- eine effektive Indexbildung und den Aufbau von Minimalcodes gestatten;
- es erlauben, eine rationelle Organisation der Informationsfelder und des Zugriffes zu ihnen zu realisieren.

Ausgangsbedingung für die Aufstellung einer beliebigen Klassifikation ist das Vorhandensein einer Menge von Objekten, die der

Klassifizierung unterliegen, und einer Menge von Merkmalen, auf deren Grundlage die Klassifizierung durchgeführt werden soll.

Bezeichnen wir mit $X$ die Menge der Objekte, die der Klassifizierung unterliegen, und mit $P$ – die Menge aller Merkmale, die erforderlich sind, um ein beliebiges $x \in X$ von allen anderen zu unterscheiden. Daraus geht hervor, daß die erste notwendige Bedingung, der $P$ genügen muß, ist, daß man für ein beliebiges $x \in X$ mindestens eine Untermenge der Merkmale $P_x \subset P$ finden kann, die eindeutig das fixierte $x \in X$ bestimmt. Eine solche Menge $P$ nennt man zulässige Merkmalsmenge. Das Auffinden einer zulässigen Merkmalsmenge ist die erste Schwierigkeit auf dem Wege der Ausarbeitung der Klassifikationssysteme.

Es ist verständlich, daß nicht jede Merkmalsmenge eine zulässige ist. Tatsächlich entspricht $P$ der Vereinigung der Merkmalsmenge jedes Objektes $x$. Ein beliebiges Objekt $x$ verfügt über eine unendliche Merkmalsmenge. Eine Beschränkung des Unendlichen wird dadurch erreicht, daß man die und nur die Merkmale herauslöst, die für die Individualisierung eines jeden Objektes in der fixierten Menge $X$ benötigt werden.

Es ist leicht zu beweisen, daß, wenn $X$ endlich ist, man $P$ auch endlich wählen kann. Die Frage der Auswahl einer endlichen Anzahl von Merkmalen hängt von der Zielstellung ab. Was die Auswahl der minimalen zulässigen Merkmalsmenge betrifft, so kann man sie durch „Übertragung" aller möglichen zulässigen Merkmalsmengen erhalten.

Aber die betrachteten Mengen $(X, P)$ sind noch nicht ausreichend für die Definition des Begriffes „Klassifikaton". Für eine strenge Definition der Grundbegriffe der Klassifikation, einschließlich des Begriffs „Klassifikation" selbst, müssen noch einige Operationen mit den Mengen $(X, P)$ durchgeführt werden: Mit der Menge $X$ – die Mengenoperationen „$\cup$", „$\cap$" – „Durchschnitt", „Vereinigung", „Komplement", mit der Menge $P$ – die Operationen der formalen Logik „$\vee$", „$\wedge$", „$-$" – „Disjunktion", „Konjunktion", „Negation".

Die Beziehungen zwischen den entsprechenden Mengen $(X, P)$ sollen auf der Zahlengeraden zur quantitativen Charakterisierung der Klassifikation abgebildet werden.

Zu diesem Zweck führen wir die Funktion $\overset{f(p)}{\mu}(x)$ ein, welche die Beziehung zwischen den Operationen mit den Mengen $(X, P)$ und der Zahlengeraden $N$ aufstellt.

Betrachten wir die Funktion $f(P)$, die eine logische Formel, definiert über die Menge $P$, darstellt.

Definieren wir die Funktion $\underset{x \in X}{\overset{f(p)}{\mu}}(x)$ in der Form $\underset{x \in X}{\overset{f(p)}{\mu}}(x) = 1$, wenn $f(p)$ wahr ist für $x$, und gleich Null – im entgegengesetzten Fall.

Zum Beispiel, wenn $f(p) = P_i$, wobei $P_i \subset P$ ist, dann sieht diese Definition so aus: $\underset{x \in X}{\overset{pi}{\mu}}(x) = 1$, wenn $X$ über das Merkmal $P_i$ verfügt, und ist gleich Null, wenn $X$ nicht über $p_i$ verfügt.

Auf der Grundlage der Eigenschaften dieser Funktion, definieren wir streng den Begriff „Klasse".

Als Klasse $X_i \subset X$ nach dem Merkmal $p_i \in P$ bezeichnet man die Menge aus $X$, für die die Funktion $\mu(x)$ den Wert Eins annimmt. Wir erhalten also durch Teilung der Menge $X$ nach den Merkmalen $\{p_i\} \subset P$ einzelne Klassen $\{X_i\}$, die, allgemein gesprochen, sich nicht überschneiden.

Die Definition der Funktion $\mu_{(\ )}^{(\ )}$ für die mehrstelligen Formeln in der Menge $P$ kann man auf die elementaren Formeln:

a) $\overset{p_i \wedge p_j}{\mu}(x)$,

b) $\overset{p_i \vee p_j}{\mu}(x)$

c) $\overset{\bar{p}}{\mu}(x)$

zurückführen.

Betrachten wir den Fall, wo für alle Objekte die Formeln $a$, $b$, $c$ den Wert Eins annehmen, dann werden in der Klassifikation folgende Klassen gebildet: nach der Formel $a$ – die Klasse aller Objekte, die sowohl das Merkmal $p_i$ als auch das Merkmal $p_j$ besitzen und die der Mengenoperation „Durchschnitt" der Klassen $X_i$ und $X_j$ aus der Menge $X$ entsprechen; nach der Formel $b$ – die Klasse aller Objekte, die entweder Merkmal $p_i$ oder das Merkmal $p_j$ besitzen und die der Mengenoperation „Vereinigung" von $X_i$ und $X_j$ aus der Menge $X$ entsprechen.

Analog wird die Formel $c$ behandelt.

Was die Abbildung der Beziehungen der Operationen mit den Mengen $(X, P)$ auf die Zahlengerade betrifft, so kann man sie ebenfalls mit Hilfe der Funktion $\underset{x \in X}{\overset{f(p)}{\mu}}(x)$ einführen –

$$m\,(x_{f(p)}) = \sum \underset{x \in X}{\overset{f(p)}{\mu}}(x) = n_{f(p)},$$

wobei $m\,(X_{f(p)}) = n_i$ die Anzahl $t$ der Elemente in der Klasse bedeutet. Folglich entspricht jeder Klasse $X_{f(p)}$ eine gewisse Zahl $n_{f(p)}$ der Zahlengeraden.

Zieht man die Eigenschaften der Funktion $\overset{f(p)}{\mu}(x)$ in Betracht, kann man leicht prinzipiell allgemeingültige Behauptungen für die Klassifikation einer beliebigen Art ableiten.

*Behauptung 1*: Die Gesamtheit aller $P_i \subset P$, bei denen für ein fixiertes $x \in X$ die Funktion $\overset{p_i}{\mu}(x)$ den Wert Eins annimmt, bildet eine Untermenge der Merkmale $P_x$, die das Objekt $x \in X$ besitzt, und $P$ ist ausreichend für seine Unterscheidung von allen übrigen Objekten der Menge $X$.

*Behauptung 2*: Die Gesamtheit aller $x \in X$, für die bei fixiertem $p_i \in P$ die Funktion $\overset{p_i}{\mu}(x)$ den Wert Eins annimmt, bildet eine Klasse von Objekten, die das fixierte Merkmal $p_i \in P$ besitzen. Die Dualität dieser Behauptung ist offensichtlich. Der Tradition entsprechend werden wir uns an die erste Behauptung halten.

Aus den vorangegangenen Betrachtungen ist ersichtlich, daß man jedem Merkmal eine gewisse Klasse von Objekten gegenüberstellen kann, die dieses Merkmal besitzen, das heißt

$$\{p_i\}_{i \in I} \longleftrightarrow \{x_i\}.$$

Ausgehend von der Definition der mehrstelligen Formeln für $\overset{f(p_i, p_j)}{\mu}(x)$ haben wir die binären Beziehungen:

$$\{p_i \wedge p_j\} \longleftrightarrow \{x^{ij} = x_i \cap x_j\}$$

$$\cdots\cdots\cdots\cdots\cdots\cdots$$

$$\left\{ \bigwedge_{\substack{k \in K \\ i_k \in I}} p_{i_k} \right\} \longleftrightarrow \left\{ x^{i_1, \ldots, i_k, \ldots, i_e} = \bigcap_{\substack{k = 1, \ldots, l \\ i_k \in I}} x^{i_k} \right\}.$$

Dieser Teilungsprozeß wird solange fortgesetzt, bis in jeder Klasse nur ein einziges Objekt übrigbleibt (Klassifikationseinheit).

Durch eine derartige Teilung erhalten wir eine gewisse Verteilung der Merkmale $\{p_{i_k}\}_{i \in I}$ $k \in K$ auf die Untermengen und folglich auch eine gewisse Regel der Verteilung der Objekte in den Klassen, die mit Hilfe der Funktion $\underset{x \in X}{\overset{f(p)}{\mu}}(x)$ gebildet werden.

Die Verteilung der Objekte auf die Klassen ist ein weiteres wesentliches Problem. Stets gibt es eine große Anzahl von Möglichkeiten der unterschiedlichen Verteilungen, aber nicht jede Verteilung wird der Zielstellung gerecht.

Somit sind wir dicht an die Definition der folgenden Begriffe der Klassifikationstheorie herangekommen.

Die Methode (das Programm, die Regel), mit der die Verteilung der Objekte auf die Klassen vorgenommen wird, nennt man Klassifikator.

Den Prozeß der Verteilung der Objekte entsprechend dem gegebenen Klassifikator nennt man Klassifizierung.

Das Ergebnis der Klassifizierung der Objekte nennt man Klassifikation.

Das Schema der Verteilung der Objekte auf die Klassen ist die graphische Darstellung der Klassifikationsstruktur. Der Strukturbegriff ist einer der Grundbegriffe. Die Klassifikationsstruktur spiegelt die innere Logik des Klassifikators wider und entspricht den Beziehungen zwischen den Untermengen der Klassifikationsmerkmale. Alle Hauptcharakteristiken der Klassifikation sind Ableitungen von ihrer Struktur.

*Klassifikation und Fragen der Recherche.*

Unter Informationsrecherche muß man die Gesamtheit der logischen Operationen verstehen, deren Ziel darin besteht, nach vorgegebenen Merkmalen alle Dokumente zu finden, welche die geforderten Angaben enthalten, oder, mit anderen Worten, alle Informationen zu erhalten, welche die uns interessierenden Fragen betreffen. Ebenso wir für die Klassifikation ist auch für die Recherche die Frage der Merkmale sehr wichtig. Die Geschwindigkeit und Vollständigkeit der Recherche hängt in direkter Weise von den Merkmalen der Informationsfelder ab sowie von den Merkmalen, die in der Anfrage enthalten sind und nach der die Recherche durchgeführt wird.

Die Fragen der Recherche sind für ökonomische Systeme im Hinblick auf die Informationsbereitstellung aktuell, das heißt im Hinblick auf Informationsbereitstellungssysteme und Informationsrecherchesysteme. Die Effektivität der Recherche wird nicht nur auf dem Wege der Verbesserung der technischen Mittel entschieden, sondern auch auf dem Wege der Durchführung der formalen Recherche, da eine beliebige Verbesserung der Mittel der semantischen Recherche ihre Grenze hat.

Der Prozeß der Informationsrecherche ist vom mathematischen (theoretischen) Standpunkt aus für alle Systeme, einschließlich der ökonomischen, prinzipiell gleich. Das gibt uns die Möglichkeit, ohne die Konkretheit der Darlegung zu verletzen, die allgemeine Theorie der Suche zu verwenden. Suchprozesse mit ihrer gewaltigen Vielfalt vom Standpunkt des Inhalts, der Wichtigkeit und des Umfanges trifft man unter verschiedenen, sich wesentlich voneinander unterscheidenden Bedingungen an. Diese Bedingungen bestimmen die Spezifik der zu verwendenden Suchmethode und sind eine Folge der Beziehungen, die in jedem konkreten Fall zwischen den Möglichkeiten des anfragenden Verbrauchers und der Menge jener Objekte $X$, in der sich das gesuchte Objekt $x$ befindet, bestehen.

Wenn man alle vielfältigen Situationen der Suche typisiert, kann man zwei Hauptarten der Suche aufstellen; beim Verbraucher fehlen vollständig oder teilweise die Angaben von der Ordnungsstruktur der

Menge $X$, und im Suchprozeß muß er das geforderte $x$ finden und dabei selbst die Struktur von $X$ aufbauen, was zur sogenannten stochastischen Suche führt; der Verbraucher ist in der Lage, eine vorangehende Klassifikation der Menge $X$ durchzuführen und danach die Suche des geforderten Objektes $x$ zu realisieren.

Es ist offensichtlich, daß die zweite Bedingung gegenüber der ersten eine Reihe von Vorzügen besitzt und daß ihre Effektivität von der Qualität der vorangehenden Klassifikation von $X$ abhängt. Im weiteren werden wir die Suche des zweiten Typs betrachten, weil wir es in ökonomischen Systemen immer mit Mengen von Objekten zu tun haben, über die man vorher Informationen erhalten kann. Wie bekannt, ist der Suchbegriff immer mit dem Begriff einer gewissen Unbestimmtheit verbunden, für deren Verkleinerung die Klassifikation eines der stärksten, wenn nicht das einzige, Mittel ist. Deshalb führt die Betrachtung der Klassifikation als Mittel zur Behebung der Unbestimmtheit zu einer solchen Problemstellung, bei der die Klassifizierung semantische Klarheit erlangt und ihr Verwendungszweck präzisiert wird. Zum Beispiel, wenn die Menge der Objekte $X$ aus $n$ Elementen besteht, so ist die Unbestimmtheit, die mit dem Auffinden eines beliebigen $x \in X$ verbunden ist, eine Funktion der Zahl $n$, im Gegensatz zum dichotomischen Suchverfahren (das heißt, wo vorangehend eine Zweialternativen-Klassifizierung der Menge $X$ durchgeführt wurde), wo die Unbestimmtheit eine Funktion von $2 \log n$ wird.

Wenn man dieses Beispiel verallgemeinert, kann man zu einer völlig natürlichen quantitativen Bewertung der Klassifikationsstruktur kommen – einem Funktional von der Differenz zwischen der ursprünglichen Unbestimmtheit und derjenigen Unbestimmtheit, die man nach der Klassifikation der Menge $X$ erhält.

Der formale Ausdruck für die Klassifikationsstruktur hat also die Form:

$$I = H - H',$$

wobei $I$ – die Bewertung der Klassifikation ist, die ein quantitatives Maß für die Verringerung der Unbestimmtheit in der Menge $X$ nach der Durchführung der Klassifikation ist;
$H$ – ist die Unbestimmtheit vor der Klassifikation;
$H'$ – ist die Unbestimmtheit nach der Klassifikation.

Weiter wird vorausgesetzt, daß die Menge der Merkmale $P$ der Zulässigkeitsbedingung genügt und deshalb für ein beliebiges $x \in X$ verwendet wird und daß in $P$ eine Untermenge existiert, die $x$ eindeutig bestimmt. Was die Menge $P$ selbst betrifft, so kann es vom algebraischen Standpunkt aus folgende Arten von Untermengen der Merkmale geben:

| | |
|---|---|
| Kommutative | $P_i \oplus P_j = P_j \oplus P_i,$ |
| nichtkommutative | $P_e \oplus P_j \neq P_j \oplus P_e,$ |
| homogene | $P_l \oplus P_e = P_e,$ |
| inhomogene | $P_l \oplus P_e \neq P_e.$ |

Wenn man unter solchen Bedingungen den Klassifikator aufstellt, muß man die oben aufgeführten algebraischen Beschränkungen in Betracht ziehen, die in der Praxis eine semantische Bedeutung erlangen und den Beschränkungen der physischen Welt entsprechen, welche nicht alle möglichen Kombinationen von Merkmalen gestatten.

*Haupttypen der Klassifikationsstrukturen und ihre quantitativen Bewertungen.*

Führen wir folgende Bezeichungen ein:
$n$ – Anzahl der Objekte $x \in X$;
$S_{n_i}$ – Gesamtzahl der Klassen auf der Ebene $i$ in der Menge $X$;
$C$ – Anzahl der Ebenen der Hierarchie;
$m_j$ – Anzahl der Elemente der $j$-ten Klassen auf der $i$-ten Ebene.
Betrachten wir die Strukturtypen – die Klassifikationen.

Eine Klassifikation mit homogener Struktur ist eine solche, bei der auf jeder Ebene der Klassifikation innerhalb jeder Klasse die gleiche Anzahl von Elementen enthalten ist, das heißt,

$$m_{ij} = m_{e+k_1}; j_{k_2}$$

dabei ist $(k_1 = -(e-i), \ldots, -1, 0, 1, \ldots, (c-i))$
$(k_2 = -(S_{n-j}), \ldots, -1, 0, 1, \ldots, (S_{n-i}))$.

Dann ist offensichtlich, daß

$$S_{n_1} = \frac{n}{m_1}, \; S_{n_2} = \frac{n}{m_2}, \ldots \; S_{n_e} = \frac{n}{m^e} = 1.$$

Folglich ist $n = m^e$.
Die Gesamtzahl der Klassen in $X$ auf der Grundlage der Klassifikation mit dem Homogenitätsmodul $m$ hat die Form:

$$S_n = \sum_{i=1}^{e} S_{n_i} - \frac{n}{m} + \ldots + \frac{n}{m^e} = \frac{n-1}{m-1}.$$

Man kann leicht die maximale Unbestimmtheit der verbleibenden Menge $X$ nach der Durchführung der Klassifikation ermitteln. Sie wird als Funktion $f$ von $c - m$ ausgedrückt, wenn man für $f$ den Logarithmus nimmt. Dann nimmt die Bewertung der Klassifikationen der Homogenitäten der Struktur die Form:

$$I = H - H' = \log n - \log (\max_{x \in X} K_x) = \log cm$$
$$= (c-1) \log m - \log c$$

an.

Bei der Klassifikation mit quasihomogener Struktur gibt es in der Menge der Klassen, die mit dem Homogenitätsmodul $m$ gebildet wurden, Klassen, in denen die Zahl der Elemente kleiner als $m$ ist. Offensichtlich gilt folgende Gleichung:

$$S_{n_1} = \frac{n - l_0}{m}, \quad S_{n_2} = \left(\left(\frac{n - l_0}{m}\right) - l_1\right)\frac{1}{m},$$

$$S_{n_l} = \left(- \left(\left(\frac{n - l_0}{m}\right) - l_1\right)\frac{1}{m} \ldots l_l - 1 \ldots\right)\frac{1}{m} = 1, \text{ das heißt}$$

$$n = l_0 + m^c + \sum_{c=1}^{c-1} l_i m^i = n \sum_{i=0}^{c} l_i m^i.$$

Die Gesamtzahl der Klassen ist gleich:

$$S_n = \sum_{i=1}^{c} S_{n_i} = n \sum \frac{n-1}{n(m-1)} - \sum_{i=0}^{l-1} \frac{(m^{l-i} - 1)}{m^{l-i}(m-1)}.$$

Die quantitative Bewertung der Klassifikationsstruktur $I$ wird so ausgedrückt:

$$I = \log n - \log (\max k_x) = \log \sum_{i=0}^{l} l_i m^i - \log \sum_{i=0}^{l} (l_i + m^i).$$

*Inhomogene Klassifikationsstrukturen nach dem Extraktionsmodul der Klassen in X.*

Die Klassifikation verfügt über eine inhomogene Struktur, wenn der Teilungsmodul auf jeder Ebene der Hierarchie ein anderer ist.

In einem solchen Falle erhalten wir für $S_{n_i}$:

$$S_{n_1} = \frac{n}{m_1} \ldots S_{n_l} = \frac{n}{\prod_{i=1}^{c} m_i} = 1, \text{ das heißt, } \quad n = \prod_{i=1}^{c} m_i.$$

Die Ausdrücke $S_n$ und $I$ nehmen die Form an:

$$S_n = \sum_{j=1}^{c} \prod_{k=1}^{j} m_k,$$

$$I = H - H' = \log \prod_{i=0}^{c} m_i - \log \sum_{i=0}^{c} m_i.$$

Analog erhalten die früher betrachteten quasihomogenen Klassifikationsstrukturen die Bewertungen:

$$n = \sum_{i=0}^{c} l_i \prod_{j=0}^{i} m_j;$$

$$S_n = \sum_{i=1}^{c} S n_i = \frac{(n-l_0)\left(\sum_{i=2} \prod_{i=j}^{c} m_j\right) - \sum_{k=1}^{c-1} l_k \left(\sum_{i=2}^{c-k} \prod_{i=j}^{c-k} m_j\right)}{\prod_{c=1}^{c} m_i}.$$

$$I = H - H' = \log\left(\sum_{i=0}^{c} l_i \prod_{j=0}^{i} m_j\right) - \log \sum_{i=1}^{l} (l_i + m_i).$$

In allen früher betrachteten Fällen gab es die Möglichkeit, Rekursionsbeziehungen zwischen beliebigen $S_{n_k}$ und $S_{n_{k+l}}$ einzuführen und alle übrigen Charakteristiken als Funktion eines gewissen $S_{n_k}$ auszudrücken.

Zum Beispiel erhalten wir bei quasiinhomogenen Strukturen

$$S_{n_k} = \frac{S_{n_{k_1}} - l_{k-1}}{m_k}$$

$$S_n = f_1 (S_{n_k}),$$

$$n = f_2 (S_{n_k}),$$

$$J = f_3 (S_{n_k}).$$

Eine Klassifikation mit vollständig inhomogener Struktur ist eine solche, bei der innerhalb jeder Klasse eine unterschiedliche Anzahl von Elementen zugelassen ist.

Es möge die Inhomogenität in Vektorform gegeben sein

$$S_n = (S_{n_1}\, S_{n_2} \ldots .\, S_{n_i}),$$

$$m_1 = (m_{11}\, m_{12} \ldots m_1 S_{n_1}),$$

$$m_2 = (m_{21} \ldots\ldots m_2 S_{n_2}),$$

$$m_j = (m_{i_1 j} \ldots\ldots m_e S_{n_e}).$$

Dann erhalten wir, wenn wir den Ausdruck *a* benutzen und neue Beschränkungen einführen, alle oben betrachteten Fälle

$$a) \text{ wenn } m_1 = \sum_{i=1}^{S_{n_1}} m_i \text{ ist, dann ist } S_n \ldots \overline{m}_c = \sum_{S_{n_c}}^{S_{n_c}} m_{c_i},$$

$$\bar{S}_n = \sum_{j=1}^{c} \prod_{k=1}^{j} n\, m_k, \bar{n} = \prod_{i=1}^{c} \bar{m}_i,$$

$$\bar{J} = \log \prod_{i=1}^{c} m_i - \log \sum_{i=1}^{c} \bar{m}_i;$$

*b*) wenn wir das Mittel über die Hierarchie bilden, erhalten wir

$$m = \sum_{i=1}^{c} \frac{m_i}{c}, \quad \text{das heißt} \quad \bar{n} = \bar{m}^l,$$

$$\bar{S}n = \frac{\bar{n} - 1}{\bar{n} - 1}, \bar{J} = \log \bar{m}^c - \log c\,\bar{m},\ c \log \bar{m} - \log_c \bar{m}.$$

Bei der Klassifikation mit stochastischer Struktur kann man die Verteilung der Elemente in den Klassen durch eine gewisse diskrete Wahrscheinlichkeitsverteilungsfunktion beschreiben, wie bisher möge $P$ die Menge der Merkmale und $X$ die Menge der Objekte sein, die der Klassifizierung unterliegen. Bezeichnen wir mit $L(X, P)$ die Wahrscheinlichkeitsfunktion der Verteilung der Merkmale in der Menge $X$, die das Objekt $X$ bei fixiertem $P$ mit einer Wahrscheinlichkeit von $\beta_i$ besitzt.

Nehmen wir an, daß die Verteilung der Merkmale $P_1, P_2, \ldots, P_k$ in Vektorform $B = \beta\,(\beta_1, \beta_2, \ldots. \beta_k)$ gegeben ist, dann ist die Verteilung der Elemente innerhalb der Klassen auf der ersten Extraktionsebene gleich $n\beta_1, n\beta_2, \ldots n\beta_k$ Mit anderen Bezeichnungen wird dieser Vektor als $(m_{11} \ldots m_{1j} \ldots m_{1k})$ geschrieben. Analog erhalten wir in der zweiten Extraktionsebene $(m_{21} \ldots m_{2k})$. Setzt man diesen Prozeß fort, kann man eine Matrix erhalten, die die Verteilung der Elemente in den Klassen beschreibt:

$$\begin{pmatrix} m_{11}\, m_{12} \ldots\ldots\ldots m_{1k} \\ \ldots\ldots\ldots\ldots\ldots \\ \ldots\ldots\ldots\ldots\ldots \\ m_{l1} \ldots\ldots\ldots\ldots m_{lk} \end{pmatrix}$$

Ausgehend von dieser Matrix, kann man die entsprechenden Bewertungen für die Klassifikationen mit stochastischer Struktur mittels Wahrscheinlichkeitmitteilung erhalten. Es soll festgestellt werden, daß ungeachtet der Ähnlichkeit der aufgeführten Formeln, die stochastischen Strukturen anders bewertet werden. Erstens besteht keine Notwendigkeit, alle Klassen individuell zu kennen, weil es ausreicht, die Wahrscheinlichkeitsverteilung zu kennen, und zweitens ist der „Mittelwert“ hier das Wahrscheinlichkeitsmittel.

*Extremalstrukturen* (vom Standpunkt der Suche).

Alle früher betrachteten Bewertungen haben selbstverständlich eine große Bedeutung für die praktische Anwendung, aber ihr Wert wird noch vollständiger, wenn wir noch einige Beschränkungen einführen.

Unter einer Extremalstruktur muß man eine solche Verteilung der Elemente auf die Klassen verstehen, die den Ausdruck $I = H - H'$ maximiert bei fixierter Anzahl von $n$ Objekten in $X$.

*Inhomogene Extremalstrukturen.*

Da $H$ eine Funktion von $n$ ist, ist offensichtlich, daß eine Maximierung von $I$ gleichbedeutend einer Minimierung von $H'$ ist. Folglich geht die Aufgabe des Aufbaus einer Extremalstruktur vom Standpunkt der Suche auf die Aufgabe der Minimierung von $H'$ zurück.

Seinerseits setzte sich $H'$ aus den Unbestimmtheiten auf den verschiedenen Ebenen zusammen, das heißt, $H' = \sum_{i=1}^{c} H_{p_i}$. Dann ist die Minimierung von $H'$ gleichbedeutend einer Minimierung jeder einzelnen Komponente $H_i'$, da $H_i' \geqq 0$ ist.

Schließlich muß eine solche Anzahl von Klassen und Elementen in ihnen gefunden werden, daß das entsprechende $H_i' = \min$ ist, das heißt, man muß das min des Ausdrucks

$$\min H_i' = \min_{j \in J} [F_i (\max m_{ij}) + Fc (S^1_{n_i})] I$$

finden. Dabei ist

$F_i (\max_j m_{ij})$ – die Unbestimmtheit der Elemente innerhalb der Klassen

$Fc (S^1_{n_i})$ – die Unbestimmtheit der Anzahl der Klassen;

$I$ – der Index der Klassen auf der ersten Ebene.

Es ist offensichtlich, daß der erste Summand ein Minimum erreicht, wenn in den Klassen eine einheitliche Anzahl von Elementen enthalten ist. Deshalb wird die Frage der Minimierung letzten Endes auf die folgende mathematische Aufgabe zurückgeführt.

Es ist eine solche Zerlegung der Größen $S_{n_i}$ in zwei Faktoren $Z_1, Z_2$ zu finden, deren Summe gleich einem min ist, wobei $Z_1, Z_2 > 0$ sind. Tatsächlich ist $Z_1 = S_{n_i}/Z_2$ und $Z_1 + Z_2 = Z_2 + S_{n_\beta}/Z_2$.
Stellt man die Gleichung auf, so ergibt sich: $Z_1 = Z_2 = \sqrt{Sn_p}$. Folglich wird die minimale Unbestimmtheit der inhomogenen Klassifikationsstruktur dann und nur dann erreicht, wenn auf jeder Extraktionsebene die Anzahl der Klassen gleich der Anzahl der Elemente in ihnen ist und sie zusammen gleich der Quadratwurzel aus der Zahl der

Ausgangsklassen sind. Wenn man als Ausgangsklasse $n$ nimmt, so kann man leicht erhalten, daß

$$S_{n_1} = \sqrt{n_1}, \quad S_{n_2} = n/\sqrt{n}\,\sqrt{n} = \sqrt[1]{n} \ldots Sn_{c-1} = \sqrt[2(c-1)]{n} = \gamma$$

ist. Folglich ist

$$n = \gamma^{2(c-1)},$$

$$Sn = \sum_{i=1}^{c-1} Sn_i = \gamma^{c-1}\left(\sum_{i=1}^{c-1} \gamma^{\frac{1}{i}}\right),$$

$$J = \log \gamma^{2(c-1)} - \log^2 (c-1)\,\gamma$$

wobei $\gamma$ die minimale von 1 verschiedene Anzahl der Elemente vor der letzten Ebene ist.

*Homogene extremale Klassifikationsstrukturen.*

Die Problemstellung unterscheidet sich in diesem Falle dadurch, daß die Homogenität als Beschränkung verstanden wird, die zu einfacheren Lösungsverfahren führt.

Für eine homogene Struktur führt die Aufgabe der Minimierung von $H'$ zu folgendem: Es ist ein solches $m$ zu finden, daß $me = \min$, bei der Bedingung daß $m^c = n$ ist, wobei $2 \leqq m \leqq n$ ist. Durch die gewöhnliche Methode der klassischen Analysis finden wir, daß $m = l = 2{,}7\ldots$ ist, aber weil wir ganzzahlige Werte benötigen, müssen wir 3 oder 2 auswählen. Es erweist sich, daß man das Minimum bedeutend eher erreicht, wenn man 3 auswählt und nicht 2. Aus der Ungleichung

$$3 \log_3 n - l \ln n > 2 \log_2 n - l \ln n$$

folgt, daß $c = \log_3 n$ ist, oder anders, um eine Extremalstruktur der Klassifikationen vom Standpunkt der Suche aufzustellen, muß man als Homogenitätsmodul 3 nehmen.

Die entsprechenden Bewertungen haben die Form:

$$3^l = n,$$

$$S_n = \frac{n-1}{3-1} = \frac{n-1}{2},$$

$$J = \log_3^c - \log_c \cdot 3 = (c-1) \log \left(\frac{3}{c}\right).$$

*Klassifikations- und Informationskodierung.*

Unter Kodierung versteht man gewöhnlich das Aufstellen einer Beziehung zwischen dem Informationselement und dem Merkmal oder ihrer Gesamtheit. Die Kodierung kann nicht selbständig unabhängig von der Klassifikation existieren, weil die Klassifikation die Grundlage ist, nach der der Kode geprüft wird. Deshalb besteht die Hauptforderung an die Kodes darin, daß sie die Unterschiede und die Einheit zwischen den Elementen der betrachteten Klassifikation allseitig widerspiegeln.

Die Klassifikationscodierung wird hauptsächlich für ein bequemes Operieren mit den Informationen (in kompakterer Form) verwandt sowie zur Erleichterung der Suche und zum Informationsaustausch zwischen den Systemen.

Ungeachtet der starken Abhängigkeit von der Klassifikation, existiert das Kodierungsproblem selbständig, und oft hängt die Effektivität der verwendeten Klassifikation von der verwendeten Kodierungsmethode ab. Deshalb hängen die Forderungen, denen der Kode genügen muß, von der Kodierungsmethode und der Art der zu kodierenden Informationen ab.

Bei der Kodierung ökonomischer Informationen muß der Kode folgenden Anforderungen genügen:

- er muß die logischen Verbindungen zwischen den Klassen widerspiegeln (diese Forderung ist schwer zu erfüllen, aber notwendig, besonders bei der maschinellen Informationsbearbeitung);
- die Kodes müssen kurz und einfach sein. Dabei vergrößern sich bei „sehr" kurzen Kodes die sogenannten Suchstörungen, und bei sehr langen Kodes entstehen Schwierigkeiten, die analog denen sind, die in Dekodierungseinrichtungen existieren;
- die Methodik der Kodierung muß die Entwicklung des Systems berücksichtigen, zu dem die Klassifikation gehört;
- das Alphabet des Kodes muß eine „bekannte" geordnete Menge sein.

Daß der Kode gleichzeitig allen diesen Forderungen entspricht – das ist eine ziemlich komplizierte Aufgabe, und offensichtlich wird dadurch auch klar, warum bis zum heutigen Tage einheitliche Kodierungsmethoden für mehrere Ziele fehlen.

*G. A. Šastova*

# Klassifizierung und Kodierung der technisch-ökonomischen Information

*Einführung.* Das Problem der Klassifizierung und Kodierung der technisch-ökonomischen Information gewinnt in letzter Zeit besondere Aktualität. Das hängt mit der Schaffung einer ganzen Serie die gesamte UdSSR betreffenden sowie lokalen Klassifikatoren zusammen, die für die Anwendung in automatisierten Systemen der Leitung von Betrieben und Zweigen sowie für die Anwendung in der Staatlichen Plankommission der UdSSR, der Statistischen Zentralverwaltung der UdSSR und im Staatlichen Komitee für materiell-technische Versorgung bestimmt sind.

In der letzten Zeit ist die Ausarbeitung der ersten Variante der höchsten Klassifikationsgruppen eines Allunionsklassifikators der Produktion (AKP) abgeschlossen worden, und es sind die Erprobungsarbeiten im Gange, die diesen Klassifikator unter dem Gesichtspunkt der Verwendung in den verschiedenen Bereichen der Volkswirtschaft überprüfen.

Im wissenschaftlichen Forschungsinstitut der Statistischen Zentralverwaltung wird das Projekt eines Klassifikators (Chiffrators) der Betriebe geschaffen. In den Zweigen und Betrieben werden zahlreiche lokale Klassifikatoren geschaffen, die für die Verwendung in automatisierten Systemen der Leitung von Betrieben und Zweigen vorgesehen sind.

Die Erfahrungen bei der Schaffung des Allunionsklassifikators der Produktion haben gezeigt, wie schwierig die Lösung dieser Aufgabe ist. Diese Erfahrungen bestätigen außerdem die bekannte Wahrheit, daß die Durchführung derartiger Arbeiten mit der Ausarbeitung von Prinzipien der Aufstellung solcher Klassifikatoren beginnen muß.

Bei der praktischen Erprobung zeigten sich ernsthafte Mängel des AKP und Schwierigkeiten seiner praktischen Verwendung. Der Grund dafür liegt in erster Linie darin, daß bei der Aufstellung des Klassifikators die Aufgaben der Planung und Leitung nicht unmittelbar berücksichtigt wurden, obwohl der AKP für diese Aufgaben geschaffen wurde. Die Ausarbeitung des Allunionsklassifikators der Produktion erfolgte nicht auf der Grundlage der Nomenklaturen der Planungsorgane, und die existierenden und zu erwartenden Algorithmen der Informationsverarbeitung wurden praktisch nicht berücksichtigt.

Diese Situation entstand durch das Fehlen jeglicher theoretischer Forschungen auf dem Gebiet der Klassifizierung der ökonomischen Information.

Der vorliegende Artikel stellt den Versuch dar, die Probleme auf dem Gebiet der Klassifizierung der technisch-ökonomischen Information zu formulieren und einige Wege zur Lösung der bestehenden Aufgaben zu untersuchen. Es ist das Ziel dieser Arbeit, die Aufmerksamkeit der Theoretiker auf das Problem der Klassifizierung zu lenken und den Praktikern die Notwendigkeit sichtbar zu machen, eine Theorie des Aufbaus von Klassifikatoren der technisch-ökonomischen Information auszuarbeiten.

*Grundlegende Begriffsbestimmungen und Probleme auf dem Gebiet der Klassifizierung und Kodierung der technisch-ökonomischen Information.* Die gegenwärtig ausgearbeiteten Klassifikatoren der technisch-ökonomischen Information sind eine nach dem hierarchischen Prinzip geordnete Menge gewisser Benennungen (Wörter, Sätze, Begriffe). Diese Benennungen werden oft Klassifikationsobjekte genannt, und jede von ihnen ist durch eine bestimmte Chiffre gekennzeichnet, die ebenfalls nach dem hierarchischen Prinzip aufgebaut ist, d. h. die Zugehörigkeit des jeweiligen Begriffes zu einer Klasse, Unterklasse, Gruppe, Art usw. widerspiegelt. Dementsprechend werden wir im weiteren unter einem Klassifikator ein gewisses Dokument (ein Buch, einen Tabellenkomplex u. dgl.) verstehen, das das Gesetz der Einteilung einer Menge von Objekten in Klassen, Unterklassen, Gruppen usw. wiedergibt und es zugleich ermöglicht, eine Kodierung jener Begriffe Klassifikationsobjekte) vorzunehmen, die von der Nomenklatur des betreffenden Klassifikators erfaßt werden.

Die Klassifikatoren der technisch-ökonomischen Information werden auf der Basis einer strengen Hierarchie aufgestellt, die es ermöglicht, jedes Element (Objekt) der zu klassifizierenden Menge einer bestimmten Klassifikationsgruppierung zuzuordnen.

Es ist zweckmäßig, Strukturen hierarchischen Typs mit Hilfe eines baumartigen Graphen zu beschreiben. Jeder Graph besteht aus Knoten (Punkten) und Zweigen (Linien, die die Knoten verbinden). Ein baumartiger Graph ist dadurch gekennzeichnet, daß jeder Knoten nur mit einem Knoten höherer Ordnung verbunden ist.

Den Knoten niederen Ranges entsprechen im Klassifikator die elementaren Begriffe (Klassifikationsobjekte). Die Gesamtheit dieser

Begriffe bildet die Nomenklatur des Klassifikators. Den Knoten höherer Ränge entsprechen die Benennungen der Klassifikationsgruppierungen, die Klassen, Unterklassen, Gruppen, Untergruppen, Arten u. ä. genannt werden. Die Benennung der Klassifikationsgruppierung (des Knotens) wird gewöhnlich im Prozeß der Schaffung des Klassifikators herausgearbeitet. Sie muß eine verallgemeinernde Bezeichnung (eine Gattungsbezeichnung) für die Benennungen aller Knoten niederer Ränge sein, die mit dem gegebenen Knoten verbunden sind.

Das hierarchische Prinzip der Kodierung der ökonomisch-technischen Information entstand infolge der Notwendigkeit, bestimmte Daten zu gruppieren. So arbeiten die Berichts-, Planungs- und Leitungsorgane, die primäre Mitteilungen über den Ausstoß einzelner Produktionsarten erhalten, abgeleitete Daten über den Ausstoß an bestimmten Warengruppen aus. Die Klassifikationsmethode der Kodierung ist für die Einrichtung von Datenkarteien geeignet, wie sie zur manuellen Datensuche gebraucht werden.

Das hierarchische Prinzip der Kodierung verkürzt die Suchzeit auch in mechanisierten und automatisierten Systemen der Speicherung und Verarbeitung von Daten. Infolgedessen wird die Klassifikationsmethode jetzt für die Kodierung großer Informationsfelder in den Systemen der Leitung der Produktion, der Leitung von Zweigen und der Leitung von Verwaltungen benutzt.

Der Unterschied der Rolle der Klassifikation auf dem Gebiet der technisch-ökonomischen Information von ihrer Rolle auf dem Gebiet der wissenschaftlich-technischen Information besteht darin, daß die Klassifikatoren der technisch-ökonomischen Information in der Regel außer den Funktionen bei der Recherche auch Funktionen der eindeutigen Kodierung wahrnehmen. In der wissenschaftlich-technischen Information wird der Kode der Quelle eindeutig durch den Namen des Autors und den Titel der Arbeit gegeben. Die Klassifikations-Chiffre dient auf dem Gebiet der wissenschaftlich-technischen Information lediglich der Informationsrecherche und Informationsverteilung.

Die Klassifikatoren der technisch-ökonomischen Information werden umfassend zur Sortierung, Suche und Summierung von Daten verwendet, die zu bestimmten Klassen gehören. Auf dem Gebiet der wissenschaftlich-technischen Information kommen solche Aufgaben bei der Informationsverteilung auch vor. Die Suche erfolgt jedoch gewöhnlich auf konkrete Anforderungen hin, die meistens verschiedene Gesichtspunkte enthalten.

Gegenwärtig befindet sich die Theorie der Klassifikation im Anfangsstadium ihrer Entwicklung, und es ist schwer, auf ihrer Grundlage praktische Empfehlungen für die Aufstellung und Bewertung konkreter Klassifikatoren zu geben. Auf dem Gebiet der ökonomischen Information gründet sich die Schaffung von Klassifikatoren auf intuitive Überlegungen und auf die historisch entstandenen Methoden der Informationsverteilung.

In der vorliegenden Arbeit ist der Versuch unternommen worden, die wichtigsten Probleme und Aufgaben zu formulieren, deren Lösung die Voraussetzung dafür ist, daß der Prozeß der Aufstellung von Klassifikatoren von einem intuitiven Prozeß zu einem wissenschaftlichen wird. Betrachten wir diese Probleme.

*Die Bestimmung der zu klassifizierenden Mengen.* Unter einer zu klassifizierenden Menge wird eine Menge (eine Kollektion) von Begriffen (Wörtern, Sätzen, Gegenstandsbezeichnungen u. dgl.) verstanden, für die ein Klassifikator geschaffen werden soll.

Auf dem Gebiet der technisch-ökonomischen Information ergibt sich eine solche Aufgabe meist für ziemlich große, gleichartige Mengen (mit mehr als $10^3 - 10^5$ Mengenelementen), an deren Elementen die gleichen Operationen der Sammlung, Verarbeitung und Speicherung vorgenommen werden. Als Beispiel für solche Mengen kann die Menge der Benennungen der Produktions- und Konsumtionsmittel, der Benennungen der Berufe und Fachgebiete, der Bezeichnungen der Betriebe, der Eigenschaften der Stoffe und Materialien usw. gelten.

Die erste Aufgabe, die sich bei der Auswahl der zu klassifizierenden Menge ergibt, ist die Festlegung der Grenzen dieser Menge. Diese Grenzen sind häufig nicht scharf umrissen. Außerdem können bestimmte Elemente der Menge, die gebildet wird, zu einer ganzen Reihe von anderen Mengen gehören, die ebenfalls zu klassifizieren sind.

In weiterer Sicht besteht das Problem darin, die gesamte Menge von Begriffen, die im Bereich der Planung und Leitung der Volkswirtschaft verwendet werden, in eine optimale Zahl von zu klassifizierenden Mengen einzuteilen, die Zusammensetzung und den Überschneidungsgrad dieser Mengen zu bestimmen und Regeln für die Klassifizierung und Kodierung derjenigen Elemente auszuarbeiten, die zu mehreren Mengen gehören. Das letztere Problem haben wir das Problem der Verknüpfung der Klassifikatoren genannt, es wird im weiteren ausführlich behandelt werden.

Nachdem die Grenzen der zu klassifizierenden Menge bestimmt worden sind, ergibt sich die Aufgabe der Sammlung und Speicherung aller Elemente der Menge. Gewöhnlich wird diese Aufgabe auf der Basis der bereits bestehenden Nomenklaturen der Planungsorgane und anderer Organe gelöst. Bei Mengen großen Umfangs (mit mehr als $10^5$

Elementen) ergeben sich ernsthafte technische Schwierigkeiten, die auf das Fehlen von Überschneidungen zurückzuführen sind. Das ist besonders bei jenem Niveau der Ungeordnetheit der Terminologie der Fall, das für die Gegenwart charakteristisch ist.

Die Schaffung der Menge primärer Begriffe macht auch die Durchführung umfangreicher terminologischer und linguistischer Arbeiten notwendig.

*Die Bestimmung der inneren Struktur des Klassifikators und der Klassifikationsmerkmale.* Die innere Struktur des Klassifikators wird durch die Zahl der Ebenen der Hierarchie (die Zahl der Ränge) und durch die Basis des Klassifikators bestimmt. Diese ist gleich der Anzahl der Zweige, die von einem Knoten ausgehen, und wird manchmal Zahl der Gliederungsmerkmale genannt. Die Basis des Klassifikators kann auf verschiedenen Rangstufen und in verschiedenen Zweigen einer Stufe verschieden sein.

Ein Klassifikator heißt homogen, wenn seine Basis für alle seine Knoten konstant ist. Der Kode des Klassifikators wird durch die Anzahl der Buchstaben im Alphabet (die Basis des Kodes) und durch die Länge der Chiffre (die Stellenzahl, die Anzahl der Buchstaben oder Ziffern in einer Kodekombination) gekennzeichnet. Bei der Aufstellung des Klassifikators müssen alle oben angeführten Parameter ausgewählt sein.

Meistens ist die Basis der Klassifikation mit dem Alphabet des Kodes verbunden, obwohl im allgemeinen eine solche Verbindung nicht obligatorisch ist. Wenn für die Kodierung ein Alphabet aus $a$ Buchstaben oder Ziffern benutzt wird, dann wird die Basis der Klassifikation meistens gleich $a^k$ gewählt, wobei $k$ eine ganze positive Zahl ist ($k = 1, 2, 3 \ldots$). Dabei ist eine maximale Ausnutzung der Kodekombinationen möglich. Für die ökonomische Information werden gewöhnlich Dezimalkodes und Klassifikatoren mit der Basis $10^k$ ($k = 1, 2, 3 \ldots$) benutzt.

Die Länge der Chiffre hängt von der Anzahl der Elemente der zu klassifizierenden Menge $M$ und vom Ausnutzungsgrad des Klassifikators ab, d. h. von der relativen Zahl der Reservezweige. Bei einer vollen Ausnutzung des Klassifikators ist die Länge des Kodes (der Chiffre) gleich

(1) $$n = \log_a M,$$

wobei $a$ die Basis der Klassifikation ist.

Im Falle der unvollständigen Ausnutzung des Klassifikators gilt

(2) $$n \geq \log_a M.$$

Wird vom Klassifikator keine eindeutige Kodierung gefordert, so gilt

$$(3) \qquad n \geqq \log_a \frac{M}{p},$$

wobei $p$ die Anzahl jener Elemente ist, für die die gleiche Klassifikations-Chiffre zugelassen ist.

Die minimale Anzahl der Rangstufen für einen auf jeder Ebene homogenen Klassifikator wird bestimmt, indem man von der Bedingung $a_1 a_2 \ldots a_m = M$ ausgeht, wobei $a_i$ die Basis der Klassifikation auf der Ebene $i$ ist.

Bei $a_1 = a_2 = \ldots = a_m = a$ ist

$$m \geqq \log_a M,$$

fällt also mit der Länge der Chiffre zusammen.

Die Anzahl der Zweige des Klassifikationsbaumes darf nicht geringer als die Anzahl der Elemente der zu klassifizierenden Menge sein. Die Anzahl der Reservezweige des Klassifikators wird bestimmt, indem man von der Wachstumsdynamik der zu klassifizierenden Menge ausgeht. Die Bestimmung der notwendigen Anzahl von Reservezweigen und ihrer Lage am Klassifikationsbaum bildet eine recht komplizierte und bislang noch ungelöste Aufgabe.

Die größten Schwierigkeiten sind von den Schöpfern der Klassifikatoren bei der Auswahl der Klassifikationsmerkmale zu überwinden, d. h. der Merkmale der Teilung der Menge an jedem Knoten des Baumes.

In der Praxis läßt man sich bei der Auswahl dieser Merkmale oft von rein spekulativen Überlegungen oder aber, was nützlicher ist, von der bestehenden Praxis der Sammlung und Gruppierung der Information in den Abteilungen der Staatlichen Plankommission der UdSSR, der Statistischen Zentralverwaltung der UdSSR, des Staatlichen Komitees für materiell-technische Versorgung und in anderen Organen leiten. Da sich die in diesen Organen benutzten Methoden der Gruppierung manchmal unterscheiden, entstehen Streitigkeiten darüber, welche Merkmale im Klassifikator benutzt werden sollen. Leider werden diese Auseinandersetzungen gegenwärtig hauptsächlich auf emotionaler und nicht auf wissenschaftlicher Grundlage geführt. Es fehlen jegliche quantitativen Methoden zum Vergleich der verschiedenen Varianten.

Bei der Schaffung von automatisierten Informationssystemen werden die Klassifikations-Chiffren zur Suche, Sortierung und Summierung der Daten Verwendung finden. Dabei wird man, wenn man die Algorithmen der Informationsverarbeitung kennt, die verschiedenen

Varianten quantitativ vergleichen können, z. B. nach der Aufwendung an Maschinenzeit. Bei der automatischen Informationsverarbeitung kann sich jedoch erweisen, daß die im Klassifikator niedergelegten Verbindungen zwischen den Elementen nur ein sehr kleiner Teil aller Aufgaben sind, und infolgedessen kann sich zeigen, daß der Einfluß der festgelegten Merkmale auf die Schnelligkeit der Lösung nicht allzu groß ist.

Die Methode zur Lösung der gestellten Aufgabe, optimale Klassifikationsmerkmale auszuwählen, muß auf der Analyse der Verarbeitungsalgorithmen jener Information beruhen, die mit Hilfe des Klassifikators auf den verschiedenen Anwendungsebenen des Klassifikators kodiert wird, also vom einzelnen Betrieb bis zur Staatlichen Plankommission. Offensichtlich müssen jene Merkmale, nach denen häufig die Auswahl der Information aus den großen Feldern erfolgt, auch in den Klassifikator eingehen. Diese Frage erfordert jedoch noch spezielle Untersuchungen, insbesondere im Hinblick auf die Recherche unter mehreren Gesichtspunkten. Diese Aufgabe wird dadurch erschwert, daß bei der Schaffung eines Klassifikators alle jene Aufgaben und das anteilige Gewicht der einzelnen Aufgaben, zu deren Lösung der Klassifikator benutzt werden wird, schwerlich vorausgesehen werden können. Denn es vollzieht sich ein ununterbrochener Prozeß der Erweiterung des Kreises der Aufgaben, die mit der Verarbeitung der ökonomischen Information und der Vervollkommnung der Algorithmen und Methoden zur Lösung dieser Aufgaben verbunden sind.

*Die Ausarbeitung quantitativer Kriterien zur Bewertung der Klassifikatoren.* Ähnlich wie die Entwicklung der Theorie des Aufbaus vieler technischer Systeme mit der Ausarbeitung von Kriterien zur Bewertung dieser Systeme begonnen hat, so muß auch die Entwicklung einer Theorie des Aufbaus von Klassifikatoren mit der Ausarbeitung von Methoden zur quantitativen Bewertung der bereits geschaffenen und der projektierten Klassifikatoren beginnen.

Die Schaffung quantitativer Kriterien wird es ermöglichen, verschiedene Varianten ein und desselben Klassifikators zu vergleichen und die Richtung seiner weiteren Vervollkommnung zu bestimmen. Das Vorhandensein von Kriterien wird auch die Ausarbeitung von mathematischen Modellen der Klassifikatoren und von Methoden zu ihrer Optimierung stimulieren.

Wenn man einen Klassifikator als ein Kodierungssystem betrachtet, so können für seine Bewertung die Kriterien der Bewertung von Kodes benutzt werden, z. B. der Begriff der Redundanz:

$$r = \frac{n}{\log_a M} = \frac{n}{n_0},$$

wobei $M$ die Anzahl der kodierten Begriffe (die Anzahl der Positionen in der Nomenklatur des Klassifikators),

$n_0$ die minimale Anzahl der Stellen der Chiffre des Klassifikators, der eine Gliederungsbasis, die gleich $a$ ist, benutzt, und

$n$ die reale Anzahl der Stellen der Chiffre des Klassifikators ist.

Die Größe der Redundanz muß jedoch für den Klassifikator erheblich über der für Kodes in technischen Systemen üblichen gewählt werden, da die Redundanz in einem Klassifikator der ökonomischen Information in erster Linie der Möglichkeit der Ergänzung des Klassifikators mit neuer Nomenklatur (mit neuen Begriffen) dient. Technische Systeme dagegen werden oft für eine vorher gegebene und unveränderliche Kollektion von Mitteilungen und Quellen dieser Mitteilungen geschaffen.

Die Möglichkeit der Ergänzung des Klassifikators hängt jedoch nicht eindeutig von der Größe der Redundanz ab, denn man kann bei großer Redundanz solche Gliederungsmerkmale auswählen und sie so anordnen, daß die vorhandenen Reserven für die Kodierung neuer Klassifikationsobjekte überhaupt nicht genutzt werden können. Für die Bewertung der Möglichkeiten, neue Objekte in den Klassifikator einzutragen, müssen deshalb spezielle Kriterien ausgearbeitet werden, zum Beispiel das Kriterium der nützlichen Redundanz:

$$r_n = \frac{\log_a M_b}{\log_a M},$$

wobei $M_b$ – die Anzahl der möglichen Klassifikationsobjekte bezeichnet.

Es muß indessen gesagt werden, daß die Größe $r_n$ die Möglichkeit der Ergänzung des Klassifikators ebenfalls unvollständig charakterisiert, da jene Zweige des Klassifikators, in die Änderungen einzutragen sind, vorher nicht bekannt sind. Als Beispiel kann darauf verwiesen werden, daß es bei einer im Durchschnitt aller Klassen überaus großen Redundanz des AKP in gewissen Klassen (sagen wir – Produktion der Eisenmetallurgie) bereits Schwierigkeiten bei der Kodierung der ganzen Nomenklatur mit Hilfe von zehn Ziffern gibt.

Bei der Ausarbeitung quantitativer Bewertungskriterien für Klassifikatoren müssen außer der Möglichkeit, Veränderungen und Ergänzungen vorzunehmen, folgende drei Eigenschaften berücksichtigt werden:

1. Die Abstimmung der Gliederungsmerkmale auf den verschiedenen Ebenen mit den Verarbeitungsalgorithmen der Information in jenen Aufgaben, in denen der jeweilige Klassifikator benutzt wird. Diese

Abstimmung muß als Kongruenz dieser Merkmale mit den Merkmalen verstanden werden, für die die Gruppierung und Auswahl der Daten vorgenommen wird, d. h. die Suche der Daten bei der Realisierung der umfassendsten Algorithmen der Verarbeitung ökonomischer Information.

2. Die gegenseitige Eindeutigkeit von Objekten und Chiffren im Klassifikator. Hier ist zu sagen, daß im allgemeinen die Forderung der wechselseitigen Eindeutigkeit an einen Klassifikator nicht gestellt zu werden braucht. In einer Reihe von Fällen kann der Klassifikator nur zur Bildung der Suchmerkmale des Objekts benutzt werden, und nicht zu dessen eindeutiger Kodierung. Diesem Prinzip ist man zum Beispiel bei der Schaffung des Klassifikators der Konstruktionsdokumentation in der Firma Fiat gefolgt. Hier wird die Eindeutigkeit der Bezeichnung durch die Chiffre des Betriebes und die Registriernummer bestimmt, die vom jeweiligen Betrieb ausgegeben wird, und die Klassifikationscharakteristik wird nur zur Suche der Zeichnung verwendet.

Auf analoge Weise werden Klassifikations-Chiffren auch auf dem Gebiet der wissenschaftlich-technischen Information angewendet. Auch für die ökonomische Information kann man den Weg gehen, den Klassifikator nur zu Recherchezwecken zu benutzen, wenn man die Funktion der eindeutigen Kodierung einer fortlaufenden oder anderen Art der Registrierung überträgt.

3. Die Einfachheit der Kodierung und die Möglichkeit der Automatisierung der Klassifizierungs- und Kodierungsprozesse.

Bei der manuellen Chiffrierung entsprechend einem Klassifikator kann der Kodierungsprozeß durch die Durchschnittszeit für die Kodierung eines Objekts bewertet werden, ebenso durch die Wahrscheinlichkeit der fehlerhaften Kodierung. Natürlich werden diese Kennziffern bei der manuellen Kodierung vom Ausbildungsgrad und von der exakten Arbeitsweise der Mitarbeiter abhängen, was eine experimentelle Bewertung der Kodierungskennziffern erschwert.

Bei der automatischen Kodierung kann die Durchschnittszeit für die Zuordnung einer Chiffre theoretisch berechnet werden. Diese Kennziffer wird natürlich vom Typ der verwendeten Datenverarbeitungsanlagen und in erster Linie vom Typ des äußeren Speichers der Elektronenrechner abhängen.

Wenn der Klassifikator in der Hauptsache zur Suche verwendet wird und die Funktion der eindeutigen Kodierung nicht erfüllt, so können zu seiner quantitativen Bewertung Kriterien Anwendung finden, die zur Bewertung von Recherchesystemen auf dem Gebiet der wissenschaftlich-technischen Information üblich sind:

a) der Koeffizient der Vollständigkeit:

$$k_n = \frac{\bar{n}^{(p)}_{\text{ausg.}}}{n^{(p)}_M},$$

wobei $\bar{n}^{(p)}_{\text{ausg.}}$ – die Anzahl der Dokumente, für die Antworten auf eine relevante Anfrage gegeben wurden, d. h. die Antworten, die in Beziehung zu diesen Anfragen stehen, bezeichnet (der Strich bedeutet hier den Durchschnitt der Menge möglicher Varianten),

und $n^{(p)}_M$ – die Gesamtzahl der im Feld vorhandenen und für die jeweilige Anfrage relevanten Dokumente.

b) der Koeffizient des Rauschens:

$$k_r = \overline{\left(\frac{n_{\text{ausg.}}}{n^{(p)}_{\text{ausg.}}}\right)},$$

$n_{\text{ausg.}}$ – ist die Gesamtzahl der Dokumente, die auf die Anfrage hin ausgegeben wurden.

Für Systeme der ökonomischen Information werden diese Kennziffern offenbar eine weitaus geringere Rolle spielen, als das bei der wissenschaftlich-technischen Information der Fall ist, da infolge der Formalisiertheit der ökonomischen Information beide Kennziffern nahe 1 sein werden.

*Die Ausarbeitung von Methoden der Führung, Vervollkommnung und Einführung von Klassifikatoren.* Eine kennzeichnende Besonderheit der zu klassifizierenden Mengen auf dem Gebiet der Wirtschaft ist ihre ständige Veränderung. Die Erzeugnisarten verändern sich ununterbrochen: neue erscheinen, alte werden nicht mehr produziert, neue Betriebe werden eröffnet, es ändern sich die Gebiete, die Kreise, die Berufe usw. Bei einer Klassifikation bis zum einzelnen Element der Menge (eindeutige Kodierung) erfordert das Erscheinen jedes neuen Elementes die Zueignung einer Chiffre, d. h. die Eintragung einer Ergänzung in den Klassifikator. Bei Überfüllung einzelner Zellen des Klassifikators kann eine Veränderung seiner Struktur notwendig werden.

Wenn die Klassifikations-Chiffre nur als Suchmerkmal benutzt wird und eine eindeutige Kodierung nicht gefordert ist, brauchen Veränderungen in den Klassifikator nur dann eingetragen zu werden, wenn neue Gliederungsmerkmale (neue Aspekte der Suche) auftreten oder sich in einem Zweig des Klassifikators eine sehr große Anzahl von Elementen angesammelt hat. In diesem Falle ist die Notwendigkeit der Ergänzung und Veränderung des Klassifikators offenkundig seltener als bei der eindeutigen Kodierung.

Um die Häufigkeit der Eintragung von Veränderungen in der Struktur des Klassifikators gering zu halten, läßt man auf den verschiedenen Ebenen des Klassifikators Reservezellen frei.

Das Problem der Führung von Klassifikatoren besteht also in der Festlegung der optimalen Anzahl und Anordnung der Reservezweige sowie der Periodizität der Eintragung von Veränderungen, in der Festlegung der juristischen Grundlagen der Eintragung von Veränderungen sowie der organisatorischen und funktionalen Struktur des Systems der Eintragung von Veränderungen (Festlegung der Organe, die Anträge stellen und sammeln, die Chiffren herausgeben, neue Ausgaben der Klassifikatoren herausgeben und versenden usw.).

Besondere Aufmerksamkeit verdienen die Fragen der Ausarbeitung von Methoden zur Vervollkommnung der Klassifikatoren.

Die Vervollkommnung kann in folgenden Richtungen geschehen:

- Präzisierung und Ergänzung der Nomenklatur;
- Sicherung der Eindeutigkeit der Kodierung (Kontrolle von Doppelkodierungen und der Möglichkeiten der nichteindeutigen Kodierung);
- Präzisierung und Veränderung der Klassifikationsgruppierungen und der Klassifikationsmerkmale;
- Vergrößerung des Ausfüllungskoeffizienten des Klassifikators;
- Beseitigung verschlossener Reservezweige (Zweige, die ohne Veränderung der Klassifikationsgruppierungen nicht genutzt werden können).

Betrachten wir die Wege zur Lösung dieser Aufgaben.

Die Präzisierung und Ergänzung der Nomenklatur bildet eine recht komplizierte Aufgabe, die jedoch meist keine prinzipiellen Schwierigkeiten macht, wenn dabei nicht die Notwendigkeit entsteht, die Struktur der Klassifikationsgruppierungen zu verändern. In einer Reihe von Fällen kann die Vergrößerung der Nomenklatur zugleich die Einführung eines neuen Aspektes der Klassifikation erfordern.

So stellte sich zum Beispiel bei der Benutzung des AKP zur Kodierung der Nomenklatur des Außenhandels die Notwendigkeit heraus, die Merkmale „Import-“ und „Export-“ bei Ausrüstungen einzuführen. Hier gibt es verschiedene Wege zur Lösung derartiger Aufgaben. Man kann im AKP auf dieser oder jener Ebene neue Klassifikationsgruppierungen einführen, z. B. alle Werkzeugmaschinen oder Gruppen von Maschinen in „inländische“ und „importierte“ einteilen oder aber eine bestimmte Ziffer an einer bestimmten Position der Chiffre benutzen.

Man kann auch für die Kodierung im System des Außenhandels zusätzliche Vorsilben zur Chiffre des AKP einführen, die den Import oder sogar das Land bezeichnen, ähnlich wie das in der Dezimalklassifikation geschieht, wo zur Bezeichnung der Sprache, in der eine

Arbeit geschrieben ist, ein Doppelpunkt und die Chiffre der Sprache benutzt werden. Der Zusatz zur Chiffre des AKP muß von dieser durch ein spezielles Trennzeichen abgesetzt werden. Als aussichtsreich ist hier die Tabellenmethode der Kodierung anzusehen, bei der zur Lösung der genannten Aufgabe der Kode des AKP in eine Spalte der Tabelle gesetzt wird und der Kode des Exportlandes in eine andere.

Eine außerordentlich schwierige Aufgabe ist es, die Eindeutigkeit der Kodierung im AKP zu sichern, besonders, wenn man jene Unordnung berücksichtigt, die gegenwärtig in der Terminologie herrscht. Der Weg zur Lösung dieser Aufgabe ist die Übertragung des AKP auf Karten, die Ordnung (Formalisierung) der Struktur der Nomenklaturelemente des AKP und die Vornahme einer Analyse durch Spezialisten zur Aufdeckung von Doppelungen.

Nach der Schaffung jedes Klassifikators ergibt sich die Notwendigkeit, seinen Anwendungsbereich zu bestimmen, und damit verbunden das Problem der Einführung. Diese Aufgabe wird gegenwärtig für den AKP gelöst. Ungeklärt ist bis heute die Frage nach der Zweckmäßigkeit der Verwendung des AKP in automatisierten Systemen der Leitung von Betrieben. Nicht restlos klar ist die Perspektive der Verwendung des AKP im System der materiell-technischen Versorgung und in den Leitungssystemen der Zweige und der Behörden.

Die Anwendung eines Allunionsklassifikators kann dann zweckmäßig sein, wenn die in dem jeweiligen lokalen System benutzte Nomenklatur um vieles kleiner als die Nomenklatur des Allunionsklassifikators ist oder teilweise mit dieser übereinstimmt. In einer Reihe von Fällen können im Allunionsklassifikator jene Aspekte fehlen, nach denen innerhalb des vorliegenden lokalen Systems die Information gruppiert werden muß. Hier sind zwei Auswege möglich – die Ausarbeitung eines lokalen Klassifikators oder aber die Anwendung der Tabellenmethode der Kodierung, deren Wesen darin besteht, neue Spalten mit neuen Chiffren hinzuzufügen, die die zusätzlichen Suchaspekte wiedergeben.

Die Aufgabe der Einführung von Allunionsklassifikatoren führt also zur Bestimmung der Anwendungsgebiete der Allunionsklassifikatoren und der lokalen Klassifikatoren, d. h. praktisch zur Wahl zwischen der System-Kodierung und der Teilsystem-Kodierung. Diese Aufgabe kann unter dem Gesichtspunkt des Kriteriums der vollen Aufwendungen für die Kodierung und Verarbeitung der Information betrachtet werden[1]. Die Hauptschlußfolgerung der Arbeit besteht darin, daß

[1] Šastova, G. A., O sistemnom i podsistemnom kodirovanii v složnych informacionnych sistemach, Vgl. den Vortrag im vorliegenden Sammelband

der entscheidende Faktor bei der Wahl zwischen der System-Kodierung und der Teilsystem-Kodierung der Grad der Informationsverbindung zwischen den Teilsystemen ist. Bei intensiven Verbindungen ist die System-Kodierung vorteilhafter, bei schwachen Verbindungen (d. h. bei geringen Informationsströmen zwischen den Teilsystemen) ist die Teilsystem-Kodierung günstiger, das heißt in unserem Falle – lokale Klassifikatoren.

Eine vorangegangene Beschäftigung mit den zwischenbehördlichen automatisierten Leitungssystemen der Zweige und den Systemen in den Betrieben erlaubt es, folgende Hypothese zu äußern. Es ist anscheinend zweckmäßig, in den zwischenbehördlichen und Zweigsystemen Allunionsklassifikatoren zur Benennung der Produktion, der Betriebe, der Kontingentträger usw. zu benutzen. Auf der Ebene der Betriebe ist die Verwendung von lokalen Klassifikatoren mit einer obligatorischen Umkodierung bei der Ausgabe von Information über die Grenzen des Betriebes hinaus zulässig. Diese Hypothese erfordert jedoch Beweise, die sowohl theoretischer als auch experimenteller Art sein können.

*Die Schaffung eines Systems von Klassifikatoren der technisch-ökonomischen Information und die Methoden zur Bestimmung dieser Klassifikatoren.* Unter einem System von Klassifikatoren wird ein Komplex von Klassifikatoren verstanden, bei dem für jeden Klassifikator sein Wirkungsbereich und die Aufgaben festgelegt sind, die mit seiner Hilfe gelöst werden. Im System müssen Klassifikatoren für die Anwendung im Allunionsmaßstab, für die Anwendung in den Volkswirtschaftszweigen sowie Klassifikatoren unterschieden werden, die innerhalb einzelner Betriebe benutzt werden.

Gegenwärtig gibt es nicht einmal eine Liste der gesamtstaatlichen Klassifikatoren. Vorausgegangene Untersuchungen zeigen, daß zu dieser Liste folgende Klassifikatoren gehören müßten: der Produktion; der Konstruktionsdokumentation und der technologischen Dokumentation; der Zweige; der Betriebe und Institutionen; der Republiken, Gebiete und Kreise; der Standards und technischen Bedingungen; der Arten der Dienstleistungen und der Produktionstätigkeit; der Berufe und Beschäftigungsarten; der Eigenschaften von Stoffen und Materialien.

Bei der Schaffung von Klassifikatoren für sich überschneidende Mengen, z. B. für die Mengen der Produktion und der Zeichnungen, ergibt sich das Problem der Verknüpfung. Unter Verknüpfung wird die Möglichkeit einer teilweisen oder völligen Übereinstimmung der Chiffren und die Möglichkeit des Übergangs von einer Chiffre zur anderen für Objekte verstanden, die zu zwei zu klassifizierenden Mengen gehören.

Die genaue Beschäftigung mit der Frage der Verknüpfung des Allunionsklassifikators der Produktion (AKP) mit dem einheitlichen System der Bezeichnungen der Konstruktionsdokumentation (ESKD) hat gezeigt, daß eine volle Übereinstimmung zwischen der Chiffre der Zeichnung und der Chiffre des Erzeugnisses entsprechend dem AKP unmöglich ist. Der Grund dafür sind die prinzipiell verschiedenen Methoden der Chiffrierung im AKP und im ESKD.

Die Chiffren des AKP werden zentral nach der staatlichen Registrierung des Erzeugnisses als Warenproduktion erteilt. Eine Zeichnung entsteht natürlich früher, lange bevor das betreffende Erzeugnis als Warenproduktion anerkannt werden kann, und außerdem kann ein erheblicher Teil der projektierten Erzeugnisse überhaupt nicht zur Warenproduktion werden. Infolge der großen Zahl der Zeichnungen, die ausgearbeitet werden, und der Organisationen, in denen diese Zeichnungen geschaffen und aufbewahrt werden, ist es praktisch unmöglich, eine zentrale, eindeutige Chiffrierung aller Zeichnungen der Sowjetunion vorzunehmen. Die Zuerkennung dieser Chiffren kann nur dezentralisiert erfolgen, nämlich durch jene Betriebe, in denen diese Zeichnungen herausgegeben werden.

Im Falle der dezentralisierten Zuerkennung der Chiffren kann eine eindeutige Kodierung im Lande insgesamt nur dann gesichert werden, wenn in die Chiffre der Zeichnung die Chiffre des Betriebes eingeht, der den zweiten, den Registrierungsteil der Chiffre der Zeichnung ausgegeben hat. In den AKP wird die Chiffre des Betriebes nicht aufgenommen, deshalb können die Chiffre der Zeichnung und die Chiffre des AKP nicht völlig übereinstimmen.

Im Prinzip läßt sich eine teilweise Übereinstimmung der Chiffren des AKP und des ESKD erreichen, und zwar die Übereinstimmung des Klassifikationsteiles der Chiffre des ESKD mit dem Anfangsteil der Chiffre des AKP. Dabei ergeben sich jedoch ebenfalls eine Reihe von grundsätzlichen Schwierigkeiten. In erster Linie betrifft das die Kodierung der Baugruppen und Teile. Im AKP werden Teile im allgemeinen als Ersatzteile zu bestimmten Erzeugnissen kodiert. Bei einer solchen Kodierung findet das sogenannte Sachprinzip Anwendung, bei dem der Anfangsteil der Chiffre des Teiles die Chiffre des Erzeugnisses enthalten muß, in dem dieses Teil verwendet wird.

Für Teile, die im Allgemeinen Maschinenbau verwendet werden, benutzt man im AKP das sogenannte Gleichheitsprinzip. Dabei hängt die Chiffre des Teiles nicht von der Chiffre des Erzeugnisses ab, in dem es verwendet wird, sondern wird durch die technischen Charakteristika des Teiles bestimmt. Diese Methode wird zur Kodierung von Kugellagern, Radioteilen und gewissen anderen häufig verwendeten Teilen benutzt.

Das Hauptziel der Schaffung eines Allunionsklassifikators der Konstruktionsdokumentation besteht in der Ausarbeitung solcher Chiffren, die die Entlehnung von Zeichnungen, die Verminderung von Doppelarbeit bei der Herstellung von Zeichnungen sowie die Vereinheitlichung und Standardisierung von Teilen und Baugruppen fördern. Zur Erfüllung dieser Aufgaben muß das ESKD auf der Basis des Gleichheitsprinzips aufgebaut sein. Die Verwendung eines gemischten Prinzips im AKP erschwert dessen Benutzung im ESKD.

Mit der Zunahme der Typen von Aufgaben, die in automatisierten Systemen gelöst werden, findet in wachsendem Maße eine Informationsrecherche nach mehreren Gesichtspunkten Anwendung, die in der Regel nicht mit Hilfe der Klassifikationsmethode der Kodierung durchgeführt werden kann. Für eine Suche unter mehreren Aspekten bedarf es der Verwendung von Tabellenmethoden oder deskriptorischen Methoden der Kodierung der Information. Dabei kann die Aufgabe der eindeutigen Kodierung entweder durch Registrationsmethoden gelöst werden oder einem der Teilklassifikatoren übertragen werden, die einen bestimmten Teil der Suchaspekte benutzen.

Das Problem der Verknüpfung der Klassifikatoren kann im weiten Sinne nicht so aufgefaßt werden, daß die Einheitlichkeit der Chiffre jedes Begriffes der technisch-ökonomischen Information in jedem der zu schaffenden Klassifikatoren zu sichern ist. Eine derartige Forderung ist in vielen Fällen unzweckmäßig und irreal.

Unter der Verknüpfung ist die Sicherung der Möglichkeit des Übergangs von der Chiffre des jeweiligen Objekts in einem der Klassifikatoren zur Chiffre desselben Objekts in einem anderen Klassifikator zu verstehen, wobei dieser Übergang nicht immer eindeutig zu sein braucht.

Faktisch werden derartige Methoden bereits in der Praxis verwendet. So werden in den automatisierten Leitungssystemen in den Betrieben zur Kodierung der Produktion oft lokale innerbetriebliche Klassifikatoren benutzt. Bei der Ausfüllung der Formulare der Statistischen Zentralverwaltung werden diese Chiffren durch die Chiffren der Statistischen Zentralverwaltung ersetzt.

*Linguistische und terminologische Probleme des Aufbaus von Klassifikatoren.* Die Aufstellung eines Klassifikators beginnt mit der Festlegung seiner Nomenklatur, das heißt der Liste seiner primären Begriffe oder Benennungen von Gegenständen, Eigenschaften, Bedingungen usw. Die Benennungen werden der natürlichen Sprache entnommen und sind deshalb oft terminologisch ungeordnet. Es ist bekannt, daß in der natürlichen Sprache ein und dieselben Gegenstände verschiedene Bezeichnungen besitzen. Bei der Aufstellung des Klassifikators ist es notwendig, eine dieser Bezeichnungen zu wählen, natürlich die am weitesten verbreitetste oder aber diejenige, die vom linguistischen Standpunkt aus die richtigste ist.

Zur Erleichterung der Suche und der Feststellung von Doppelungen sind Regeln für die Darstellung jener Benennungen auszuarbeiten, die aus mehreren Worten bestehen, d. h. es ist festzulegen, ob die Benennungen mit einem Substantiv oder einem Adjektiv zu beginnen haben, ob partizipiale Wendungen zulässig sind etc. Es ist auch festzulegen, ob im Klassifikator mehrere Benennungen ein und desselben Gegenstandes zu fixieren sind.

Nach der terminologischen Durcharbeitung der primären Menge der Begriffe sind terminologische Regeln für den Aufbau der Benennungen der Klassifikationsgruppierungen der verschiedenen Ebenen sowie ihre terminologische Verbindung mit den Benennungen der Elemente der jeweiligen Gruppierung auszuarbeiten.

Die terminologische Übereinstimmung des Klassifikators wird nicht nur die manuelle Suche erleichtern und zur Beseitigung von Doppelungen beitragen, sondern es auch ermöglichen, im weiteren zur automatischen Aufstellung von Klassifikatoren überzugehen.

Terminologischer Untersuchungen bedarf es auch im Stadium der Überprüfung der Eindeutigkeit der Kodierung im Klassifikator. Zur Lösung dieser Aufgabe kann folgender Weg vorgeschlagen werden. Für alle primären Objekte des Klassifikators werden alle anderen möglichen Bezeichnungen des jeweiligen Objekts auf Karten übertragen, und alle werden mit der gleichen Chiffre versehen. Benennungen, die aus vielen Wörtern bestehen, werden nach dem allgemeinen Strukturschema aufgebaut. Danach wird eine alphabetische Sortierung aller eigentlichen und aller zusätzlichen Benennungen sowie eine Kontrolle der Eindeutigkeit der Kodierung und des Fehlens von Doppelungen vorgenommen. Die alphabetische Sortierung kann sich auf alle Klassen oder auf eine Gruppe von Klassen erstrecken, in denen die Möglichkeit der Doppelung erwartet wird. Auf analoge Weise kann auch die Überprüfung der Benennungen der Klassifikationsgruppierungen auf Doppelungen durchgeführt werden.

Eine weitere Vervollkommnung der Klassifikatoren kann auf dem Wege ihrer Umwandlung in Thesauren der Begriffe der technisch-ökonomischen Information erfolgen, welche die Gattungs-Art-Beziehungen zwischen den Begriffen Synonymie, Homonymie usw.

abbilden. Auf der Grundlage solcher Thesauren wird es leicht möglich sein, automatisch einzelne Klassifikatoren zu schaffen, indem man die dominierenden Merkmale und die Beziehungen zwischen den Begriffen vorgibt.

*Die Ausarbeitung von mathematischen Modellen und von Methoden zur Optimierung von Klassifikatoren.* Gegenwärtig fehlen mathematische Modelle von Klassifikatoren der technisch-ökonomischen Information. Bei der Suche nach wissenschaftlich-technischer Information wurden gewisse Modelle ausgearbeitet, die die Struktur der Klassifikationssysteme der Recherche beschreiben.[2] Diese Modelle besaßen jedoch hauptsächlich beschreibenden Charakter und dienten nicht der Optimierung dieser oder jener Parameter der Klassifikatoren.

L. B. Venčkovskij hat eine Methode der Optimierung der Reihenfolge der Benutzung der verschiedenen Merkmale im Klassifikator bei bekannten Anforderungen und bekannter Struktur der Merkmale vorgeschlagen, die sich am Kriterium der Minimalzeit der Suche orientiert.[3] Die Lösung hängt vom Verfahren der Speicherung und der Recherche der Daten ab. Das benutzte Modell des Klassifikators ist recht einfach und kommt den realen Klassifikatoren der technisch-ökonomischen Information nahe. Man müßte den Aufbau dieses Modells nicht nur mit dem Prozeß der Recherche, sondern auch mit dem Prozeß der Informationsverarbeitung in elektronischen Digitalrechnern in Beziehung bringen.

Zweckmäßig erscheint die weitere Entwicklung der mathematischen Modellierung durch die Schaffung solcher Modelle, die es ermöglichen, Antworten auf konkrete Fragen der Auswahl dieser oder jener Parameter des Klassifikators sowie der Methoden der Führung und Vervollkommnung des Klassifikators zu geben.

[2] Vgl. Mooers, C. N., Some mathematical fundamentals of the use of symbols in information retrieval, Internat. Conf. on Inf. Processing, 1959; Parker-Rhodes, A. F. and Needham, R. M., The theory of clumps: a new concept of classification and selection, Report M. L. 126, Cambridge Language Research Unit, Cambridge, England (1960); Borko, H., The construction of an empirically based mathematically derived classification system, The Proceeding of Spring Joint, Comput. Conference, 1962, Bd. 21, S. 279–289; Foskett, D. I., Classification and indexing in the social science, Washington, Butterworth 1963.

[3] Venčkovskij, L. B., Nekotorye matematičeskie aspekty klassifikacii, in: Tezisy dokladov Vsesojuznoj konferencii „Problemy sozdanija bol'šich informacionno-vyčislitel'nych sistem i obrabotki informacii na ĖVM", Teil 2, S. 12–13

*Die Ausarbeitung von Methoden der Kodierung der technisch-ökonomischen Information nach vielen Aspekten und von Methoden der Gliederung der Funktionen der Klassifikaton und der eindeutigen Kodierung.* Die Lösung vieler Planungs- und Berechnungsaufgaben erfordert eine Recherche unter vielen Gesichtspunkten sowie eine entsprechende Sortierung und Gruppierung der primären Daten. In Systemen der Leitung von Betrieben kann es erforderlich sein, alle Teile eines bestimmten Erzeugnisses zu erfassen, zu deren Herstellung Drehmaschinen erforderlich sind, oder aber alle Zulieferteile einer bestimmten Gruppe von Erzeugnissen zu erfassen. Die Verbindungen zwischen den Erzeugnissen und den zu ihnen gehörenden Teilen werden mit Hilfe von Stücklisten festgehalten. Im Rechenzentrum können diese Beziehungen durch zwei verschiedene Verfahren gespeichert werden. Beim ersten Verfahren werden die Stücklisten selbst in den Speicher eingegeben, beim zweiten, dem direkten Verfahren, werden die Beziehungen auf den Lochkarten kodiert, die für die einzelnen Teile angelegt werden. Im letzteren Falle werden auf der Lochkarte des Teils alle Charakteristika desselben notiert, z. B. konstruktive Besonderheiten, technologische Prozesse, die zur Herstellung der Ausrüstung erforderlich sind, usw.

Meistens werden in einem System diese beiden Methoden der Kodierung von Beziehungen verwendet. Die oben beschriebenen Methoden sind der inversen und der direkten Deskriptormethode der Recherche auf dem Gebiet der wissenschaftlich-technischen Information äquivalent. Bei der direkten Recherchemethode wird die Klassifikation zur Gliederung des Gesamtfeldes der Lochkarten in Teilfelder benutzt, wodurch das Gebiet der Suche und die dafür notwendige Zeit eingeschränkt werden. Dazu braucht man gewöhnlich eine sehr grobe Klassifikation (1–2 Ebenen).

Bei der inversen Recherchemethode wird die Klassifikation nur zur Ordnung der Benennungen der Listen benutzt, die die verschiedenen Beziehungen wiedergeben. Faktisch kommt es bei der inversen Methode zu einer zweistufigen Recherche: zuerst werden die Nummern der primären Dokumente gesucht, die zur gegebenen Aufgabe (zur jeweiligen Liste) gehören, und dann die primären Dokumente selbst. Bei der direkten Methode kann auf der primären Lochkarte, die gesucht wird, bereits in der ersten Etappe der Suche die ganze benötigte Information gefunden werden. Es kann jedoch auch ein Verweis an andere Träger erfolgen, die die benötigte Information enthalten. Sowohl bei der direkten als auch der inversen Mehraspekt-Recherche erfolgt die eindeutige Kodierung der Information meist mit Hilfe von fortlaufenden

Registriernummern. Den eingehenden Dokumenten werden in der Reihenfolge des Eintreffens Nummern zugeordnet.

In den Verarbeitunggsystemen der technisch-ökonomischen Information wird die eingehende Information gewöhnlich nach den Darstellungsformen eingeteilt. Leider gibt die Theorie bislang keine Antwort auf die Frage nach der optimalen Organisation des Speichers für die Lösung der verschiedenen Aufgaben.

Die Fragen der Organisation des Speichers und der Auswahl der Methoden zur Speicherung und Recherche der Information, die wir hier berührt haben, gehen auf den ersten Blick über den Rahmen des Problems der Klassifizierung und Kodierung der Information hinaus. Ohne die Lösung dieser Fragen ist es jedoch im allgemeinen nicht möglich, einen optimalen Klassifikator in der richtigen Weise aufzubauen.

*Methoden der automatischen Klassifizierung und Kodierung der technisch-ökonomischen Information.* Das Problem der automatischen Klassifizierung und Kodierung umfaßt sowohl das Problem der Zuordnung eines Elements der Menge zu einer Klasse, Unterklasse usw. als auch das Problem des Aufbaus eines optimalen Klassifikators, d. h. der strukturellen, der inhaltlichen und anderer Charakteristika des Klassifikators.

Diese beiden Probleme sind gegenwärtig noch weit von einer Lösung entfernt, und zwar auf dem Gebiet der wissenschaftlich-technischen Information ebenso wie auf dem Gebiet der technisch-ökonomischen Information.

Die Schwierigkeiten bei der Lösung des Problems der automatischen Zuordnung zu einer Klasse haben ihren Grund in der Vielfalt der Bezeichnungen ein und desselben Elements in der natürlichen Sprache. Dadurch ist es möglich, daß sich die Benennung des klassifizierten Elements von der im Speicher der Maschine fixierten Benennung unterscheidet, und außerdem enthält die Benennung selbst in den meisten Fällen nicht die Information, die für die Klassifizierung notwendig ist. Gerade diese Besonderheiten unterscheiden die Aufgabe der automatischen Klassifizierung auf dem Gebiet der Infornmation von analogen Aufgaben auf dem Gebiet der Bestimmung von Abbildungen.

Bei der manuellen Klassifizierung kann der Mensch anhand der Benennung selbst dann feststellen, zu welcher Klasse diese zugeordnet werden kann, wenn die Benennung nicht zur Nomenklatur des Klassifikators gehört. Danach geht er die vermutete Klasse durch und überprüft seine Vermutung durch die Suche der dem Sinn nach naheliegendsten Benennung. Eine solche Prozedur ist dadurch möglich, daß im Gedächtnis des Menschen assoziative Verbindungen zwischen den Begriffen gespeichert und gesammelt werden. Bei der maschinellen Klassifizierung entstehen Schwierigkeiten, solche Verbindungen zu realisieren. Man kann die Aufgabe durch die Formalisierung der Sprache vereinfachen sowie dadurch, daß man die Methoden des Dialogs des Menschen mit der Maschine anwendet. Bei diesem Dialog präzisiert der Mensch allmählich seine Anfrage, indem er sich der Terminologie anpaßt, die in der Maschine fixiert ist.

Maschinelle Methoden der Klassifizierung werden sicher auch in Systemen der Führung von Klassifikatoren Anwendung finden. Dabei muß die Maschine bei Fehlen des entsprechenden Elements einen Vorschlag ausgeben, diese oder jene Reservezweige des Klassifikators zu benutzen. Es liegt auf der Hand, daß die Methoden der automatischen Klassifizierung und die der Kodierung (der Zuordnung einer Chiffre), von denen der Prozeß der Klassifizierung begleitet wird, sowie die Methoden der automatischen Führung eines Klassifikators dann zweckmäßig sind, wenn der Umfang des Klassifikators genügend groß ist ($M \geqq 10^5 \div 10^6$).

Das Problem der automatisierten Aufstellung eines Klassifikators führt zur Ausarbeitung von Methoden der Auswahl der Strukturparameter und der Sinnparameter des Klassifikators. Bei der Lösung dieser Aufgabe müssen offenbar die Nomenklatur des Klassifikators, die Charakteristika der Rechercheaufgaben und der anderen Aufgaben, die auf der Basis des jeweiligen Klassifikators gelöst werden sollen, sowie die dynamischen Eigenschaften der Nomenklatur des Klassifikators vorgegeben werden.

Die Schwierigkeit dieser Aufgabe besteht in der ständigen Veränderung sowohl der Nomenklatur des Klassifikators als auch jener Aufgaben, bei deren Lösung er benutzt wird. Eine andere Schwierigkeit ergibt sich aus der Widersprüchlichkeit der Anforderungen, die bei der Lösung der verschiedenen Aufgaben an den Klassifikator gestellt werden.

Bei der Ausarbeitung des Klassifikators kann man versuchen, allen Anforderungen gerecht zu werden, die hinsichtlich der Aspekte der Suche durch die verschiedenen Aufgaben gestellt werden. Dabei wird der Klassifikator natürlich kompliziert werden, über viele Ebenen verfügen und facettenartig werden. Man kann so vorgehen, daß man die Aufgaben feststellt, deren Lösung am zeitaufwendigsten ist, und den Klassifikator eben für die Lösung dieser Aufgaben aufstellt. Zur Verwirklichung der Suche bei der Lösung der anderen Aufgaben werden dann Tabellenmethoden und Deskriptormethoden der Kodierung der Ausgangsinformation benutzt. Dabei wird der Klassifikator strukturell ziemlich einfach sein und kurze Chiffren besitzen; die Gesamtlänge der Chiffren dagegen kann in Abhängigkeit von der Anzahl der Spalten in der Kodetabelle oder der Anzahl der Deskriptoren variieren.

*Die Sicherung der Zuverlässigkeit bei der Kodierung, Übermittlung, Speicherung und Verarbeitung der ökonomischen Information.* Unter Zuverlässigkeit wird in diesem Zusammenhang der Grad der Richtigkeit der Zuordnung der Chiffren bei der manuellen oder automatischen Kodierung entsprechend dem Klassifikator verstanden, aber auch die Richtigkeit der Chiffren im Prozeß ihrer Übermittlung, Speicherung und Verarbeitung.

Gegenwärtig wird die Zuordnung der Chiffren entsprechend dem Klassifikator im allgemeinen manuell vorgenommen. Die Erfahrungen zeigen, daß dabei ziemlich oft Fehler entstehen, besonders dann, wenn die Kodierung auf den unteren Ebenen (in den Abteilungen, den Zeichnungsarchiven der Werke usw.) erfolgt. Fehler entstehen auch bei der Lochung, bei der Übermittlung durch die Nachrichtenkanäle, wo es Störungen gibt, bei der Übertragung der Information von einem Träger auf den anderen, bei der Durchführung der Prozesse der Recherche und bei anderen Operationen.

Vorläufige Ergebnisse besagen, daß in der gegenwärtigen Etappe die Hauptfehlerquelle der Mensch ist, der am Prozeß der Kodierung, Lochung, Recherche und Verarbeitung der Daten beteiligt ist. Einer der Wege zur Steigerung der Zuverlässigkeit ist deshalb die Automatisierung der Prozesse der Kodierung und der Eingabe der Information in die Maschine.

Ein anderer Weg besteht in der Schaffung von Methoden zur Auffindung und automatischen Berichtigung der Fehler. Diese Methoden sind hauptsächlich auf dem Gebiet der Datenübertragung entwickelt worden. Der Hauptweg zur Steigerung der Zuverlässigkeit besteht in der Schaffung von speziellen redundanten Kodes, die es ermöglichen, Fehler aufzudecken oder zu berichtigen (zu korrigieren). Korrigierende Kodes sind jedoch in der Durchführung ziemlich kompliziert und werden deshalb seltener verwendet. Die Verfahren zur Auffindung von Fehlern sind recht einfach und werden in den Systemen der Telemechanik und der Datenübertragung umfassend benutzt.

Die Klassifikatoren, die gegenwärtig geschaffen werden, verfügen über große Redundanz, die für die Ergänzung der Klassifikatoren vorgesehen ist. Es müßte die Möglichkeit analysiert werden, diese Redundanz für die Steigerung der Zuverlässigkeit der Prozesse der Kodierung und Lochung zu nutzen. Möglich ist auch, zur Gewährleistung des notwendigen Niveaus der Zuverlässigkeit zusätzliche Redundanz einzuführen.

Die Theorie der korrigierenden Kodes ist vor allem für Binärkodes und unabhängige Fehler ausgearbeitet. In der Wirtschaft werden meist Ziffernkodes und Buchstaben-Ziffern-Kodes benutzt, deren Fehler spezifischen Charakter besitzen. Ziemlich häufig sind z. B. solche Fehler wie die Vertauschung der Plätze benachbarter Ziffern, die Benutzung der Chiffre der benachbarten Zeile, die Auslassung einer Ziffer u. dgl. m. Die genannte Spezifik der ökonomischen Information macht es erforderlich, im Interesse der Lösung des Problems der Zuverlässigkeit spezielle theoretische und experimentelle Forschungen durchzuführen.

*Die Standardisierung der Klassifikatoren und der Methoden ihrer Benutzung und Führung.* Klassifikatoren sind ein Teil der Sprache, die für den Informationsaustausch in der Sphäre der Planung und Leitung der Volkswirtschaft benutzt wird. In dieser Sphäre werden natürlich verschiedene Klassifikatoren wirksam werden – Allunionsklassifikatoren, Zweigklassifikatoren, Klassifikatoren für einzelne Betriebe usw. Ihre Anzahl und ihre Anwendungsbereiche müssen standardisiert werden. So muß der AKP sicherlich die obligatorische Sprache im Bereich des Informationsaustausches zwischen den Betrieben und Organisationen auf der einen Seite und der Staatlichen Plankommission, der Statistischen Zentralverwaltung und dem Staatlichen Komitee für materiell-technische Versorgung auf der anderen Seite sein. Im Bereich der materiell-technischen Versorgung kann neben dem AKP eine Kodierung der Produkte mit zwei Chiffren verwendet werden, der Chiffre des Herstellerbetriebes und einer Registriernummer, die von diesem Betrieb ausgegeben wird.

Auszuarbeiten sind Standards für Kodetabellen und andere Dokumente, die die Warenproduktion begleiten, sowie auch Standards für die Führung von Kartotheken in den Organisationen. Diese werden es ermöglichen, von einer Chiffre zur anderen überzugehen, z. B. werden sie die Suche einer Zeichnung oder eines GOSTs nach der Chiffre des AKP ermöglichen, die Suche der Chiffre eines Herstellerbetriebes nach der Chiffre des AKP usw.

Es muß ein Standard für die Bezeichnung der Chiffren der Klassifikatoren selbst ausgearbeitet werden, z. B. der Klassifikatoren der Industrieproduktion, der Konstruktionsdokumentation und technischen Dokumentation, so daß es möglich wird, eindeutig zu bestimmen, auf Grund welchen Klassifikators eine gegebene Chiffre erteilt wurde.

Der Standardisierung unterzogen werden müssen auch die Regeln der Markierung von Teilen und Erzeugnissen, der Ausgabe von Bezeichnungen und Marken, die Regeln der Gestaltung der Dokumentation, die die Elemente der zu klassifizierenden Mengen begleitet.

*A. N. Komarov, M. V. Filippov*

# Zwei Methoden der Erkennung und Klassifikation von Objekten

Die Schaffung automatischer Leitungssysteme in Betrieben (ALS) ist eine der wichtigsten Aufgaben der Vervollkommnung der Leitung der Industrie. Die Einführung von ALS im Betrieb erfordert beträchtliche Aufwendung an materiellen und Arbeitsressourcen. Die Hauptrichtung zur Senkung des Aufwandes bei der Schaffung von ALS besteht in der Verwendung von Typenprojekten, typisierten Ausarbeitungen und Typensystemen. Die Lösung des Problems der Typisierung von ALS erfordert eine Klassifikation, die die Vielzahl von Charakteristika solcher komplizierten Objekte wie eines modernen Industriebetriebes berücksichtigt. Die im weiteren zu betrachtenden Klassifikationsmethoden wurden zur praktischen Lösung des Klassifikationsproblems für Maschinenbaubetriebe ausgearbeitet. Offensichtlich können aber die vorgeschlagenen Methoden auch für andere analoge Probleme benutzt werden, wenn die Analyse einer großen Menge von Charakteristika erforderlich ist, zum Beispiel bei Problemen der Diagnostik.

Das Klassifikationsproblem für Betriebe wird für zwei Aufgabenstellungen gelöst.

Im ersten Falle sind die Musterbetriebe bekannt, in denen die ALS geschaffen wurden, und deren Erfahrungen sollen auf andere Betriebe des Industriezweiges übertragen werden. Die gesamte Menge der Betriebe (Objekte) wird nach dem Grad der Annäherung an die Musterbetriebe klassifiziert.

Zur Lösung dieses Klassifikationsproblems wird der Lernalgorithmus der Bilderkennung (Schema s. Abb. 3) benutzt.

Eingangsdaten sind jene, die alle Objekte, einschließlich das Muster, nach $n$ Merkmalen charakterisieren (Matrix A).

In der Matrix A bedeutet des Element $a_{ij}$ den konkreten Wert des $j$-ten Merkmals für das $i$-te Objekt im Zahlenausdruck, den man durch Untersuchung gewonnen hat[1].

[1] Im konkreten Fall der Klassifikation von Betrieben wurden einige Merkmale mit qualitativem Charakter als Prozentzahlen verschlüsselt.

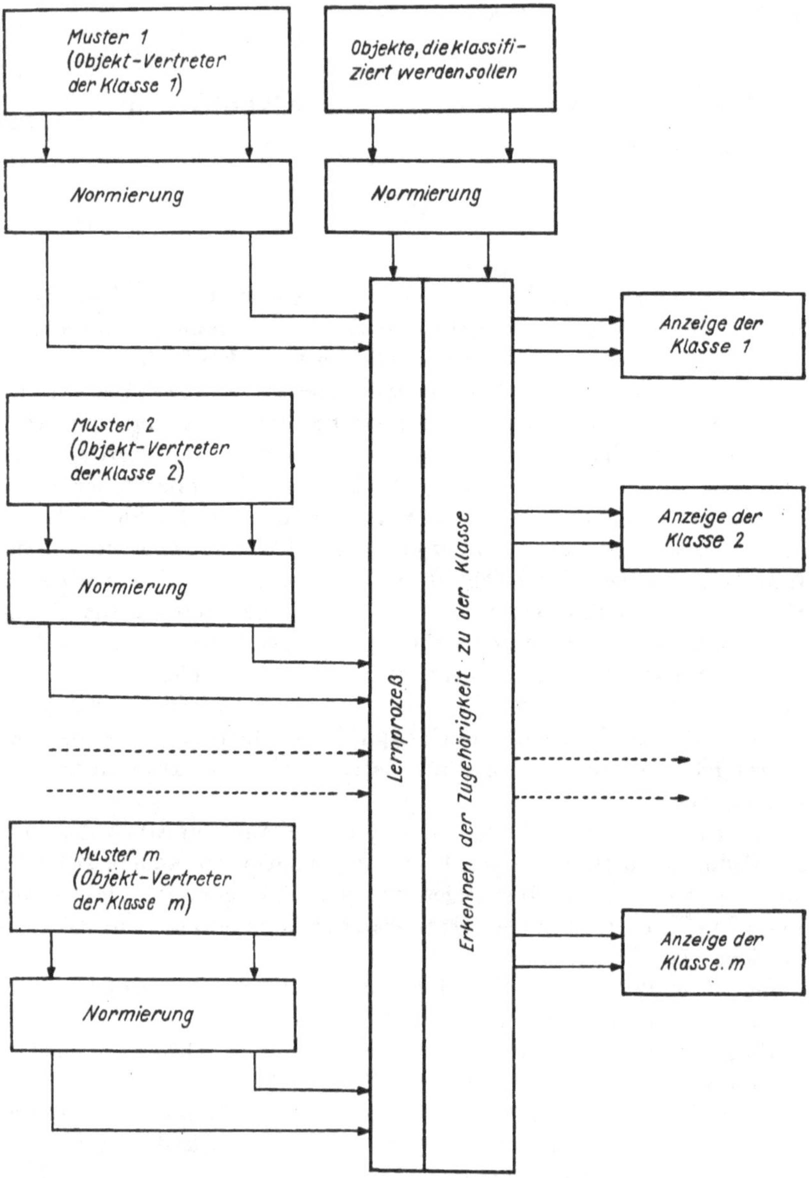


Abb. 3. Schema des Lern- und Erkennungsalgorithmus

| Merkmal / Objekt | 1, | 2, ..., | $j$, ..., | $n$ |
|---|---|---|---|---|
| 1 | $a_{11}$, | $a_{12}$, ..., | $a_{1j}$ ..., | $a_{1n}$ |
| 2 | $a_{21}$, | $a_{22}$, .., | $a_{2j}$ .., | $a_{2n}$ |
| . | . . . | . . . | . . . | . . . |
| . | . . . | . . . | . . . | . . . |
| . | . . . | . . . | . . . | . . . |
| $m$ | $a_{m1}$, | $a_{m2}$, .., | $a_{mj}$ .., | $a_{mn}$ |
| $m + 1$ | $a_{m+1,1}$, | $a_{m+1,2}$, ..., | $a_{m+1,j}$, | $a_{m+1,n}$ |
| . | . . . | . . . | . . . | . . . |
| . | . . . | . . . | . . . | . . . |
| . | . . . | . . . | . . . | . . . |
| $i$ | $a_{i1}$, | $a_{i2}$, .., | $a_{ij}$, .., | $a_{in}$ |
| . | . . . | . . . | . . . | . . . |
| . | . . . | . . . | . . . | . . . |
| . | . . . | . . . | . . . | . . . |
| $k$ | $a_{k1}$, | $a_{k2}$, .., | $a_{kj}$, .., | $a_{kn}$ |

(A)

$k$ – ist die Gesamtzahl der Objekte;

$m$ – ist die Zahl der Muster-Vertreter der Klassen.

Es muß bemerkt werden, daß die Forderung nach einer kleinen Fehlerwahrscheinlichkeit gewöhnlich dazu zwingt, die Anzahl der Merkmale $n$ zu vergrößern[2], einschließlich der gegenseitig korrelierten Merkmale.

Der Grad der Veränderung und die Dimension der Merkmale sind wesentlich unterschiedlich, und deshalb ist es notwendig, zur Gewährleistung der Vergleichsmöglichkeit der Objekte die normierte charakteristische Matrix B zu berechnen, deren Elemente folgendermaßen bestimmt werden:

$$b_{ij} = \frac{a_{ij} - \min_i \{a_{ij}\}}{\max_i \{a_{ij}\} - \min_i \{a_{ij}\}}$$

$$i = 1, 2, \ldots, m, \ldots, k; \qquad j = 1, 2, \ldots, n$$

Die nächste Etappe ist die Berechnung der Matrix der Zugehörigkeitsfunktionen C. (siehe Seite 122)

In der Matrix $C$ sind $q = 1, 2, \ldots, m$ die Nummern der Muster. Die Zugehörigkeitsfunktionen $c$ werden wie folgt bestimmt:

$$c_{qi} = \frac{\sum_{j=1}^{n} | b_{qi} - b_{ij} |}{n} \qquad (1)$$

[2] Für Betriebe ist $n = 25$, $k \approx 200$, $m = 7$

| Muster \ Objekt | $m+1$, | $m+2, \ldots,$ | $i, \ldots,$ | $k$ |
|---|---|---|---|---|
| 1 | $c_{1,m+1}$, | $c_{1,m+2}, \ldots,$ | $c_{1i}, \ldots,$ | $c_{1k}$ |
| 2 | $c_{2,m+1}$, | $c_{2,m+2}, \ldots,$ | $c_{2i}, \ldots,$ | $c_{2k}$ |
| . | . . . . . | . . . . . | . . . . . | . . . |
| . | . . . . . | . . . . . | . . . . . | . . . |
| . | . . . . . | . . . . . | . . . . . | . . . |
| $q$ | $c_{q,m+1}$, | $c_{q,m+2}, \ldots,$ | $c_{qi}, \ldots,$ | $c_{qk}$ |
| . | . . . . . | . . . . . | . . . . . | . . . |
| . | . . . . . | . . . . . | . . . . . | . . . |
| . | . . . . . | . . . . . | . . . . . | . . . |
| $m$ | $c_{m,m+1}$, | $c_{m,m+2}, \ldots,$ | $c_{mi}, \ldots,$ | $c_{mk}$ |

(C)

Die Division durch $n$ ist deshalb vorgesehen, damit man die Objekte vergleichen kann, deren Merkmalsumfang nicht vollständig bekannt ist (bei der Bedingung ihrer gegenseitigen Korrelation).

Das Kriterium, nach dem die Klasse des Objektes bestimmt wird, ist der minimale Wert der Zugehörigkeitsfunktion.

Man erhält also die Matrix der Anzeige der Klassen durch Berechnung von $\min\limits_q \{c_{qi}\}$; $(q = 1, 2, \ldots, m)$ für alle Spalten der Matrix C, und das Ergebnis schreibt man in der Form einer Zeilenmatrix:

| Objekt | $m+1$, | $m+2, \ldots, 1, \ldots,$ | $k$ |
|---|---|---|---|
| Klasse | $q_1$, | $q_2, \ldots,$ $q_i, \ldots,$ | $q_k$ |

(C′)

In der Matrix C′ ist $q_i = q$, und $c_{qi} = \min\limits_q \{c_{qi}\}$.

Die zweite Klassifikationsmethode betrachtet den Fall, wenn die Menge der Objekte (die charakteristische Matrix) und die Anzahl der Klasse $k$ gegeben sind[3]. Es ist notwendig, die Menge der Objekte, entsprechend einer Gesamtheit von $n$ Merkmalen, in $k$ Klassen zu zerlegen und die typischen Objekte auszuwählen, die dann eine Klasse bilden.

Als Zerlegungskriterium wurde die Dichte des Auftretens der Objekte in der Klasse $F$ verwendet, die als Verhältnis der Anzahl der Objekte, die der Klasse angehören, zur Breite der zulässigen Veränderungen der Merkmale in der Klasse bestimmt wird.

[3] Im Fall der Klassifikation von Betrieben wurde die Zahl k durch die Analyse der Ressourcen bestimmt, die in der Planperiode zur Schaffung von automatischen Leitungssystemen aufgewandt wurden.

Der erste Klassifikationsschritt ist die Transformation des realen charakteristischen Merkmalsraumes in einen normierten Raum. Die normierte charakteristische Matrix ist analog derjenigen im weiter oben aufgeführten Erkennungsproblem und hat die Form:

| Objekt \ Merkmal | 1, | 2, . . ., | $j$, . . ., | $n$ |
|---|---|---|---|---|
| 1 | $b_{11}$, | $b_{12}$, . . ., | $b_{1j}$, . . ., | $b_{1n}$ |
| 2 | $b_{21}$, | $b_{22}$, . . ., | $b_{2j}$, . . ., | $b_{2n}$ |
| . | . . . | . . . | . . . | . . . |
| . | . . . | . . . | . . . | . . . |
| . | . . . | . . . | . . . | . . . |
| $i$ | $b_{i1}$, | $b_{i2}$, . . ., | $b_{ij}$, . . ., | $b_{in}$ |
| . | . . . | . . . | . . . | . . . |
| . | . . . | . . . | . . . | . . . |
| . | . . . | . . . | . . . | . . . |
| $m$ | $b_{m1}$, | $b_{m2}$, . . ., | $b_{mj}$, . . ., | $b_{mn}$ |

(B)

In der Matrix B sind

$$b_{ij} = \frac{a_{ij} - \min_i \{a_{ij}\}}{\max_i \{a_{ij}\} - \min \{a_{ij}\}},$$

dabei ist $a_{ij}$ der nichtnormierte Wert des $j$-ten Merkmals für das $i$-te Objekt.

Wenn man Analogien aus der Mechanik verwendet und annimmt, daß die Punkte, welche die Objekte im normierten Merkmalsraum charakterisieren, endlich einheitliche Massen besitzen, so muß es der Klassifikationsalgorithmus gestatten, die lokalen Dichteextrema (Kerne) sowie die Koordinaten, deren Mittelpunkte und die Randgleichungen zu finden. Die Suche der Dichtekerne von $k$ sich minimal überschneidenden Hypersphäre mit dem Radius $r_q$, die alle Punkte enthalten, wird durch die Bedingung des Maximums der Dichtefunktion

$$(2) \qquad F(r_q k) = \sum_{q=1}^{k} \frac{m_q}{r_q}$$

realisiert. Dabei ist $q = 1, 2, \ldots, k$ die (gegebene) Zahl der Klassen;
$m_q$ – die Zahl der Objekte, die dem Kern $q$ angehören;
$r_q$ – die zulässige Breite der Veränderung der Merkmale im $q$-ten Kern, die seine Grenzen bestimmt.

Die Hauptetappen des Rechenprozesses der Klassifikation sind folgende:

1. Es werden die Koordinaten des Schwerpunktes des gesamten Punktsystems $b_{oj}$ bestimmt:

$$b_{oj} = \frac{1}{m} \sum_{i=1}^{m} b_{ij}. \tag{3}$$

2. Es wird der Punkt gesucht, der $b_{oj}$ am nächsten liegt. Dazu wird die Zeilenmatrix berechnet:

| Objekt | 1, | 2, . . ., | $i$, . . ., | $m$ |
|---|---|---|---|---|
| $c_0$ | $c_{01}$, | $c_{02}$, . . ., | $c_{0i}$, . ., | $c_{0m}$ |

(C)

In der Matrix C ist

$$c_{oi} = \sqrt{\sum_{j=1}^{n} (b_{oj} - b_{ij})^2}. \tag{3'}$$

Es möge $c_{op} = \min_i \{c_{oi}\}$ sein.

3. Es wird die Matrix der gegenseitigen Entfernungen D berechnet:

| Objekte | 1, | 2, | 3, . . ., | $i$, . . ., | $m$ |
|---|---|---|---|---|---|
| 1 | 0 | $d_{12}$, | $d_{13}$, . ., | $d_{1i}$, . ., | $d_{1m}$ |
| 2 | $d_{21}$, | 0, | $d_{23}$, . ., | $d_{2i}$, . ., | $d_{2m}$ |
| 3 | $d_{31}$, | $d_{32}$, | 0, . . . ., | $d_{3i}$, . ., | $d_{3m}$ |
| . | . . . . . . | . . . . . . | . . . . . . | . . . . . . | . . . . . . |
| . | . . . . . . | . . . . . . | . . . . . . | . . . . . . | . . . . . . |
| . | . . . . . . | . . . . . . | . . . . . . | . . . . . . | . . . . . . |
| $i_1$ | $d_{i_1 1}$, | $d_{i_1 2}$, | $d_{i_1 3}$, . , | $d_{i_1 i}$, ., | $d_{i_1 m}$ |
| . | . . . . . . | . . . . . . | . . . . . . | . . . . . . | . . . . . . |
| . | . . . . . . | . . . . . . | . . . . . . | . . . . . . | . . . . . . |
| . | . . . . . . | . . . . . . | . . . . . . | . . . . . . | . . . . . . |
| $m$ | $d_{m1}$, | $d_{m2}$, | $d_{m3}$, . ., | $d_{mi}$, . ., | 0 |

(D)

In der Matrix D ist

$$d_{i_1,i} = \sqrt{\sum_{j=1}^{n} (b_{i_1 j} - b_{ij})^2}.$$

4. Als vorläufigen Radius des ersten Kerns $r_1$ nimmt man:

$$r_1 = \frac{r_0}{\sqrt[n]{k}} \tag{4}$$

wobei $r_0 = \max_p \{d_{pi}\}$ ist.

5. Indem man die Zeile $p$ der Matrix D liest, findet man den lokalen Schwerpunkt $b_{0j}^1$ analog (3), wobei nur die Punkte berücksichtigt werden, für die $d_{pi} \leqq r_1$ ist.
6. Man berechnet die Matrix der Entfernungen $c_{01}^1$ analog zu (3'):

$$c_{0i}^1 = \sqrt{\sum_{j=1}^{n} (b_{0j}^1 - b_{ij})^2}.$$

Es möge $c_{op'}^1 = \min_i \{c_{oi}^1\}$ sein.
7. Jetzt liest man die Zeile $p'$ der Matrix D und präzisiert die Punkte, die dem ersten Kern $H$ angehören, indem man die Objekte auswählt, für die $d_{p'i'} \leqq r_1$ ist.
8. Die Operationen 5–6 werden $v$ Male wiederholt, wobei $c_{oi}^{v+1} < c_{oi}^v$ ist. Der Punkt $b'^v_c$ bestimmt den Mittelpunkt des ersten Kerns. Wir lesen die Zeile $p^v$ der Matrix D und schließen aus der weiteren Betrachtung alle die Punkte aus, für die $d_{p^v i} \leqq r_1$ ist und die dem ersten Kern angehören.
9. Die Operationen 1–8 wiederholen wir $q$ Male – bis zur vollständigen Auswahl aller Elemente der Matrix B.
Bei der Auswahl der Mittelpunkte des 1., 2. und $k$-ten Kerns ist es notwendig, die minimale Überschneidung zu erreichen. Es ist nicht schwer zu zeigen, daß die Bedingung für die minimale Überschneidung die Form

$$A \leqq \frac{5}{3} r \tag{5}$$

hat, wobei $A$ der gegenseitige Abstand zwischen den Mittelpunkten der Kerne oder zwischen zwei sich am nächsten liegenden Kernen ist, den man erhält, indem man die entsprechenden Zeilen der Matrix D liest.
10. Es wird die Optimierung der Bereiche der zulässigen Veränderungen der Merkmale in der Klasse für alle $k$ Kerne durchgeführt, indem man die Größe $r$ $l$ Male variiert:

$$r_{l+1} = r_l + \Delta r_l, \text{ wenn } q > k \text{ ist,}$$

das heißt wenn für die Auswahl aller Punkte eine Anzahl von Kernen mit dem Radius $r_l$ benötigt wurde, die größer ist als die gegebene Anzahl der Klassen $k$, und

$$r_{l+1} = r_l - \Delta r_l, \text{ wenn } q \leqq k \text{ ist,}$$

wobei

$$\Delta r_l = \frac{r_1}{2^l}$$

ist.

11. Dem maximalen Funktionswert $F(2)$ für die gegebene Zahl der Objekte $m$ und $k$ entspricht der minimale Wert der Größe $r_l$. Dem Wesen nach bedeutet die Bestimmung der präzisierten Koordinaten der Mittelpunkte $k$ der Dichtekerne und den Breiten $r_e^{q^v}$ die Beendigung des Klassifikationsprozesses und die Bewertung der Zugehörigkeit der Objekte zu den Klassen.

Die letzte Operation ist sowohl im ersten als auch im zweiten Falle eine zur Normierung umgekehrte Transformationsoperation. Wenn es notwendig ist, neue, nicht in der ursprünglichen charakteristischen Matrix berücksichtigte Objekte zu klassifizieren, wird die Zugehörigkeit in dem Falle, in dem die Objekte in den Bereich der gegenseitigen Überschneidung der Klassen fallen, mit Hilfe der weiter oben betrachteten Erkennungsmethode bestimmt.

Die Ergebnisse der betrachteten Methode können im allgemeinen Falle von der Auswahl des Ausgangspunktes oder des Mittelpunktes des ersten Dichtekernes abhängen, da es eine Folge von Überschneidungen von Bereichen gibt, welche die Kerne erzeugen.

Es ist also prinzipiell die Lösung der sekundären Optimierungsaufgabe möglich, das heißt die Minimierung der Dichten in den Kernen bei Variieren der Anfangsbedingungen.

Die praktische Lösung dieser Aufgabe ist allerdings auf Grund ihrer überaus großen Dimension unmöglich. Offensichtlich können wir uns nur unter Verwendung spezieller Methoden der mathematischen Optimierung, in erster Linie der Methode der stochastischen Approximation der Lösung dieser Aufgabe annähern.

*G. A. Šastova*

# Über System- und Subsystemkodierung in komplizierten Informationssystemen

*Einführung.* In komplizierten Informationssystemen vom Typ eines gesamtstaatlichen wissenschaftlich-technischen Informationssystems, eines Leitungssystems für die Zweige der Volkswirtschaft u. a. ist die Informationsmenge, die gespeichert, übertragen und verarbeitet werden muß, außerordentlich groß. Bei der Automatisierung der Informationsprozesse tritt das Problem der Kodierung der Information auf, das vom Standpunkt der Verwendung der Informationsträger und vom Standpunkt der Rationalität der automatischen Informationsverarbeitung aus ökonomisch gelöst werden muß.

In der Ökonomie werden für die Kodierung der Information oft sogenannte Klassifikationen verwendet. Das sind verschlüsselte Bücher, in denen alle Mitteilungen enthalten sind, z. B. alle Bezeichnungen von Produkten und Betrieben und die diesen Mitteilungen entsprechenden Kodierungskombinationen. Die Mitteilungen werden dabei unterteilt in Klassen, Subklassen, Gruppen u. a. Gewöhnlich wird eine hierarchische Klassifikation mit fixierter Basis verwendet. Die Klassifizierung wird bis zu den endgültigen Mitteilungen durchgeführt. Dabei wird eine eindeutige Kodierung der Mitteilung verwirklicht.

Historisch gesehen ist die Schaffung von Klassifikatoren auf ökonomischem Gebiet ein Ergebnis der Ausarbeitung einzelner Teilklassifikatoren, z. B. der Klassifikatoren für einzelne Handelsfirmen, Betriebe, Wirtschaftszweige u. a. Offensichtlich ist dabei, daß gleichartige Mitteilungen in unterschiedlichen Teilklassifikatoren unterschiedlichen Kodes zugeordnet werden, die sich sowohl in der Länge als auch in der Anordnung der Ziffern und Buchstaben unterscheiden. Z. B. wird das Radio als Produkt im Produktionsklassifikator zu der Klasse der elektronischen Industrie gehören, und als Ware im Handelsklassifikator wird es der Klasse der Kulturwaren angehören u. a. Weiterhin ist klar, daß in dem Fall, wenn in diesen Teilklassifikatoren das gleiche Alphabet und die gleiche Länge der Kodes verwendet werden, die gleichen Kodes (Ziffern) in unterschiedlichen Klassifikatoren unterschiedlichen Mitteilungen entsprechen werden.

Folgende Frage tritt auf. Ist das zulässig? Führt das nicht zu Verwechslungen bei der automatischen Informationsbearbeitung? Zum gegenwärtigen Zeitpunkt gibt es viele Anhänger für die Schaffung eines einheitlichen Systems der Klassifikation und Kodierung in der Ökonomie, das die gesamte ökonomische Information erfaßt und die Eindeutigkeit ihrer Kodierung gewährleistet. Gleichzeitig weisen die ersten Versuche der Schaffung eines solchen Systems auf die außerordentlichen Schwierigkeiten seiner Ausarbeitung und Anwendung hin. Ein wesentlicher Mangel ist noch die Schwierigkeit der Einbeziehung von Veränderungen und Ergänzungen ins System.

Die Kompliziertheit der Aufgabe der Ausarbeitung von Kodes bei einer großen Informationsmenge wird durch die Praxis bestätigt. Z. B. wurde der die ganze UdSSR betreffende Klassifikator für die Produktion, dessen Umfang 90 Bände ausmacht, in mehr als 5 Jahren bei einer Beteiligung von 300 Organisationen erarbeitet. Wir vermerken, daß der Produktionsklassifikator ein Teilklassifikator ist, der nur einen kleinen Teil der gesamten ökonomischen Information erfaßt.

Unwillkürlich tritt folgende Frage auf: Ist ein einheitliches System der Klassifizierung und Kodierung der gesamten ökonomischen Information notwendig? Beantwortet man diese Frage positiv, so steht man sofort vor der nächsten Frage: Warum nur für die ökonomische Information? Geht man auf diesem Weg weiter, so kann man zur Kodierung der gesamten zu verwendenden Information kommen, d. h. zu einem Ersetzen der gewöhnlichen Sprache durch irgendeine andere.

Für die Beantwortung der Frage nach der Zweckmäßigkeit einer einheitlichen Systemkodierung der Information oder richtiger für die Erarbeitung einer Herangehensweise an die Beantwortung dieser Frage beschäftigen wir uns zuerst mit den Methoden der Informationsaufteilung.

Eine Kode-Unterteilung, bei der jede Mitteilung einer spezifischen Kodierungskombination zugeordnet wird, ist nicht das einzige Verfahren der Informationsaufteilung. In der Praxis erfolgt die Unterteilung nach räumlichen Merkmalen der Informationen, (nach Territorien, nach technischen Systemen u. a.) nach Informationsträgern (nach der Form der Erfassungsbögen, nach dem Nachrichtentyp u. ä.) und auch nach Parametern der Informationsträger (z. B. nach der Frequenz oder nach der Zeit).

Gegenwärtig werden in den einzelnen technischen Systemen oder Organisationen gewöhnlich eigene von anderen Systemen unabhängige Methoden der Kodierung von Informationen verwendet.

Somit ist die autonome Kodierung der einzelnen Untermengen der Mitteilungen möglich und wird auch praktisch verwendet. Diese Kodierung werden wir Subsystemkodierung im Unterschied zur Systemkodierung nennen, bei der eine eindeutige Kodierung der gesamten Menge der Mitteilungen im Gesamtsystem realisiert wird. Was ist diese Subsystemkodierung und warum wird sie verwendet?

Zu den Vorteilen der Subsystemkodierung gehört die Verkürzung der Länge der Kodekombinationen durch die Verringerung der Anzahl der Mitteilungen im Kode, sowie die relative Einfachheit der Einbeziehung von Veränderungen und Ergänzungen im System, da in jedem Subsystem Veränderungen unabhängig vom anderen Subsystem durchgeführt werden können. Diese zweite Eigenschaft ist besonders für Systeme ökonomischer und wissenschaftlicher Informationen sehr wichtig, weil sich in diesen Systemen die Sprache ständig verändert.

Zu den Mängeln der Subsystemkodierung muß man die Notwendigkeit der Umkodierung bei der Übergabe von Informationen von einem Untersystem zum anderen (Übergang von einer Sprache in eine andere) zählen.

Für den Vergleich und die Erarbeitung von Empfehlungen für die Anwendung der System- und Subsystemkodierung muß man in erster Linie ein Kriterium für die Bewertung der Kodierungssysteme auswählen. Als ein Kriterium kann die Größe der Aufwendungen für die Kodierung, Speicherung, Übertragung und Verarbeitung von Informationen im Gesamtsystem dienen, die wir im weiteren als volle Aufwendungen für die Informationsverarbeitung bezeichnen werden.

Im allgemeinen Fall sind die Aufwendungen für die Informationsverarbeitung eine bestimmte Funktion der Anzahl der Buchstaben im Alphabet des Kodes $k$, der Anzahl der Mitteilungen im Kode $M$, der Länge der Kodekombinationen $n_i$ $(i = 1, 2, \ldots, M)$ und der Intensität der Informationsverarbeitung, die durch einen bestimmten Koeffizienten $\mu_i$ $(i = 1, \ldots, M)$ bedingt gemessen wird:

$$C = C\,(k, M, n\,\mu),$$

wobei $n$ – die Menge der Längen der Kodekombinationen $n_i$ $(i = 1, 2, \ldots, M)$ ist; $\mu$ – die Menge der Koeffizienten $\mu_i$ $(i = 1, 2, \ldots, M)$.

Weiter unten betrachten wir die Möglichkeit der Anwendung dieses Kriteriums für den Vergleich von System- und Subsystemkodierungen in Informationssystemen mit unterschiedlicher Struktur.

In einem allgemeineren Fall kann das Aufwandkriterium auch die Aufwendungen für das Einfügen von Veränderungen und Ergänzungen in den Kode berücksichtigen, in diesem Fall muß man jedoch auch die zeitlichen Charakteristiken der Systeme, z. B. die mittlere Verzögerungszeit bei der Einführung einer neuen Mitteilung in den Kode, berücksichtigen. Diese Verzögerung wächst in der Regel mit dem Anwachsen der Zahl der Mitteilungen. Im weiteren werden wir bei Vergleichen bestimmter Systeme folgende vereinfachte Abhängigkeiten der Aufwendungen von $k$, $M$, $n$ und $\mu$ verwenden:

a) Aufwendungen für die Kodierung und Verarbeitung der Information innerhalb des Subsystems $x$:

(1) $$C_x = a_x n_x \mu_x M_x,$$

wobei $a_x$ – ein Koeffizient ist, der von den Methoden der Speicherung und Verarbeitung der Information abhängt;
$n_x$ – die Länge einer Kodekombination ist;
$\mu_x$ – die mittlere Intensität der Verwaltung einer Mitteilung;
$M_x$ – die Zahl der Mitteilungen im Subsystem.

b) Aufwendungen für die Umkodierung bei einem Informationsaustausch zwischen den Subsystemen $x$ und $y$:

(2) $$C_{xy} = a_{xy} \mu_{xy} (n_x + n_y) M_{xy},$$

wobei $a_{xy}$ – ein Koeffizient ist, der von dem Umkodierungsverfahren abhängt;
$M_{xy}$ – die Zahl der Mitteilungen, die am Informationsaustausch zwischen den Subsystemen $x$ und $y$ beteiligt sind;
$\mu_{xy}$ – die mittlere Intensität des wechselseitigen Informationsstromes zwischen den Subsystemen $x$ und $y$, bezogen auf eine Mitteilung aus $M_{xy}$;

c) Länge der Kodekombinationen im Subsystem $x$ mit $M_x$ Mitteilungen:

$$n_x = \log_k M_x,$$

wobei $k$ – die Basis des Logarithmus, gleich der Zahl der Buchstaben im Alphabet des Kodes ist. Bei den Abhängigkeiten (1) und (2) wurde davon ausgegangen, daß das Volumen des Speichers der Größe $M \log_k M$ proportional dem Volumen des Speichers und der Intensität des Zugriffs im Speicher ist.

Die Abhängigkeit der Resultate der Vergleiche von der Struktur des Informationssystems und deren Informationsströme.

Die Wahl zwischen der System- und Subsystemkodierung hängt sehr stark von der Informationsstruktur des Systems und den in ihr enthaltenen Informationsströmen ab. Wir zeigen das anhand einiger Strukturen.

Hierarchische Struktur.

Unter einer hierarchischen Struktur werden wir eine solche Struktur verstehen, in der man gewisse Ebenen der Informationsverarbeitung herauslösen kann, d. h. man kann eine Reihe von Subsystemen einer Ebene, die einem Subsystem höherer Ebene zugeordnet sind, gesondert betrachten. In einem strengen hierarchischen System hat ein beliebiges Subsystem einer Ebene nur eine Informationsbeziehung zu einem Subsystem höherer Ebene und zu einigen Subsystemen niedrigerer Ebene. Ein Informationsaustausch zwischen Subsystemen gleicher Ebene fehlt. Als Beispiel eines Systems mit hierarchischer Struktur kann ein Leitungssystem dienen, das aus einem Ministerium und Betrieben besteht. Das Leitungssystem der Betriebe kann seinerseits auch als hierarchisches System betrachtet werden, das aus dem Leitungssystem des Betriebes und den Leitungssystemen der Produktionsabteilungen, Betriebsabschnitte usw. besteht.

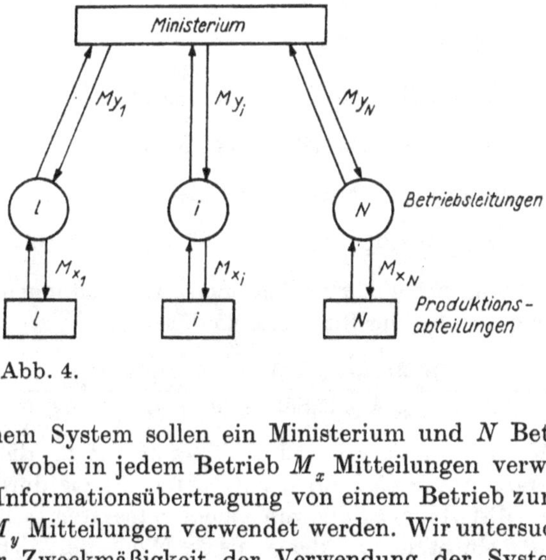


Abb. 4.

Zu einem System sollen ein Ministerium und $N$ Betriebe gehören (Abb. 4), wobei in jedem Betrieb $M_x$ Mitteilungen verwendet werden. Für die Informationsübertragung von einem Betrieb zum Ministerium mögen $M_y$ Mitteilungen verwendet werden. Wir untersuchen die Frage nach der Zweckmäßigkeit der Verwendung der System- und Subsystemkodierung in Abhängigkeit von den Beziehungen zwischen den Größen $M_x$ und $M_y$ unter den oben eingeführten Bedingungen (1) und (2).

Im Falle der Systemkodierung ist die Gesamtzahl der Mitteilungen im System $M_c$ gleich:

(3) $$M_c = N\,(M_x + M_y),$$

und die Länge der Kodekombinationen ($n_c$) –

$$(4) \qquad n_c = \log_k M = \log_k N\,(M_x + M_y).$$

Eine Umkodierung fehlt, deshalb werden die vollen Aufwendungen im System ($C_c$) wie folgt gebildet:

$$(5) \qquad C_c = a_x \mu_x M_x N \log_k N\,(M_x + M_y) + a_y \mu_y N\,M_y \log_k N\,(M_x + M_y).$$

Wir betrachten die Subsystemkodierung. Dabei nehmen wir an, daß in jedem Betrieb ein eigenes Kodierungssystem existiert, dann ist die Lage der Kodekombination ($n_x$) im Kode des Betriebes gleich:

$$(6) \qquad n_x = \log_k M_x.$$

Für die gesamte Information, die im Ministerium eintrifft, existiert ein eigenes Kodierungssystem, in dem die Zahl der Mitteilungen gleich $M_y$ ist und die Länge der Kodekombinationen ($n_y$) gleich:

$$(7) \qquad n_y = \log_k N\,M_y.$$

Im System treten Umkodierungsaufwendungen auf:

$$(8) \qquad C_{xy} = a_{xy}\,\mu_{xy}\,N\,M_y\,(\log_k M_x + \log_k N\,M_y).$$

Die Gesamtaufwendungen im System sind gleich:

$$(9) \qquad C_{nc} = a_x N\,\mu_x M_x \log_k M_x + a_y\,\mu_y N\,M_y \log_k N\,M_y + C_{xy}.$$

Folgende Beziehung besteht zwischen den Aufwendungen bei der Systemkodierung und bei der Subsystemkodierung:

$$(10) \qquad \frac{C_c}{C_{nc}} = \frac{[\mu_x M_x + \mu_y M_y] \log_k N\,(M_x + M_y)}{(\mu_x M_x + \mu_{xy} M_y) \log M_x + (\mu_y + \mu_{xy})\,M_y \log_k N M_y}.$$

Wenn $M_y \ll M_x$, $\mu_x \approx \mu_y \approx \mu_{xy}$ und $NM_y \ll M_x$, d. h. die Hauptinformationsverarbeitung wird auf der untersten Ebene durchgeführt (die Menge der Mitteilungen, die von einem Subsystem auf höherer Ebene zu übermitteln ist, ist viel kleiner als die Menge der Mitteilungen, die innerhalb des Subsystems zu verarbeiten ist, so ist

$$\frac{C_{nc}}{C_c} \cong \frac{\log M_x}{\log N\,M_y}.$$

d. h. die Subsystemkodierung ist vorteilhafter als die Systemkodierung. Das wird dadurch begründet, daß die Aufwendungen für die Umkodierung im Vergleich mit den Aufwendungen für die Verarbeitung der Information auf der tieferen Ebene, die der Länge der Kodekombinationen proportional sind, klein sind. Bei der Systemkodierung ist die Länge größer, folglich sind auch die Gesamtaufwendungen größer.

Der Gewinn wird deutlich, wenn die Größe $\log N$ mit der Größe $\log M_y$ vergleichbar ist. Wenn z. B. zu einem System $N = 10^4$ Betriebe gehören und in einem Betrieb werden $M_x = 10^7$ Mitteilungen verwendet, so macht der Gewinn in den Aufwendungen beim Übergang zur Subsystemkodierung 60% aus.

Wenn im System $M_x \approx M_y$ ist, d. h. fast die gesamte Information, die innerhalb des Betriebes verwendet wird, an die übergeordnete Instanz übergeben wird, wobei die Aufwendungen für die Umkodierung wesentlich sind ($\mu_{xy} \cong \mu_x \cong \mu_y$), so kann die Variante der Systemkodierung vorteilhafter sein.

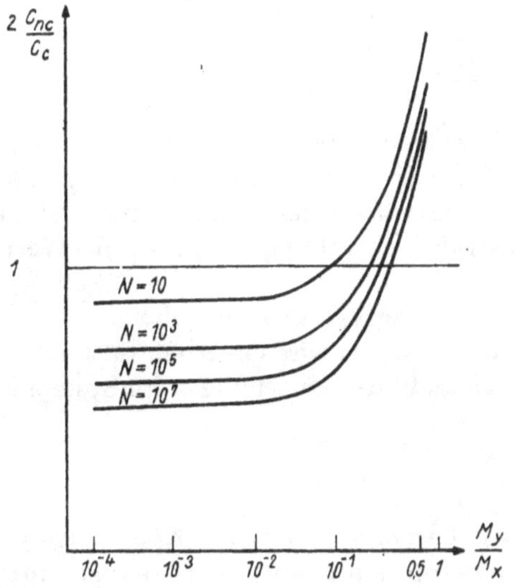


Abb. 5.

In Abb. 5 ist die Abhängigkeit der Beziehung der Aufwendungen $C_{nc}/C_c$ von der Beziehung $M_y/M_x$ bei unterschiedlichem $N$ dargestellt. Für kleine Werte der Größe $M_y/M_x$ ist die Subsystemkodierung vorteilhafter, wobei der Gewinn um so größer ist, je größer $N$ ist. Bei $M_y/M_x$ nahe 1 wird die Systemkodierung vorteilhafter.

Die Subsystemkodierung ist somit bei relativ schwacher Informationsbeziehung zwischen den Ebenen vorteilhaft.

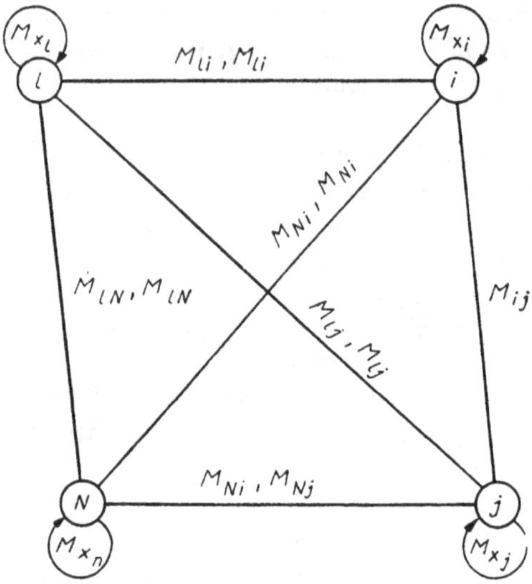


Abb. 6.

Als Beispiel einer dezentralisierten Struktur mit allen möglichen Beziehungen (Abb. 6) kann ein System des Informationsaustausches über gegenseitige Lieferungen zwischen Firmen, ein System für den Austausch von Konstruktionsunterlagen zwischen Werken u. a. dienen.

Hier sind folgende Kodierungsvarianten möglich:

1. Für alle Mitteilungen im System wird ein Kode verwendet (Systemkodierung). Die Gesamtzahl der Mitteilungen im System ist

$$M_c = \sum_{i=1}^{N} M_{x_i}$$

2. In jedem Subsystem besteht ein eigenes Kodierungssystem. Bei einem Austausch von Informationen zwischen den Subsystemen wird eine Umkodierung in jenes System durchgeführt, das die Mitteilung erhält.
3. In jedem Subsystem wird ein eigener Kode (die eigene Sprache) verwendet. Für den Informationsaustausch zwischen den Subsystemen verwendet man eine eigene Sprache – Vermittler, die für alle Subsysteme gilt. Im einzelnen kann als eine solche Vermittler-Sprache die Sprache eines der Subsysteme dienen.

Für den Vergleich der System- und Subsystemkodierung verwenden wir das Kriterium der vollen Aufwendungen. Bei Einhaltung der

Bedingungen (2) und (3) sind die Aufwendungen bei der Systemkodierung

$$C_c = \sum_{i=1}^{N} a_i \mu_i M_i \log \left( \sum_{i=1}^{N} M_i \right)$$

Bei der Subsystemkodierung –

$$C_{nc} = \sum_{i=1}^{N} a_i \mu_i M_i \log_k M_i + \sum_{i,j} a_{ij} \mu_j M_{ij} [\log_k M_i + \log_k M_i].$$

und im Falle der Verwendung einer Vermittler-Sprache

$$C'_{nc} = \sum_{i=1}^{N} a_i \mu_i M_i \log_k M_i + \sum_{i=1}^{N} a'_i \sum_{j \neq i} \mu_{ij} [\log_k M_i + \log_k M'],$$

wobei $M'$ – die Zahl der Mitteilungen in der Vermittler-Sprache ist.

Bei $\mu_{ij} M_{ij} \ll \mu_i M_i$, d. h. wenn die Ströme der Mitteilungen zwischen den Subsystemen im Vergleich zu den Strömen innerhalb der Subsysteme klein sind, so ist vom Standpunkt der Aufwendungen aus die Subsystemkodierung vorteilhafter. Bei einem intensiven Informationsaustausch zwischen den Subsystemen erweist sich die Systemkodierung als wirtschaftlicher.

Ein Mangel des Systems mit der künstlichen Vermittler-Sprache besteht in den Schwierigkeiten der Einbeziehung von Veränderungen und Ergänzungen in dieser Sprache. Dieser Mangel tritt auch in dem bestehenden System der wissenschaftlichen Information auf, wo als Vermittler-Sprache gegenwärtig eine universelle Dezimalklassifikation (UDK) verwendet wird. Die Entwicklung der universellen Dezimalklassifikation ist ständig im Rückstand gegenüber den Veränderungen in den national-wissenschaftlichen Sprachen. Dieses Zurückbleiben ist einer der Hauptfaktoren für die Verzögerung ihrer Anwendung. Das betrifft auch die internationale Sprache Esperanto.

In der menschlichen Gesellschaft ist die Variante der Verwendung einer Sprache eines Subsystems als Vermittler-Sprache die lebensfähigste. Gewöhnlich nimmt man ein großes Subsystem, das einen intensiven Informationsaustausch mit den anderen Subsystemen hat. Z. B. erfüllt die russische Sprache innerhalb der Sowjetunion beim Informationsaustausch zwischen den Republiken gewöhnlich die Funktion der Vermittler-Sprache. In einer Reihe kapitalistischer Länder spielt die englische Sprache dieselbe Rolle.

Man muß hervorheben, daß in ökonomischen Systemen und in Systemen wissenschaftlicher Information nicht immer eine Sprache eines Subsystems als Vermittler-Sprache verwendet werden kann, weil in Subsystemen eine unterschiedliche Kombination von Mitteilungen verwendet wird. Unter dieser Bedingung kann man entweder von der Schaffung einer künstlichen Vermittler-Sprache oder von einem Verzicht auf sie und von der Auswahl zwischen System- und Subsystemkodierung mit wechselseitiger überkreuzter Übertragung (Umkodierung) sprechen.

In Informationssystemen mit komplizierterer Struktur als die in den Abb. 4 und 6 dargestellten Strukturen sind viel mehr Kodierungsvarianten möglich. Als Beispiel soll das gesamtstaatliche wissenschaftliche Informationssystem dienen. Hier ist z. B. folgende sprachliche Lösung möglich: Für die zentralisierte Verteilung der Informationen zwischen den zweiglichen und spezialisierten Subsystemen wird eine Vermittler-Sprache verwendet, die einen kleinen Umfang an Termini hat. In jedem der zweiglichen und spezialisierten Zentren für die Ziele der Suche von Informationen wird die eigene detaillierte Sprache (die Subsystemsprache) verwendet. Bei einem Informationsaustausch zwischen den Zentren wird entweder die Vermittler-Sprache (für eine große Verteilung der Information) oder die natürliche Sprache verwendet, die in jedem Zentum in die Sprache dieses Zentrums übersetzt wird.

Hier haben wir nicht die Frage der inneren Struktur der Sprache berührt. Wir haben sie bedingt als irgendein Kodierungssystem betrachtet. In einem allgemeinen Fall unterscheiden sich Sprachen nicht nur durch die Kombination elementarer Mitteilungen, sondern auch durch die Regeln für die Bildung von Folgen dieser Mitteilungen.

Das oben Dargelegte gestattet folgende Schlußfolgerungen zu ziehen. Die Auswahl zwischen der System- und Subsystemkodierung in komplizierten Informationssystemen muß auf der Grundlage einer Analyse der Struktur des Systems und der Informationsströme erfolgen. Für viele Systeme muß man bei der Auswahl zwischen der System- und der Subsystemkodierung ökonomische Kriterien zweckmäßig anwenden, z. B. das Kriterium der vollen Aufwendungen für die Kodierung, Speicherung, Übertragung und Verarbeitung der Information. Dabei muß man unbedingt die Abhängigkeit dieser Aufwendungen von der Zahl der Mitteilungen im System, der Länge der Kodekombination und der Intensität der Verwendung der Information bestimmen. Unter den Bedingungen (2) und (3) sowie für eine Reihe anderer Abhängigkeiten ist die Subsystemkodierung im Falle schwacher Informationsbeziehungen zwischen den Subsystemen vorteilhafter.

*W. M. Žerebin, O. P. Aksjutina, G. A. Romaškova, O. N. Čirčenko*

# Das linguistische Herangehen an die Kodierung ökonomischer Kennziffern

Ein wichtiges Problem der Verarbeitung der ökonomischen Information, das bislang noch keine befriedigende Lösung gefunden hat, ist das Problem der Kodierung der ökonomischen Kennziffern. Einzelne Vorschläge, die in dieser Hinsicht gemacht werden, betreffen vorwiegend Gruppen von Kennziffern, die relativ kleine ökonomische Objekte charakterisieren oder aus Grobkennziffern bestehen, die nur eine sehr allgemeine Vorstellung vom Objekt vermitteln. Diese zahlenmäßig kleinen Gruppen von Kennziffern sind ein überaus bequemes Feld für die Erprobung fast jedes Kodierungsverfahrens bis hin zur direkten Kodierung, d. h. der Zuordnung von Nummern, die der natürlichen Reihe entsprechen, zu den Kennziffern. Über die Vorzüge und Mängel eines Kodierungsverfahrens kann jedoch nur die Erprobung an umfangreichem Material Auskunft geben.

Bei den Verfahren für die Kodierung großer Massen von Kennziffern haben sich zwei prinzipiell verschiedene Verfahren entwickelt – das klassifikatorische und das linguistische. Beim ersten Verfahren wird die Kennziffer durch eine Reihe von Indizes ersetzt, wobei jeder Index der Rubrik eines vorher ausgearbeiteten Klassifikators entspricht. Beim zweiten Verfahren geht der Chiffrierer vom „Text" oder der verbalen Aufzeichnung der Kennziffer aus.

Die Klassifikationskodierung ist äußerst populär, besitzt aber ernsthafte Mängel. Der erste dieser Mängel ist die Schwierigkeit der Ausarbeitung und das Fehlen von Klassifikatoren, die genügend universell sind im Hinblick auf die Kodierung von Kennziffern, die verschiedene funktionale und strukturelle Teilsysteme des ökonomischen Systems charakterisieren. Ein zweiter wesentlicher Mangel ist die technische Kompliziertheit der Durchsicht der Klassifikationstabellen und der Indexlisten für jede Kennziffer.

Das linguistische Verfahren der Kodierung, das bislang noch sehr wenig verbreitet ist, besitzt unserer Ansicht nach eine große Zukunft. Die geforderte Vollständigkeit in der Weitergabe des Sinnes der Kennziffern wird bei der Benutzung dieses Verfahrens bereits durch die

Universalität der natürlichen Sprache selbst erreicht, die zur Notierung der Kennziffer verwendet wird. Der eigentliche Prozeß der Kodierung verläuft leichter, da der Operator es mit den gewöhnlichen Einheiten der natürlichen Sprache – mit Buchstaben, Wörtern und Aussagen – zu tun hat.

Das linguistische Vorgehen verfügt über zwei Verfahren der Kodierung, das formale Verfahren und das Verfahren der Sinnkodierung. Beim ersteren werden der Reihe nach alle Elemente kodiert, die die Kennziffer ausmachen – Buchstaben oder Wörter. Während sich die Kodierung nach den Buchstaben als wenig geeignet erweist, da die Indizes zu umfangreich werden, ist die Kodierung nach Wörtern von diesem Mangel frei und sichert in ausreichendem Maße die Möglichkeit einer Differenzierung der Kennziffern (da sich die Kennziffern durch die Zusammensetzung, die Anzahl und die Reihenfolge der Wörter unterunterscheiden). Es ist darauf hinzuweisen, daß entgegen einer weitverbreiteten Meinung die Kodierung nach Wörtern keine Sinnkodierung ist, da die Sinnverbindungen zwischen den Wörtern in diesem Falle nicht wiedergegeben werden.

Die Verfahren der Sinnkodierung verdienen in der weiteren Arbeit eine große Aufmerksamkeit. Sie gelten als die aussichtsreichsten Verfahren der Kodierung, da man die größten Erfolge bei der logischen Informationsverarbeitung nur dann erreichen kann, wenn man sich dem Sinn der Information zuwendet.

Im weiteren folgt eine Beschreibung des im Zentralen ökonomisch-mathematischen Institut der Akademie der Wissenschaften der UdSSR ausgearbeiteten Verfahrens der Sinnkodierung von Kennziffern mit Hilfe einer grammatisch-semantischen Schablone.

Die Idee des Aufbaus der Schablone für die Kodierung ist kurz gesagt folgende. Im Ergebnis der Durchsicht aller oder des überwiegenden Teils der Kennziffern (es wird ihre volle Aufzeichnung benutzt), die in der Dokumentation über das zugrunde liegende Objekt enthalten sind, wird ein für alle Kennziffern gemeinsames grammatisches Schema aufgestellt. Wie die bereits durchgeführten Untersuchungen der Dokumentation einer Reihe von Betrieben gezeigt haben, sieht das verallgemeinerte grammatische Schema in vergröberter Form folgendermaßen aus: *OPK – ODK – OBK*, wobei *O* – ein Attribut, *P* – das Subjekt, *D* – das Objekt, *B* – die Adverbialbestimmung und *K* – ein nachgestelltes Attribut ist, das das vorangehende Substantiv charakterisiert.

Ein solches Grobschema reicht natürlich nicht aus, um die Sinnbeziehungen zwischen den Wörtern genau widerzuspiegeln. Deshalb wird es detailliert, wobei die real in den Kennziffern auftretenden

Funktionen, die den einzelnen Teilfunktionen der Satzglieder und den diese Teilfunktionen erfüllenden Kategorien von Wörtern entsprechen, berücksichtigt werden. Da bei der Aufstellung der Schablone nicht nur die grammatischen Funktionen, sondern auch die Bedeutungen der einzelnen Wörterkategorien berücksichtigt werden, nennen wir das ausführliche Schema die grammatisch-semantische Schablone der Niederschrift der Kennziffer.

Berücksichtigt man, daß anhand der Schablone nicht nur die Bedeutungen der einzelnen Wörter, sondern auch die von diesen wahrgenommenen grammatischen Funktionen kodiert werden, die die Sinnbeziehungen zwischen den Wörtern im Kontext bestimmen, so kann man von der Fixierung des Sinnes der Kennziffern insgesamt sprechen.

In der vollständigeren blockweisen Niederschrift besitzt die grammatisch-semantische Schablone folgendes Aussehen:

$O_1PO_2K_1 - O_3DO_4K_2 - O_5BO_6K_3 - E$, was blockweise bedeutet:

| | | Block |
|---|---|---|
| $O_1$ | – Attribut des Subjekts; | I |
| $P$ | – Subjekt; | II |
| $O_2$ | – Attribut des nachgestellten Attributs des Subjekts; | III |
| $K_1$ | – nachgestelltes Attribut des Subjekts; | IV |
| $O_3$ | – Attribut des Objekts; | V |
| $D$ | – Objekt; | VI |
| $O_4$ | – Attribut des nachgestellten Attributs des Objekts; | VII |
| $K_2$ | – nachgestelltes Attribut des Objekts; | VIII |
| $O_5$ | – Attribut der Adverbialbestimmung; | IX |
| $B$ | – Adverbialbestimmung; | X |
| $O_6$ | – Attribut des nachgestellten Attributs der Adverbialbestimmung; | XI |
| $K_3$ | – Nachgestelltes Attribut der Adverbialbestimmung; | XII |
| $E$ | – Maßeinheit; | XIII |

Detaillieren wir die Blöcke nach den einzelnen Positionen und erläutern wir jede Position an Beispielen.

*Block I*

1 – Attribut des Subjekts – „*gesamte* Menge“

*Block II*

2 – eigentliches Subjekt – „*Menge*“

3 – Kurzform des Partizips oder Infinitiv des Verbs – „*abgezogen*, „*abziehen*“

4 – Partizip (in partizipalen Wendungen) – „*erhaltene* vom Lager"
5 – Wörter vom Typ „insgesamt" an Stelle des Subjekts
6 – Wörter vom Typ „welcher" (in Nebensätzen)

*Block III*

7 – Attribut des nachgestellten Attributs – „Plan des *vorigen* Monats"

*Block IV*

8 – nachgestelltes Attribut der Zugehörigkeit – „Plan des vorigen *Monats*"
9 – nachgestelltes präpositionales Attribut – „Ausgaben für die *Einrichtung*"
10 – nachgestelltes appositionales Attribut „Fristenplan" (im Russ. „plan-*grafik*" – d. Ü.)
11 – nachgestelltes Attribut in Form einer Nummerbezeichnung – „p/ja *8093*"

*Block V*

12 – Attribut des Objekts (analog Block I)

*Block VI*

13 – direktes Objekt – „abgezogen *15%*"
14 – Objekt der Beziehung (präpositionslos) – „Menge der *Teile*"
15 – den Adressaten nennendes (präpositionsloses) Objekt – „übergeben dem *Werk*"
16 – Objekt im Instrumental (präpositionslos) – „erhalten von der Abteilung" (im Russ. „polučeno *cechom*" – d. Ü.)
17 – präpositionales Objekt – „einbehalten von den *Arbeitern*"

*Block VII*

18 – Attribut des nachgestellten Attributs des Objekts (analog Block III)

*Block VIII*

19–22 – nachgestelltes Attribut des Objekts (analog Block IV)

*Block IX*

23 – Attribut der Adverbialbestimmung (analog Block I)

*Block X*

24 – Adverbialbestimmung des Ortes – „wo"
25 – Adverbialbestimmung des Ortes – „wohin"

26 – Adverbialbestimmung des Ortes– „woher“
27 – Adverbialbestimmung der Zeit (des Datums) – „*16. März*“
28 – Adverbialbestimmung der Zeitmenge – „*15 Tage*“
29 – Adverbialbestimmung des Zeitabschnitts – „*vom 20. bis 21. Juni*“
30 – Adverbialbestimmung des Handlungscharakters – „*dringend*“
31 – Adverbialbestimmung des Modus – „*faktisch*“
32 – Adverbialbestimmung der Begründung – „*laut Plan*“
33 – Adverbialbestimmung der Ausdehnung – „*für jede Baugruppe*“
34 – Adverbialbestimmung der Präzisierung – „*unter Berücksichtigung der Korrekturen*“
35 – Adverbialbestimmung des Grundes – „*wegen Ausschuß*“
36 – Adverbialbestimmung des Zieles – „*zur Deckung der Ausgaben*“

*Block XI*

37 – Attribut des nachgestellten Attributs der Adverbialbestimmung (analog Block III)

*Block XII*

38 – nachgestelltes Attribut der Adverbialbestimmung (analog Block IV)

*Block XIII*

42 – Maßeinheiten – „in Tonnenmeilen“

Der Sinnkode der Kennziffer, der durch die Benutzung der Schablone gewonnen wird, hat folgendes Aussehen:

1, *252*; 2, *13*; 14, *385*; 15, *2*; 215, 2; 15, *178*; 20, *85*; 216, wobei jedes Kodezeichen aus der Nummer der Position des Wortes in der Schablone und der Nummer der entsprechenden Basis im Maschinenwörterbuch (unterstrichen) besteht; eine Ausnahme bilden die Kodes der patizipialen Wendung (215,2 und 216), in denen der erste Index – „Beginn der partizipialen Wendung“ – von der Nummer der Position der Wortes begleitet wird, zu dem die partizipiale Wendung gehört.

Zur Präzisierung der Verbindungen zwischen den Wörtern kann zusätzlich ein Programm der Herstellung der Wechselbeziehungen der Wörter in der Kennziffer entsprechend ihren laufenden Nummern und Positionen in der Schablone aufgestellt werden.

Es ist festzustellen, daß der Umfang des Wörterbuches der Basen der Wörter, aus denen die Kennziffern der Arbeit des Objekts zusammengesetzt werden, meistens annähernd zehnmal geringer ist als die Anzahl der Kennziffern selbst. Das letztere trifft jedenfalls auf große Betriebe zu, in denen die Anzahl der Kennziffern oft mehrere Tausend erreicht. So gibt es in einem der untersuchten Maschinenbauwerke etwa zehntausend Kennziffern, während in das Wörterbuch der Basen nur etwas mehr als tausend Wörter aufgenommen wurden. Die Speicherung solcher Wörterbücher in Elektronenrechnern stellt also kein Problem dar.

Dies ist kurz zusammengefaßt die Idee des beschriebenen Kodierungsverfahrens. Seine praktische Verwirklichung erfordert jedoch die Einhaltung einer Reihe von Bedingungen und Arbeitsregeln.

Vor allem ist, wie die Schablone zeigt, eine gewisse Formalisierung der traditionellen Vorstellungen von den Satzgliedern nötig, und es müssen auch gewisse neue Bezeichnungen der detaillierten Kategorien der Satzglieder eingeführt werden, die mit den traditionellen Bezeichnungen nicht übereinstimmen (vgl. z. B. Teilblöcke des Blocks „Subjekt" oder „Objekt").

Zum Beispiel werden Präpositionen, einschließlich präpositionaler Wendungen wie „in Übereinstimmung mit", „nach Abzug" u. dgl., in einer Position mit dem Substantiv aufgezeichnet, zu dem sie gehören.

Ordinalia (nehmen wir an „*erstes* Kontor") werden als Attribute betrachtet, Kardinalia in Verbindungen des Typs „Abteilung 15" als eine besondere Art von Appositionen.

Beiordnende Konjunktionen vom Typ „und", „und auch" usw., die gleichrangige Satzglieder verbinden, werden mit einem besonderen Index fixiert, und zwar mit demselben, mit dem auch Kommata bei der Aufzählung bezeichnet werden.

Gleichartige Satzglieder erhalten gleiche Positionsnummern.

Gleichbezeichnete Satzglieder (z. B. „Beziehungsobjekt" in Verbindungen wie „Veränderung *des Wertes der Produktion des Werkes*") unterscheiden sich von gleichartigen Satzgliedern dadurch, daß sie nicht durch die Indizes beiordnender Konjunktionen getrennt werden.

Wörter vom Typ „insgesamt" werden gewöhnlich entweder als Subjekt, oder als Attribut fixiert. Letzteres trifft in den Fällen zu, in denen ein „eigentliches Subjekt" vorhanden ist (z. B. „*itogo* izdelij po zavodu" – Subjekt, aber „*itogo* summa raschodov po perečisleniju" – Attribut (*itogovaja* summa).

Partizipiale Wendungen werden folgendermaßen kodiert: Es werden die Indizes des Anfangs und des Endes der Wendung geschrieben sowie die Positionsnummer des Wortes, zu dem die jeweilige Wendung (Index des Anfangs) gehört. Die Wendung selbst wird nach den allgemeinen Regeln als „zweite Ebene der Schablone" kodiert.

Beispiele:

1. Veränderung der faktischen Selbstkosten der warenmäßigen
2 12 14 12

Produktion für den Berichts- Monat im Vergleich mit Preisen
14 23 28 34

und Tarifen , die vorgesehen sind im Plan .
105 34 215–17 2 24 216

2. Fonds des Lohns, , korrigiert hinsichtlich der Erfüllung
2 8 215–2 2 25

des Plans nach der Abrechnung des vergangenen Monats .
37 32 37 38 216

3. Bezahlt an den Lieferbetrieb für Ausschuß bei jeder
3 15 35 23

Bestellung für einen Monat .
33 28 216

4. Insgesamt Eingänge für die Vergrößerung des Statuten-
5 14 19 12

Fonds im Bereich der Umlauf- Mittel für 11
14 18 20 23

Monate nach jedem Unterkonto .
28 23 32 216

5. Saldo per 1 Tag des Monats für jeden Auftrag
2 9 23 27 38 23 33

im Durchschnitt der Erzeugnisse .
34 38 216

Bei der Ausgabe der Kennziffern im Druck erhalten wir die Basen der Wörter der Kennziffer, der Schablone entsprechend, geschrieben. Um die benötigten Formen der Wörter zu erhalten (die Endungen hinzuzufügen), kann ein Algorithmus der morphologischen Synthese benutzt werden (derartige Algorithmen sind von den Fachleuten für Maschinenübersetzung ausgearbeitet worden). Zweckmäßiger ist es jedoch, die Liste der Endungen der Wörter einem Operator zu übergeben, d. h. eine Nachredaktion vorzunehmen.

Wie bereits betont wurde, ist das Kodierungsverfahren mit Hilfe der Schablone auf die Perspektive hin angelegt und kann vor allem als eine Übergangsetappe zu einer völlig automatisierten Eingabe der Information empfohlen werden, bei der ein Algorithmus der grammatischen Analyse der Kennziffern und ihrer Übersetzung in die Maschinensprache benutzt werden wird. Wie die Experimente auf dem Gebiet der Maschinenübersetzung zeigen, ist die Übersetzung von Textinformation in eine Informationssprache auch durchaus möglich. Die präzisierte und in der praktischen Arbeit ergänzte Schablone kann eine gute Basis für den Aufbau einer Maschinensprache der ökonomischen Kennziffern und Dokumente bilden.

Die Ausarbeitung der Schablone gründete sich auf die Ideen der traditionellen Grammatik unter Beibehaltung der grundlegenden Terminologie der Satzglieder. Dabei wurde das Ziel verfolgt, den Operatoren, die die unmittelbare Eingabe der Information in den Elektronenrechner vornehmen, die Aufnahme des Materials möglichst leicht zu machen. Dabei kann es jedoch keinem Zweifel unterliegen, daß es zu interessanteren Ergebnissen gekommen wäre, wenn die Ausarbeitung auf der Grundlage eines Modells der unmittelbaren Komponenten oder der Transformationsgrammatik erfolgt wäre, die aber den Nichtfachleuten wenig bekannt sind.

Unter den gegenwärtigen Bedingungen ist es am zweckmäßigsten, als praktisches Kodierungsinstrument eine „halbsemantische" Kodierungsweise zu benutzen, bei der nur die Bedeutung der einzelnen Wörter in der Kennziffer kodiert werden, die Verbindungen zwischen den Wörtern jedoch nicht fixiert werden. Wie bei der Kodierung mit Hilfe der Schablone werden auch in diesem Falle die Kennziffern von einem Buchstabengeber eingegeben, das Suchprogramm sucht im Maschinenwörterbuch die Basis, die dem eingegebenen Wort entspricht, worauf der Kode des Wortes registriert wird. Als Kode kann die Wörterbuchnummer der Basis benutzt werden. Eine solche Kodierung erfolgt auf einfache und natürliche Weise mit der gewöhnlichen Geschwindigkeit einer Schreibmaschine. Die Einmaligkeit und Signifikanz* der Kodes wird dabei durch die verschiedene Zusammensetzung und die Reihenfolge der Wörter in jeder Kennziffer in ausreichendem Maße gewährleistet. Die Wortkodierung ermöglicht es, an den Kennziffern eine Reihe von logischen Operationen auszuführen, so die assoziative und deskriptorische Recherche, den Vergleich, die Gruppierung u. a.

Die dargelegten Kodierungsregeln können natürlich nicht als eine abgeschlossene und völlig durchgearbeitete Methodik angesehen werden, obwohl die anhand dieser Regeln durchgeführten manuellen Textüberprüfungen ihre Eignung erwiesen haben. Ihre vollständigere Ausformung muß die vorgeschlagene Methode im Prozeß umfassender praktischer Experimente erhalten, die es gestatten werden, ein endgültiges Urteil über ihre Möglichkeiten zu fällen.

* Nichtzufälligkeit, d. h. wesentliche durch objektive Ursachen hervorgerufene Abweichung einer Zufallsvariablen von einer Hypothese über diese Variable. (Anm. d. Bearbeiters)

*V. E. Čerkasov, M. K. Dmitriev*

# Die Klassifikation der Begriffe bei der Datenverarbeitung auf elektronischen Digitalrechnern

*Der Thesaurus bei der methodisch-mathematischen Modellierung logischer Informationssysteme.* Die Anwendung der Rechentechnik hat in den letzten Jahren zur Entstehung ganz neuer Vorstellungen von der Klassifikation der Begriffe geführt. Das ist besonders auf dem Gebiet der komplexen Datenverarbeitung zu spüren, wo die Lösung eines Problems mit der Analyse verschiedenartiger Informationen verbunden ist. In diesem Falle reichen die traditionellen Methoden der Klassifikation, die eine Einteilung der Begriffe in gleichartige Klassen vorsehen, nicht aus.

Zur Überwindung der Schwierigkeiten bei der Indexbildung und der Kodierung der Ausgangsinformation für die Eingabe in einen elektronischen Digitalrechner schlagen die Autoren eine umfassendere mathematisch-logische Struktur der Klassifikation vor. Die Idee dieser Struktur besteht darin, gleichartige Begriffe in Gruppen zusammenzufassen, wobei die Wichtigkeit für die Lösung konkreter Aufgaben oder Probleme berücksichtigt wird. Die Klassifikation erfolgt also auf der Grundlage der Eigenschaft „Wichtigkeit des betrachteten Merkmals für die Lösung der Aufgabe (des Problems)". Das entwickelte Klassifikationsverfahren ist mehrfach bei der Modellierung von Systemen der Indexbildung und Kodierung von Daten verwendet worden. Es wurde an einem Modell des Speichers für geologische Informationen auf einem standardisierten Informationsträger erprobt. Die Universalität der vorgeschlagenen Klassifikation von geologisch-geophysikalischen Begriffen gestattet es, dieselben Prinzipien auf die Klassifikation der Informationen in jedem beliebigen Zweig der Volkswirtschaft des Landes zu übertragen.

In der vorliegenden Arbeit wird unter einem Thesaurus ein System der Begriffe verstanden, die in der Praxis der wissenschaftlichen Forschungen und in der Technik benutzt werden[1].

[1] Michajlov, A. I., Černyj, A. I., Giljarevskij, R. S., Informatik, Grundlagen, Berlin 1970.

Experimentelle Untersuchungen haben gezeigt, daß die ganze Vielfalt der vorhandenen Begriffe (insbesondere der Begriffe der Kybernetik, der Informatik, Mathematik, Ökonomie, Geologie, Geophysik und anderer Wissenschaften) bei der Lösung eines konkreten Problems auf eine relativ kleine Klasse von Begriffen zurückgeführt werden kann, die unter Berücksichtigung der notwendigen Prozeduren der Informationsverarbeitung und des Algorithmus der Lösung des Problem ausgewählt werden. Das erlaubt es, die verhältnismäßig abstrakten logisch-mathematischen Berechnungen mit der konkreten Lösung von Aufgaben zu verbinden, unter der Voraussetzung, daß das „Prinzip der potentiellen Ausführbarkeit des Algorithmus" erfüllt wird.

Der Thesaurus wird ständig durch neue Begriffe vervollständigt. Das Tempo dieser Vervollständigung ist dem Entwicklungstempo der Wissenschaft proportional. Der Prozeß der Schaffung des Thesaurus ist also seinem Wesen nach dynamisch.

Im Interesse der Einfachheit der Darstellung werden wir einen gewissen Zustand des Thesaurus für die Zeit $t$ betrachten, ihn also statisch betrachten.

*Das Problem des Aufbaus und der Ausarbeitung des Thesaurus.* Der Thesaurus kann nach verschiedenen Prinzipien in kleinere Abschnitte eingeteilt werden. In der vorliegenden Arbeit wird das Prinzip der Indexbildung auf der Grundlage einer speziell ausgearbeiteten Methodik der Klassifikation der Ausgangsbegriffe benutzt.

Alle Begriffe der natürlichen Sprache zur Beschreibung der Welt $R_1$, also der Thesaurus der Welt $R$, können auf der Basis zweier Methoden in Teilthesauren gegliedert werden.

Die Methode der Herausarbeitung hierarchischer Systeme, die mit der Bestimmung der gegenseitigen Beziehungen dieser Systeme verbunden ist, besteht in der Aussonderung der Gesamtheit gleichartiger Begriffe entsprechend deren Rangebene (Begriffe der Mikrowelt, der Makrowelt und alle dazwischen liegenden Begriffe). So kann eine Reihe konkreterer Thesauren aufgestellt werden.

Die Methode der homomorphen Einteilung besteht in der logischen Hervorhebung der wesentlichen Teile. Dabei wird aus dem allgemeinen Thesaurus eine Liste der Begriffe herausgearbeitet, mit denen man irgendeinen spezifischen, streng differenzierten Teil der Welt $R$ beschreiben kann (Begriffe, die in der Kybernetik, der Theorie der Informationssysteme, in der atomaren Geophysik, bei der Lösung eines konkreten Problems usw. verwendet werden).

In der vorliegenden Arbeit werden sowohl die homomorphe als auch die hierarchische Gliederung des allgemeinen Thesaurus benutzt, und in einigen Fällen kommt eine Synthese beider Methoden bei der Bestimmung des Komplexes sprachlicher Begriffe zur Anwendung.

$T_0$ sei der allgemeine (die ganze Welt betreffende) Thesaurus, der eine Menge von Begriffen $\{x\}$ (geschweifte Klammern bezeichnen eine Menge) enthält, d. h. den ganzen Komplex der Begriffe der natürlichen Sprache, den die Menschheit zur Beschreibung von Erscheinungen in ihrer praktischen und theoretischen Tätigkeit benutzt. $T_R$ sei ein Thesaurus, der es gestattet, die Welt $R$ (oder einen Teil dieser Welt) in der Sprache $l$ zu beschreiben. Es ist offensichtlich, daß die Ausmaße eines solchen Thesaurus derart gewaltig sind, daß nicht nur ein einzelner Forscher, sondern selbst viele Forscher nicht imstande sind, ihn ganz zu studieren. Von daher muß die Notwendigkeit anerkannt werden, zweckmäßigerweise solche Gliederungen von Thesauren einzuführen wie „Thesaurus der Wissenschaft", „Thesaurus eines Problems" und „Thesaurus einer Aufgabe".

$TW_i$ sei der Thesaurus der Wissenschaft, wobei $i$ der Index dieser Wissenschaft in einer bestimmten Liste ist. In diesen Thesaurus nehmen wir alle Begriffe auf, die mindestens einmal zur Beschreibung und Erklärung der Erscheinungen, Ereignisse und Objekte verwendet worden sind, die Gegenstand der gegebenen Wissenschaft $i$ sind.

Je umfassender in dieser Wissenschaft Methoden und Ergebnisse aus anderen Wissenschaften benutzt werden, desto umfangreicher muß offenkundig der Thesaurus $TW_i$ sein.

Wir gliedern den Thesaurus $T_R$ in die Teilthesauren der Wissenschaften. Offensichtlich werden sich diese Thesauren überschneiden, da ein und dieselben Begriffe oft in verschiedenen Wissenschaften benutzt werden.

Mit den Symbolen $\{TW_{il}\}$ bezeichnen wir den Thesaurus der Wissenschaft, der den Index der Wissenschaft $i$ besitzt. Dann wird der Thesaurus $T_R$ eine Menge sich gegenseitig überschneidender Thesauren der Wissenschaft $\{TW_{il}\}$ enthalten, wobei $i = 1, 2, \ldots$ ist, $W$ – der Index der Wissenschaft (aller $W$ Wissenschaften, $l = 1, 2, 3, \ldots,$ $l$ ist der Index der Sprache (aller $l$ Sprachen) in einer bestimmten Liste (einem Gliederungsschema).

Für die Menge der Begriffe eines beliebigen Thesaurus führen wir das Symbol $\{x\}_m$ ein, wobei $m$ die Anzahl der Begriffe ist, die zu einem Thesaurus $TW_{il}$ gehören.

Bei der Lösung der verschiedenen Probleme, die sich im Prozeß der wissenschaftlichen Forschungsarbeit und der Produktionsarbeit ergeben, werden in der Regel sehr verschiedenartige Information benutzt, oft aus ganz verschiedenen Gebieten der Wissenschaft und Technik.

Mit $TP_{ilk}$ bezeichnen wir den Thesaurus des Problems $K$ ($P_k$) in der Wissenschaft $i$ und der Sprache $l$. Für die Indexbildung bei den verschiedenen Problemen empfiehlt es sich, die Dezimalklassifikation zu verwenden. Bei Notwendigkeit können beliebige Ergänzungen zu den eigentlichen Abteilungen der Dezimalklassifikation benutzt werden, dabei kann man lokale Dezimalklassifikationen oder sogar lokale Deskriptorsysteme benutzen. Diese Frage wird jedoch besonders behandelt werden.

Auf der Grundlage des allgemeinen Thesaurus $T_0$ kann man eine praktisch unendliche Anzahl von Problemthesauren aufstellen. Als Grundbegriffe gehen dann in den Problemthesaurus jene wesentlichen Begriffe aus $T_0$ ein, die für die Kollektion der Informationen notwendig sind, die im Prozeß der Problemlösung gebraucht wird. Zum Beispiel wird bei der Lösung der Probleme „Studium des Bedarfs der Betriebe des Kreises an mineralischen Rohstoffen" oder „Modellierung von Informations-Recherchesystemen" jeweils ein bestimmter Begriffskomplex in den Thesaurus aufgenommen.

Aus dem Gesagten geht hervor, daß man, bevor man das jeweilige Problem löst, unter Beteiligung qualifizierter Fachleute und Mathematiker den Thesaurus des Problems mathematisch exakt bestimmen muß. Die Herausarbeitung des Begriffskomplexes für ein konkretes Problem ist eine zutiefst professionelle, spezifische Aufgabe. Ihre Lösung kann nur auf der Grundlage der Erfahrungen und des Wissens des Forschers und bei Berücksichtigung bestimmter logisch-mathematischer Gesetzmäßigkeiten erfolgen. Wie im weiteren gezeigt werden wird, muß diese Prozedur mathematisch weitgehendst beherrschbar sein.

Auf folgende Besonderheiten der Probleme, die nicht von deren materiellem, energetischen und informationellen Charakter abhängig sind, ist noch hinzuweisen.

– Die Problemthesauren müssen unbedingt alle oder jedenfalls die meisten wesentlichen Variablen enthalten; andernfalls ist es nicht immer möglich, eine wahre Antwort auf die gestellte Frage zu erhalten.

– Unwesentliche Begriffe (fiktive Variable) dürfen bei der Lösung des gestellten Problems nicht berücksichtigt werden.

– Alle Begriffe des Problemthesaurus sind in eine Reihe von Klassen zu unterteilen, die gleichartige Begriffe enthalten; so kann man z. B. Begriffe für Objekte, Ereignisse, Prozesse, Beziehungen, Verbindungen zwischen Erscheinungen, für semiotische Regeln, Begriffe der Grammatik u. a. m. unterscheiden.

– Bei der detaillierten Analyse kann man jedes Problem in Teile oder Teilprobleme zerlegen; jedes dieser Teilprobleme muß gleichartige oder verschiedenartige Aufgaben lösen, dabei besitzt jedes Teilproblem sein eigenes Begriffssystem (einen eigenen Thesaurus).

– Auf dem Wege der Synthese kann man die einzelnen Probleme zu allgemeineren Problemen vereinigen und einen gemeinsamen Thesaurus der vereinten Probleme schaffen.

*Das mathematische Modell des Thesaurus.* Für jedes wissenschaftliche Problem $P_k$ existiert ein eigener vollständiger Thesaurus der Begriffe (dabei gilt $TP_{ilk} \subset TW_{il}$, $\subset$ bezeichnet die Implikation), mit Hilfe derer man das Problem, den Prozeß seiner Lösung und die gewonnenen Ergebnisse in ihrer ganzen Vollständigkeit beschreiben kann.

Das gestellte Problem $P_k$ gliedern wir in eine Reihe von Teilproblemen, die die Menge der Aufgaben $\{S\}$ zusammenfassen, deren Lösungsmethoden gleichartig sind. Die Anzahl der Aufgaben in jedem Problem benennen wir mit $r$ ($r = 1, 2, 3, \ldots$), und die Menge der Begriffe, die zur Beschreibung des Lösungsprozesses der Aufgabe nötig sind, mit $\{X_r\}$. Dann ist es natürlich, den Thesaurus einer beliebigen Aufgabe des Problems $P_k$ mit $TA_{ilkr}$ (oder $TA_r$) zu bezeichnen, wobei $r$ die Nummer der Aufgabe in der Aufgabenliste des Problems $P_k$ ist.

Es ist die Regel zu beachten, daß Begriffe aus verschiedenen Thesauren $TA_{ilkr}$ vereinbar sein können, die Begriffe innerhalb eines Thesaurus aber einander ausschließend sein müssen.

Mit $X_j^k$ bezeichnen wir einen Begriff im Thesaurus des Problems $P_k$, der die Nummer $j$ besitzt. Wenn $\lambda$ die Prozedur der Zuordnung des Begriffes $X_j^k$ zum Thesaurus $TP_{ilk}$ ist, so kann man dann auf der Grundlage der Analyse des gesamten Begriffskomplexes des Thesaurus $TW_{il}$ und der Menge der Prozeduren $\{\lambda\}$ einen Thesaurus des Problems $P_k$ aufstellen.

Die Bestimmung der Vollständigkeit des Thesaurus kann demnach algorithmiert werden, wenn auf entsprechende Weise die Regeln der Prozedur $\{\lambda\}$ ausgearbeitet worden sind. Dann können die Begriffe der Aufgabenthesauren im Problem $P_k$ als $\{X_1^k\}$; $\{X_2^k\}$; $\{X_3^k\}$; ..., dargestellt werden, und der Thesaurus dieses Systems ergibt sich durch die Auswahl der Begriffe, die wenigstens einmal in diesen Klassen vorkommen (logische Multiplikation)[2].

Die Richtigkeit der Zuordnung jedes einzelnen Begriffes zum Thesaurus der Aufgabe kann auf der Grundlage eines bestimmten Kriteriums oder eines Komplexes von Kriterien bestimmt werden, die es gestatten, über die Wichtigkeit des jeweiligen Begriffes in der zu lösen-

[2] Jablonskij, S. V., Gavrilov, G. P., Kudrjavcev, V. B., Funkcii algebrylogiki i klassy posta, Moskau 1966.

den Aufgabe zu urteilen. Analog kann streng mathematisch auch die Richtigkeit der Begriffe der Thesauren der Teilprobleme bewiesen werden.

Es gibt folglich zwei Möglichkeiten für die Vorgabe des Thesaurus eines Problems von beliebiger Schwierigkeit:

- die Methode der Deduktion (der Vorgabe von oben), bei der alle für das Problem wesentlichen Begriffe aufgezählt werden (Vorgabe der Hypothese durch einen Spezialisten);
- die Methode der Induktion (Vorgabe von unten), wo eine gewisse logisch-mathematische Prozedur für die Bestimmung der Zugehörigkeit des Begriffes zum Thesaurus des Problems gegeben wird (Methode der Verifizierung der Hypothese). Dabei bedarf es eines Algorithmus oder eines Komplexes von Algorithmen, mit deren Hilfe die Begriffe des gesuchten Thesaurus aus einem umfassenderen Thesaurus ausgesondert werden.

Die betrachteten Prinzipien erlauben es, durch exakte, mathematisch begründete Methoden der deduktiven Differenzierung komplizierte Systeme in einfachere zu zerlegen, und zwar auf der Grundlage der Gliederung der Problemthesauren in Teilproblemthesauren und Aufgabenthesauren. Die Gliederung wird solange fortgesetzt, bis ein hinreichend kompakter Begriffskomplex vorliegt, der mit dem Arbeitsspeicher des elektronischen Digitalrechners übereinstimmt. Nur unter dieser Bedingung kann die gestellte Aufgabe mit den zur Verfügung stehenden technischen Mitteln und Programm-Mitteln gelöst werden.

Die deduktive Methode der Aufstellung eines Thesaurus bedarf der Illustration nicht. Die induktive kann man auf der Grundlage der Schaffung des Thesaurus eine Problems $TFP_{ilk}$ darstellen.

Zur Lösung des Problems $P_k$ seien $r$ Aufgaben zu lösen ($A_1$, $A_2$, $A_3$, . . ., $A_r$). Wenn bei der Lösung der Aufgabe $A_j$ $n_j$ Begriffe verwendet werden, so gibt es $r$ Ereignisse $\Theta_1$; $\Theta_2$; $\Theta_r$ . . ., wobei

$$n = n_1 + n_2 + n_3 + \ldots + n_r = \prod_{j+1}^{r} n_j$$

ist ($n$ ist die Gesamtzahl der Begriffe des Thesaurus $TP_{ilk}$).

Die Begriffe des Thesaurus jeder Aufgabe drücken wir durch das Symbol $X_{mj}$ aus, wobei $m$ die Nummer des Begriffes in der Aufgabe und $j$ die Nummer der Aufgabe ist. Dann werden die Listen der Begriffe für alle Aufgaben auf folgende Weise notiert:

$$\Theta_1 = X_{11}X_{21} \ldots X_{n11},$$
$$\Theta_2 = X_{21}X_{22} \ldots X_{n22},$$
$$\Theta_r = X_{m1}X_{m2} \ldots X_{nrr}, .$$

Wir bilden für jeden Begriff (jede Gruppe von Begriffen) einen Index der Dezimalklassifikation, vorausgesetzt, daß der Informationsspeicher auf der Grundlage der Dezimalklassifikation organisiert ist. Es ist zu sagen, daß die Rolle der Dezimalklassifikation auch von jeder beliebigen Deskriptorsprache bei jedem beliebigen retrospektiven oder anderen System der Datenkodierung übernommen werden kann. Im Ergebnis der Bildung der Indizes der Begriffe auf der Basis der Dezimalklassifikation oder eines beliebigen anderen prinzipiellen Systems kann das Ereignis, die Entstehung eines beliebigen Thesaurus der Aufgabe $\Theta_j$ ($j = 1, 2, 3, \ldots, r$), mit Hilfe des Zustandsvektors (Spaltenvektors) beschrieben werden[3]:

$$J(\Theta_r) = \frac{1}{\sqrt{r}} \begin{vmatrix} \Delta 1 \\ \Delta 2 \\ \cdot \\ \cdot \\ \cdot \\ \Delta nr \end{vmatrix}$$

wobei die Größe $\Delta n_j$ einen von zwei Werten annimmt – Null, wenn der Begriff in der Aufgabe nicht benutzt wird, und Eins, wenn der Begriff zum Thesaurus der Aufgabe gehört.

Zur Lösung der Aufgabe oder des Problems reicht es aus, die notwendigen Indizes der wesentlichen Variablen vorzugeben, anhand dieser Indizes die Information im Speicher zu suchen und die notwendigen logisch-mathematischen Operationen vorzunehmen[4].

*Das System der Suche, Bearbeitung und Analyse der Information in großen Feldern.* Die deduktive und die induktive Methode der Bildung der Begriffe, die in der vorliegenden Arbeit mehrfach verwendet werden, dienen dazu, die großen Systeme so zu begrenzen, daß der Umfang des schließlichen Aufgabenthesaurus gering ist und es ermöglicht. die Aufgabe in realistischen Fristen zu lösen.

Noch eine Besonderheit des Aufgabenthesaurus ist zu vermerken. Für die Lösung der Aufgaben bedarf es in der Regel der komplexen Anwendung von Methoden verschiedener Wissenschaften. So werden zum Beispiel bei der Lösung von Aufgaben der Kernphysik Methoden der atomaren Geophysik, der numerischen Mathematik und der Geologie benutzt, aber auch die Kenntnisse der Methodiker, der Fachleute für die Modellierung von Prozessen u. a.[5]. Deshalb wird der Thesaurus

[3] Kulik, V. T., Cifrovoe modelirovanie složnych sistem.

[4] Informacionno-poiskovye sistemy i avtomatizirovannaja obrabotka naučno-techničeskoj informacii, Moskau 1967.

[5] Geologija i matematika, Nowosibirsk 1967.

jeder Aufgabe hinsichtlich der Zusammensetzung der Begriffsliste recht bunt. Die Objektivität einzelner Begriffe kann strittig sein, ebenso wie die Richtigkeit ihrer Aufnahme in den Thesaurus der jeweiligen Aufgabe. Dessenungeachtet muß die Methode der Auswahl der Begriffe des Thesaurus sowohl subjektive Verfahren der Vorgabe von Begriffen (die Hypothese) als auch Verfahren vorsehen, die es gestatten, die Objektivität der Aufnahme einzelner Begriffe in den Thesaurus der jeweiligen Aufgabe einzuschätzen (Verifizierung der Hypothese).

Das Gesagte zeigt, daß bei der Schaffung eines Systems der Verarbeitung der Daten einer konkreten Wissenschaft eine gewisse Universalität angestrebt werden muß, die es ermöglicht, Informationen verschiedenen Sinncharakters und verschiedenartiger Natur zu verarbeiten[6].

Wenn eine gewisse Kollektion logisch-mathematischer Methoden und deren Sicherstellung durch Programme ausgearbeitet sind, dann können folgende Operationen vorgenommen werden:

die automatisierte Suche der benötigten Daten in den Informationsfeldern kann erfolgen[7],

die Funktionen der Vorbereitung der Informationen für die Fällung der Entscheidung kann verschiedenen Automaten übertragen werden;

die Aufgaben des Problems können auf der Grundlage eines Komplexes von Methoden gelöst werden, der in den Automaten eingegeben wurde;

die Suche, Auswahl und die automatische Lösung der Aufgaben können einem gewissen automatisierten System übertragen werden.

Der Forscher übernimmt dabei die Stellung der Problemaufgaben, die Sammlung der Informationen und die Zusammensetzung des Informationsspeichers.

*Der Problemthesaurus in der Struktur eines konkreten Systems.* Der Problemthesaurus in der Struktur eines konkreten Systems wird in der vorliegenden Arbeit am Beispiel des Komplexes der geologisch-geophysikalischen Wissenschaften betrachtet.

Bei der Ausarbeitung der Struktur des Thesaurus und der lexikalisch-morphologischen Prinzipien der semiotischen Sprache zur Beschreibung von geologisch-geophysikalischen Prozessen, Objekten und Erscheinungen wurden folgende Besonderheiten berücksichtigt:

1. Die Hauptaufgabe der geologischen Wissenschaft besteht in der Prognostizierung und Einschätzung der Perspektiven des studierten

[6] Charin, N. N., Matematičeskaja logika i teorija množestv.

[7] Informacionno-poiskovye sistemy i avtomatizirovannaja obrabotka naučno-techničeskoj informacii.

Territoriums im Hinblick auf verschiedene nützliche Bodenschätze. Dabei erfolgt die Erforschung unter den Bedingungen von Systemen mit einer praktisch unbegrenzten Anzahl von natürlichen Faktoren, Merkmalen und physikalisch-chemischen Eigenschaften. Im Zusammenhang mit einem solchen vielschichtigen Charakter der geologischen Prozesse, Erscheinungen und der Wechselbeziehungen zwischen den Erscheinungen müssen bei geologischen Forschungen die Mengenvorstellungen der Mathematik (Mengenlehre, Matrizenrechnung, Topologie mehrdimensionaler Räume u. dgl.) angewendet werden und bei der Datenverarbeitung die Verfahren und Methoden der Programmierung auf elektronischen Digitalrechnern benutzt werden.

2. Die zutiefst logische Methode der Analyse geologischer Daten erfordert die Anwendung der mathematischen Logik, der Algebra der Logik und von speziell konstruierten logischen Elektronenrechnern.

3. Geologische Objekte sind aus vielen Bestandteilen zusammengesetzte Systeme mit verschiedenen physikalisch-chemischen Eigenschaften, die entsprechend bestimmten Gesetzen auf die Objekte verteilt sind. Die Funktionen der Verteilung der Werte dieser Eigenschaften auf das Objekt können nur auf der Basis wahrscheinlichkeitstheoretischer Vorstellungen und unter Berücksichtigung des determinierten Einflusses dieser Eigenschaften auf die geologischen Prozesse in großen Systemen erforscht werden, wenn man an die Analyse dieser Systeme unter informationellen Gesichtspunkten herangeht, d. h. auf der Grundlage der Informationstheorie und der Informatik.

Zur Ausarbeitung der Methoden der Erforschung objektiver geologisch-geophysikalischer Gesetzmäßigkeiten bedarf es eines einheitlichen Begriffssystems (oder einheitlicher Begriffssysteme), das es ermöglicht, den Objekten, Eereignissen und Prozessen qualitative und quantitative Charakteristiken zu geben.

*Der Thesaurus bei der methodisch-mathematischen Modellierung von logischen Informationssystemen.* Die methodisch-mathematische Modellierung eines logischen Informationssystems als eines Instruments der Bearbeitung und komplexen Interpretation von geologischen und geophysikalischen Materialien wird auf der Basis der Anwendung einer Sprache bestimmter Begriffe (eines Thesaurus) vorgenommen.

In diesem Thesaurus gibt es eine endliche Kollektion von elementaren Begriffen, die es ermöglicht, eine zahllose Menge von realen und abstrakten Systemen beliebiger geologisch-geophysikalischer Objekte und Prozesse abzubilden und zu synthetisieren.

Die Sprache, die die Prinzipien der kybernetischen und logisch-mathematischen Modellierung verschiedener Systeme auf elektronischen Digitalrechnern widerspiegelt, ist auf der Grundlage von allgemein üblichen Begriffen geschaffen worden, die zum Thesaurus automatisierter Informationssysteme gehören. Die einheitliche Terminologie kann dem Charakter nach verschiedenartige und der Menge nach zahlreiche Primärdaten in einer für die Verarbeitung geeigneten Form ausdrücken und im logischen Informationssystem den Komplex der geschaffenen Programme synthetisieren.

Auf der Grundlage des angenommenen Thesaurus können auch abstrakte Begriffe als konkrete Symbole ausgedrückt werden. Das Wörterbuch der geologischen, geophysikalischen und geochemischen Begriffe, das in der Menge der Symbole verwirklicht wurde, wird so in folgende Kategorien eingeteilt:

1. Das Wörterbuch $\{Q\}$ der Menge der Symbole ($Q_1$, $Q_2$, ...). Unter jedem dieser Symbole kann ein bestimmtes geologisch-geophysikalisches Objekt (eine Situation, Erscheinung, Struktur u. dgl. m.) verstanden werden. Diese Symbole spielen die Rolle logischer und räumlicher Koordinaten: bei Notwendigkeit erlaubt es diese Menge, gleichartige unvereinbare Objekte (z. B. einen Punkt, die nordöstlichen Enden eines Erzvorkommens, die Erzlager irgendeines Fundortes, die Lagerstätten einer bestimmten Region, Flächen, die auf das Vorkommen von mineralischen Rohstoffen hin untersucht werden, usw.) durch logische Operationen zu sich überschneidenden Teilmengen zu gruppieren.[8] In diesem Falle unterscheiden sich die Symbole des Wörterbuches wie reale Begriffe durch die Ebene der Rangordnung. Die niedrigste Ebene ist die Ebene einzelner Punkte der Situation.

Die Objekte können nach den Merkmalen der Gemeinsamkeit der geologisch-geophysikalischen Eigenschaften und der Wechselwirkung oder Existenz irgendwelcher zeitlichen oder räumlichen Koordinaten zu Gruppen zusammengefaßt werden.

2. Das Wörterbuch der verschiedenen Maße der geologisch-geophysikalischen Objekte, das durch das Symbol $\{\Phi\ (\xi)\}$ bezeichnet wird. Unter einem Maß (einer Eigenschaft) wird die für das über dieses Maß (diese Maßeinheit) verfügende Objekt bestehende Möglichkeit verstanden, auf diese Weise mit irgendetwas zusammenzuwirken, das sich außerhalb dieses Objektes befindet. Unter günstigen Bedingungen führt die Wirkung des Maßes zu vergleichbaren Ergebnissen. In manchen Fällen geschieht das sichtbar (z. B. im Falle der Feststellung der Fähigkeit einer Gesteinsart zu schnellerem Verwittern), in anderen Fällen bestimmt der Forscher die Rolle des äußeren Einflusses und gibt

[8] Charin, N. N., Matematičeskaja logika i teorija množestv.

diese Maße objektiv wieder (z. B. die Bestimmung der Farbe eines Gesteins). Die Begriffe des Maßes sind jedoch in allen Fällen objektiv, da sie durch Signale realer Geräte ausgedrückt und bestimmt werden können. Folglich können reale Maße des Wörterbuches $\{\Phi(\xi)\}$ durch gewisse Gerätesignale ersetzt werden.

3. Das Wörterbuch $\{F\}$ der Symbole $F_1, F_2, \ldots$, welche die elementaren Beziehungen zwischen den geologischen Objekten und ihren Eigenschaften bezeichnen, also funktionale, logische, kausale und genetische Beziehungen, Korrelationsbeziehungen, Beziehungen der Folge, identische Beziehungen, Unterstellungsbeziehungen. Das sind zum Beispiel das Verhältnis der Unverträglichkeit der Eigenschaften $(\xi_n \oplus \xi_m \mid Q)$ der Menge der Objekte $Q$, die Folge $(\xi_n \Rightarrow \xi_m \mid Q)$ und das Verhältnis der Unabhängigkeit des Merkmals $(\xi_n > \xi_m \mid Q)$.

Es ist offensichtlich, daß für jede geologisch-geophysikalische Situation eine bestimmte Kollektion von Objekten, ihren Eigenschaften und Beziehungen charakteristisch ist. Ausgehend von der Notwendigkeit der Lösung einer bestimmten Aufgabe, sondert der Forscher aus dieser Kollektion die wesentlichsten Objekte aus und konzentriert die ganze Aufmerksamkeit auf sie. Solche Eigenschaften werden im weiteren Faktoren genannt. So analysiert z. B. der Forscher beim Studium der Gamma-Aktivität der Gesteinsarten in der natürlichen Lagerung solche Faktoren wie die Intensität und das Spektrum der Gammastrahlung den Charakter des Strahlers u. a.

4. Das Wörterbuch der Symbole $\{\Theta\}$ die ein Ereignis bezeichnen, d. h. die Erreichung eines gewissen Zustandes bei einem beliebigen Prozeß. Im einfachsten Falle ist dies das Auftreten einer einzelnen Eigenschaft, die Analyse eines Objektes und die Registrierung der Vermessung durch ein Gerät. Im komplizierten Fall kann es sich um ganze Komplexe von Prozessen und Ereignissen handeln. Ein derart weiter Gesichtskreis der Begriffe hinsichtlich des Niveaus gestattet es, die Symbole des Ereignisses unter hierarchischen Gesichtspunkten zu betrachten.

5. Die Menge richtig gebildeter Sätze (Zeichenfolgen) $\{L\}$, die bekannte Gesetzmäßigkeiten der Geologie und Geophysik wiedergeben. Diese Sätze werden in der Form von Zeichenfolgen (Merkmalsfolgen) angegeben, die die wesentlichste Struktur berücksichtigen, die wiederholt durch die geologische und geophysikalische Theorie und Praxis der Verbindung zwischen den Erscheinungen sowie durch die Erforschung der Gesetzmäßigkeiten dieser Erscheinungen bestätigt worden ist. Die Kollektion solcher Sätze in jeder konkreten Fragestellung bedingt die Wahrheit (Logik) oder Unwahrheit (Absurdität) der gestellten Aufgabe.

Die Symbole des Alphabets werden als ganze Begriffe betrachtet und außerdem als Widerspiegelungen gewisser Objekte, Eigenschaften und Wechselbeziehungen, die in realen oder abstrakten Systemen existieren.

Die Möglichkeit, konkrete Erscheinungen durch Buchstaben auszudrücken, setzt voraus, daß zwischen gleichen Symbolen Beziehungen der Reflektion, Symmetrie und Transitivität bestehen (dies wird im weiteren unter mathematischen Gesichtspunkten genauer betrachtet), wodurch es möglich wird, die Buchstaben als gewisse Objekte aufzufassen, die über Ähnlichkeit oder Unterschiede verfügen.

Eine Reihe von hintereinander geschriebenen Symbolen wird ein konkretes Wort genannt, entsprechend den in der Algorithmentheorie üblichen Vorstellungen[9].

Der vorliegende Thesaurus ist objektiv, da er die Symbolisierung der bereits vorhandenen und vielfach erprobten geologisch-geophysikalischen Begriffe voraussetzt, die in der Praxis verwendet werden und in der wissenschaftlich-technischen Literatur legitimiert worden sind. Der verwendete Thesaurus muß also als das formale Vorliegen der Objekte, Beziehungen und logischen Sätze in Form von konkreten Wörtern aufgefaßt werden:

$$T = J(\{Q\}, \{\Phi(\xi)\}, \{F\}, \{\Theta\}, \{Z\}),$$

die es gestatten, mit ihnen auf der Grundlage der Gesamtheit der logischen Regeln verschiedene Operationen vorzunehmen.

Als Kollektion der Regeln, die die Rolle der Grammatik übernimmt, dienen die Vorstellungen der Algorithmentheorie[10]. Dieser Satz von Regeln darf nicht mit der Logik der Bewertung der Wahrheit der Aufgabenstellung und der Auswahl der Begriffe des Wörterbuchs verwechselt werden.

Im Prozeß der in der vorliegenden Arbeit dargestellten Analyse werden verschiedene Regeln benutzt: Regeln der Zerlegung in Bestandteile, der Substitution von Wörtern, der Transformation, der Aufstellung von Merkmalsfolgen, die zum vorliegenden Thesaurus gehören, Regeln der Bildung von Metabezeichnungen u. a.

Bei Benutzung dieser Regeln ermöglicht es die beschriebene Struktur der Sprache, eine beliebige endliche Kollektion der verallgemeinerten, zusammengesetzten mathematischen Begriffe aufzustellen, die die Eigenschaften der Informationserscheinungen, der Prozesse, Ereignisse und Systeme charakterisieren.

[9] Fergjuson, S., Linejnoe programmirovanie, Gosstatizdat 1962; Charin, N. N., Matematičeskaja logika i teorija množestv.

[10] Ebenda.

Bei Benutzung der Methoden der mathematischen Logik und der Kombinatorik gestattet es die Kollektion der elementaren Begriffe dieser Sprache, eine große Anzahl von Eigenschaften, Objekten und Prozessen widerzuspiegeln, die in der Forschungspraxis vorkommen, sowie die sich nichtüberschneidenden Klassen von Begriffen und kleineren, zielgerichteten Thesauren zu vereinigen. Zu diesem Zweck wurde ein Komplex von Methoden, Algorithmen und Verfahren ausgearbeitet, die in Verarbeitungsprogrammen auf einem elektronischen Digitalrechner gerechnet wurden und die es ermöglichen, die studierten Erscheinungen in Klassen bedingter Äquivalenz einzuteilen.

Die beschriebene Struktur der Sprache und die vorgeschlagene Methodologie ihrer Bearbeitung berücksichtigen die bekannten Besonderheiten von Informationssystemen und ermöglichen die Überwindung einer Vielzahl von Schwierigkeiten, die sich bei der Ausarbeitung des mathematischen Apparats zum Studium und zur Abbildung von Informationserscheinungen ergeben. Auf der Grundlage des Gesagten lassen sich folgende Schlußfolgerungen ziehen:

1. Die Methode der hierarchischen und homomorphen Einteilung erlaubt es, eine bestimmte endliche Kollektion elementarer mathematischer Begriffe zusammenzustellen, auf deren Basis man eine unendliche Anzahl von Situationen und Objekten abbilden kann, die in der Natur vorkommen.

2. Als Quelle der Gewinnung von Daten über diese Begriffe dient allein die studierte reale Situation; die Objektivität der Begriffe wird mehrfach durch die Praxis überprüft. Die Gewinnung von Daten aus anderen Quellen ist ausgeschlossen.

3. Die verwendete Methodologie besitzt eine bestimmte mathematische Sprache für den Ausdruck logischer Beziehungen zwischen den Informationserscheinungen; sie sind in Form von gewissen „Arbeitsverfahren", mathematischen Operationen und logischen Verhältnissen definiert.

4. Diese Sprache spiegelt die Hauptformen des logischen Denkens wider und bietet die Möglichkeit, beliebige Informationssysteme und Objekte zu studieren; gleichzeitig besteht sie aus einer endlichen Kollektion von elementaren Begriffen.

5. Die in der vorliegenden Arbeit benutzte Methodologie ist in einem gewissen Grade universell, d. h. sie gestattet es, die qualitative und quantitative Erforschung geologischer Erscheinungen verschiedenen physikalisch-chemischen Charakters und hierarchischer Ebene vorzunehmen sowie die Erscheinungen unter verschiedenen Aspekten zu betrachten – unter dem stochastischen und dem determinierten Aspekt.

6. Mit den Programmen zur Datenverarbeitung auf elektronischen Digitalrechnern, die auf der Basis der beschriebenen Methodologie geschaffen wurden, kann man eine große Menge von wissenschaftlich-technischer und faktographischer Information verarbeiten, d. h. bei relativ hoher „Informationskapazität" die analytische Erforschung der Daten durchführen.

7. In den geschaffenen logischen Informationssystemen gibt es eine ausreichende Kollektion von Verfahren und Methoden zur Extraktion des maximalen Anteils nützlicher Informationen der quantitativen und qualitativen faktographischen Daten: es wurden auch Programme zur Lösung der vor dem geologischen Dienst stehenden Aufgaben auf dem Gebiet der Speicherung und Recherche der Information, der Organisation des Speichers und der Durchführung von Verallgemeinerungen ausgearbeitet.

8. Die vorgeschlagene Methodologie ist relativ einfach zu verstehen und nicht zu umfangreich, was die Menge der notwendigen Begriffe betrifft. Sie ermöglicht folgende Arbeiten:

die geologisch-mathematische und logische Modellierung von Informationssystemen im weiten Sinne dieses Wortes;

die Ausarbeitung eines einheitlichen, unifizierten Systems der Datenkodierung, das die Übertragung der Daten auf Standardträger (Lochkarten, Lochstreifen, Magnetbänder) ohne besondere Schwierigkeiten zuläßt; das bietet die Möglichkeit, diese Daten ohne zusätzliche Bearbeitung mehrmals in einen elektronischen Digitalrechner einzugeben;

die Benutzung des elektronischen Digitalrechners in jeder beliebigen Etappe der Arbeiten, unabhängig vom Charakter der Gemeinsamkeit der Daten und vom Grad ihrer Verallgemeinerung.

Unter der Voraussetzung der Erfüllung der Anforderungen, die an den Ausgangsthesaurus gestellt werden, der bei der Erforschung der Informationssysteme und -erscheinungen gewonnen wurde, erlauben es die obengenannten Besonderheiten, kybernetische Forschungsmethoden unter Verwendung eines elektronischen Digitalrechners zu benutzen.

Auf der Grundlage des betrachteten Thesaurus ist die Bildung von komplizierten Informationsbegriffen möglich.

*B. Kruglikov, L. Saenko*

# SSÖIN – eine Sprache zur Projektierung automatisierter Systeme ökonomischer Information

In der letzten Zeit ist der Aufbau von automatisierten Leitungssystemen auf den verschiedenen Ebenen der Leitung der Volkswirtschaft dringlich geworden. Das führt zur Notwendigkeit, ein methodologisches Instrumentarium für die Modellierung eines rationellen Schemas der Informationsströme auszuarbeiten, eines Schemas, das den Anforderungen eines effektiven Einsatzes der elektronischen Rechentechnik in großen automatisierten Systemen der Datenverarbeitung (ADVS) genügt.

Man kann behaupten, daß den genannten Anforderungen, die an die Projektierung eines ADVS gestellt werden, nur ein solches Informationsmodell des automatisierenden Berechnungskomplexes gerecht werden kann, das auf der Grundlage der Ergebnisse einer tiefgehenden Sinnbewertung, Klassifikation und Identifikation der Informationsgesamtheiten beruht.

Es ist zu sagen, daß die besondere Bedeutung wissenschaftlicher Forschungen zur Schaffung eines Instrumentariums für die Sinnanalyse von Informationen mit der Notwendigkeit verbunden ist, solche Informationsmodelle großer Komplexe von wechselseitig verbundenen ökonomischen Berechnungen auszuarbeiten, die die Bilanzierbarkeit als wichtige Forderung im Hinblick auf die Zuverlässigkeit der Planung garantieren.

Die praktische Arbeit vieler Organisationen und ein bedeutender Teil der Publikationen über Fragen der Organisation und Durchführung von ökonomischen Berechnungen auf elektronischen Digitalrechnern haben sich bis in die letzte Zeit auf die rechnerischen Aspekte der Forschung und die Methoden der algorithmischen Beschreibung der Prozeduren auf der Ebene der Maschinenprogrammierung beschränkt. Das hat seinen Ausdruck insbesondere in der intensiven Entwicklung von algorithmierten Sprachen gefunden.

Außerdem gibt es in der Literatur fast keine Angaben über die praktische Anwendung der logisch-semiotischen und der linguistischen Betrachtungsweise im Hinblick auf die Modellierung großer Systeme und der Erarbeitung von ökonomischen Daten.

Die Tatsache, daß sich eine Reihe von Autoren[1] theoretisch mit diesen Betrachtungsweisen beschäftigt haben, läßt deren Aktualität und Konstruktivität für die Vervollkommnung der Datenverarbeitungssysteme auf der Basis der EDV erkennen.

Im vorliegenden Artikel wird dargelegt, daß eine effektive Modellierung eines ADVS ohne Beachtung der genannten Betrachtungsweisen nicht möglich ist, und es werden die Bestimmung, die Funktionen und die Wege zur Entwicklung einer problemorientierten Systemsprache ökonomischer Information (SSÖIN) beschrieben, eines Mittels der semantischen Untersuchung von Informationssystemen bei der Modellierung. Als Beispiel einer solchen Sprache wird eine SSÖIN des Deskriptor-Typs betrachtet, die auf die Ausarbeitung und Sicherung des Funktionierens eines automatisierten Systems von Planberechnungen (ASPB) gerichtet ist, und es werden gewisse Angaben über die Formierung des Wortschatzes, über die Grammatik und die Sigmatik der Sprache gemacht.

Beim Studium der ökonomischen Information im Hinblick auf die Projektierung eines ADVS und die Anforderungen an eine neue technische Basis der Verarbeitung sowie der strukturellen Gemeinsamkeit der Ausgabedaten stoßen wir auf die spezifischen Eigenschaften dieser Information. Gerade diese Eigenschaften bilden die objektive Voraussetzung für die Schaffung von integrierten Systemen zur Verarbeitung ökonomischer Daten.

Bei der Organisation der Ströme in einem traditionellen Informationssystem ergeben sich selbst dann gewisse Schwierigkeiten, wenn die gegenwärtig benutzten ökonomischen Kennziffern beibehalten werden. Diese Schwierigkeiten komplizieren den Prozeß der Projektierung eines integrierten Datenverarbeitungssystems erheblich.

So wird in den verschiedenen Gliederungen der Leitungsorgane, die eigene Kanäle zur Gewinnung und Ausgabe von Informationen be-

[1] Černjak, Ju., Celi i metody issledovanija potokov informacii, in: Issledovanie potokov ėkonomičeskoj informacii, Moskau 1968. Žerebin, V., Jazyk ėkonomičeskoj sistemy i ocenka informacii, in: Ėkonomika i matematičeskie metody, 1968, Bd 4, Nr 5. Orindley, Systematics – a nonprogramming language for designing and specifying commercial systems for computers, in: Computer Journal, August 1966. Kruglikov, B., Saenko, L., Voprosy formalizacii soderžanija ėkonomičeskoj informacii pri postroenii avtomatizirovannych sistem obrabotki dannych, in: Materialy konferencii, Problemy nauki upravlenija i primenenie vyčislitel'noj techniki dlja avtomatizacii i mechanizacii upravlenčeskogo truda, Kiev 1968 (Rotaprint)

sitzen, selbständig Informationen benutzt, die zwar dem Sinn nach identisch sind, der Form nach aber nicht verglichen werden können.

In verschiedenen Planungsabteilungen werden gleiche ökonomische Termini verschieden gedeutet. Die sprachlichen Konstruktionen semantisch gleichartiger Begriffe erweisen sich als nicht vergleichbar.

Die Effektivität der Verarbeitung ökonomischer Daten auf elektronischen Digitalrechnern ist aber davon abhängig, wie tiefgehend bei der Modellierung der Systeme die semantische Gleichartigkeit der Eingabe-Information, der Ausgabe-Information und der inneren Information geklärt worden ist. Die Ergebnisse einer solchen Analyse bilden die Grundlage für die Sicherung und Abgrenzung komplexer, vielen Zwecken dienender verwandter Informationsfelder in einem automatisierten Datenverarbeitungssystem.

Bei der Erarbeitung automatisierter Leitungssysteme muß deshalb eine spezielle logisch-semantische Erforschung der strukturellen Verbindung von Begriffen und Größen sowie auf dieser Grundlage einer Unifikation und Identifikation der Begriffe und Termini, die zur Feststellung und Fixierung der Semantik der Informationsströme dienen, durchgeführt werden.

Eine Lösung dieser Fragen mit Hilfe der natürlichen Sprache ist wegen der fehlenden Eindeutigkeit der natürlichen Sprache nicht möglich.

Es gibt eine ganze Reihe von nicht unwesentlichen und notwendigen Eigenschaften der modernen natürlichen Sprache (Synonymie, Polysemie usw.) und der Sprache der Dokumente, die den Analytiker bei der Ausarbeitung und Beschreibung der Logik eines großen Berechnungssystems für elektronische Digitalrechner nicht befriedigen können. Von der Notwendigkeit des Aufbaus und der Benutzung von künstlichen Zeichensystemen zur Beseitigung der logischen Unvollkommenheiten der natürlichen Sprache zeugen folgende Besonderheiten der Sprache der Dokumentation und der Planberechnung:

- ein hoher Sättigungsgrad mit Terminologie;
- ein hoher Grad der Abhängigkeit der Ausdrucksform der Kennziffern vom Kontext und die dafür fehlenden Voraussetzungen;
- die mangelnde Kürze des Ausdrucks von zusammengesetzten merkmalsreichen Strukturen;
- der Mangel an effektiven Mitteln zur Feststellung der Identität der Strukturen.

Ein Weg zur Erreichung des Zieles besteht in der Schaffung eines Zeichensystems, dessen Elemente die Aussagen in einem Informationsmodell interpretieren. Das Hauptziel dieses Zeichensystems ist nicht die Beschreibung der Prozeduren der Datenverarbeitung, wie das bei einer algorithmierten Sprache der Fall ist. Der Anwendungsbereich dieses Systems betrifft den Sinn der ökonomischen Information, die im System der Datenverarbeitung zirkuliert.

Die modellierende Fähigkeit der SSÖIN zeigt sich darin, daß diese Systemsprache folgende Funktionen erfüllt:

- Abbildung des Inhalts der Informationsströme des Berechnungssystems auf der Ebene der logischen (inhaltlichen) Modellierung;
- Kontrolle des wechselseitigen Sinnzusammenhanges der Algorithmen entsprechend der Information und damit Kontrolle der zentralisierten Koordinierung einzelner Ausarbeitungen des Systems;
- Schaffung der logischen Basis für die Chiffrierung der Sätze, die eine komplizierte Struktur besitzen;
- Schaffung der logischen Basis für die Bewertung des Informationsumfangs bei der Ausarbeitung des technologischen Prozesses des Rechenvorgangs auf einem elektronischen Digitalrechner;
- formale Synthese einzelner Berechnungsalgorithmen.

Bei der Ausarbeitung einer SSÖIN werden folgende Ziele angestrebt:

- Eine Menge von Wörtern (Wortverbindungen) mit teilweise (oder ganz) übereinstimmenden Bedeutungen, die zur Beschreibung von Aussagen auf dem jeweiligen Gebiet benutzt werden (z. B. ökonomische Kennziffern des Volkswirtschaftsplanes), zu einer kleinen Gruppe standardisierter Termini zusammenzufassen, d. h. zu Deskriptoren mit exakt abgegrenzten Bedeutungen.
- Ein System von hierarchischen und assoziativen Verbindungen zwischen den Schlüsselwörtern (Deskriptoren) zu schaffen, das es gestattet, den Umfang der Ausgangsdaten für die Lösung aller Aufgaben des Systems möglichst gering zu halten; zusätzliche Verbindungen zwischen den Deskriptoren zu schaffen, die es erlauben, die SSÖIN als Informations-Suchsprache zu benutzen.
- Ein System der Notation der Deskriptoren in der SSÖIN auszuarbeiten.
- Die Regeln der Beschreibung (die Syntax) in der SSÖIN festzulegen.

Die Arbeit beginnt mit der Unterscheidung von Sachgruppen für bestimmte Begriffe, die die grundlegenden strukturellen Teile und Beziehungen des ökonomischen Prozesses abbilden, die von der ökonomischen Theorie studiert werden und in der Praxis Anwendung finden. Beachtet werden dabei die Forderungen der Unabhängigkeit dieser Gruppen, die Kapazitätsäquivalenz, sowie die ausreichende Gleichartigkeit der Elemente jeder Gruppe. Für den Aufbau eines formalisierten Beschreibungssystems für die Berechnung von Kennziffern des Volkswirtschaftsplans kann man z. B. folgende Sachgruppen von Begriffen vorschlagen:

1. Subjekte der ökonomischen Tätigkeit (z. B. Produzenten, Lieferbetriebe, Verbraucher, Auftraggeber, Leitungsorgane und ihre Unterabteilungen u. dgl.)
2. Ziele, Zweckbestimmungen
3. Verfahren der Leitung, Planung, Organisation und Finanzierung der Produktion u. dgl.
4. Faktoren
5. Nationalvermögen und Reproduktionsfonds
6. Gesellschaftliches Gesamtprodukt und Nationaleinkommen
7. Kapitalinvestitionen
8. Vorräte und Reserven
9. Außenhandel
10. Produktions- und Realisierungskosten
11. Materielle Ressourcen
12. Kapazitäten
13. Bevölkerung und Arbeitskräftepotential
14. Finanzen
15. Soziale Bereiche der Ökonomie (nach Eigentumsformen)
16. Bereiche und Zweige der gesellschaftlichen Produktion etc.
17. Territorium
18. Zeit
19. Produktion, wertmäßig und im Naturalausdruck
20. Verluste (Ausschuß, Abfälle u. dgl.)
21. Technischer Fortschritt und Qualität
22. Effektivität der gesellschaftlichen Produktion
23. Preise
24. Koeffizienten
25. Maßeinheiten
26. Strukturelle Charakteristika (Art, Unterart, Gruppe usw.)
27. Sonstige Charakteristika.

Innerhalb der Sachgruppen wird eine Rangordnung der Begriffe und Termini aufgestellt. Auf jeder Ebene der Rangordnung werden Schlüsselwörter, Deskriptoren, ausgewählt. Bei der Auswahl der Schlüsselwörter muß im Interesse der Beseitigung von Polysemie und Homonymie der Festlegung der Beziehungen zwischen solchen Termini wie Gattungs-Art-Termini, synonymen, assoziativen u. dgl. Termini besondere Beachtung geschenkt werden. So kann für die Synonyme

„Bruttoeinnahme des Zweiges“, „Nettoprodukt des Zweiges“, „Nationaleinkommen des Zweiges“, das Schlüsselwort „Nationaleinkommen“ gewählt werden. Das geordnete Wörterbuch der Deskriptoren ergibt den Thesaurus (s. Beilage 1, Seite 169).

Die Notierung jedes Schlüsselwortes im Wörterbuch wird normiert und beginnt mit einem Substantiv im Nominativ, dem einige wenige bestimmte Präpositionen bei Faktoren und Zielen vorangehen können. Notizen mit einer Reihenfolge der Wörter, die sich von der normierten unterscheidet, gelten als Synonyme. Jedes Synonym wird im Wörterbuch der Synonyme mit einem Hinweis auf den entsprechenden Synonymdeskriptor, die Dominante, versehen. Im Zeichensystem der SSÖIN erhalten die Deskriptoren Symbole, deren Gesamtheit das Alphabet der Sprache bildet.

Die Auswahl der Symbolik wird durch Zweckmäßigkeitserwägungen bestimmt: Einprägsamkeit, Minimierung der Anzahl der Symbole, die für die Aufzeichnung von Sätzen mit einer komplizierten Struktur benutzt werden, Exaktheit der Darstellung der Wechselbeziehungen zwischen den Deskriptoren, Minimierung der Gesamtzahl der in der Sprache verwendeten Symbole usw. sowie Zweckmäßigkeit der Aufzeichnung gewisser Rechenprozeduren (Summierung, Sortierung u. dgl.).

Zur Notation der SSÖIN werden Buchstaben und Ziffern benutzt. Es gibt Regeln für die einheitliche Niederschrift der Zeichen. Die Menge der Termini im Bereich der Planberechnung auf der Ebene des Staatsplanes der Ukrainischen SSR machte es notwendig, große und kleine Buchstaben der russischen, lateinischen und griechischen Sprache zu benutzen, die sich durch ihre Schreibweise unterscheiden.

Wesentliche Bedeutung in der SSÖIN besitzt im Datenverarbeitungssystem die Unterscheidung zweier Grundkategorien von Deskriptoren, die entsprechend den Funktionen der Deskriptoren bei der Beschreibung der ökonomischen Information erfolgt:

der Hauptdeskriptoren, die die Substanz der ökonomischen Kennziffern beschreiben, und der attributiven Deskriptoren, die Merkmale der Kennziffern bezeichnen, (Requisiten).

Zur Niederschrift der Elemente zusammengesetzter Begriffe werden Zahlensymbole benutzt (arabische und römische), die als Fußindizes zu den Buchstabensymbolen gesetzt werden, die den zusammengesetzten Begriff bezeichnen.

Die Zahlensymbole machen es möglich, die Anzahl der Buchstabensymbole gering zu halten, und tragen zur Effektivität der Wahrnehmungen beim Lesen bei. So kann zum Beispiel der zusammengesetzte Begriff „Fonds“ folgendermaßen kodiert werden:

$F$ – Fonds,
$F_1$ – Grundfonds;
$F_{11}$ – Produktionsgrundfonds;
$F_{12}$ – Grundfonds des nichtmateriellen Bereiches
$F_2$ – Umlauffonds usw.

Sätze, an deren Aufbau mehrere Deskriptoren beteiligt sind, werden durch linear geordnete Zeichenfolgen beschrieben, die mit Erläuterungen versehen und nach den Regeln der Syntax der SSÖIN organisiert sind.

Zur Sicherung der Einheitlichkeit der Aufzeichnung in der SSÖIN – wird eine grammatische Schablone verwendet (s. Beilage 2, Seite 182). Ihre wichtigsten Besonderheiten sind folgende:

- Die Hauptdeskriptoren liegen auf der nullten Position der Schablone. Die attributiven Deskriptoren folgen auf den nächsten Positionen (1, 2, . . ., 12).
- Es kann durchaus Fälle geben, in denen ein bestimmter Deskriptor einmal die Funktion eines Hauptdeskriptors und ein anderes Mal die eines attributiven Deskriptors besitzt und entsprechend einmal in der nullten Position und ein anderes Mal in einer der folgenden Positionen der grammatischen Schablone erscheint.
- Wenn eine Aussage über den Inhalt einer bestimmten Informationsgesamtheit nicht die Vertreter aller Klassen von Deskriptoren enthält, die durch die Positionen der grammatischen Schablone der SSÖIN vorgesehen sind, dann werden die Elemente des Satzes, die die Informationsgesamtheit beschreiben, unter Einhaltung der durch die Schablone vorgeschriebenen Reihenfolge der Deskriptoren zusammengefaßt.
- Wenn die Hauptdeskriptoren oder die attributiven Deskriptoren, die den Positionen der grammatischen Schablone entsprechen, ihrerseits durch andere attributive Deskriptoren erläutert werden, so erscheinen die letzteren als abhängige, werden auf derselben Position vermerkt und in runde Klammern gesetzt.
- Wenn zur Niederschrift einer Kennziffer mehrere Deskriptoren benutzt werden, die zu einem zusammengesetzten Begriff gehören und sich auf der gleichen Rangebene befinden, so werden ein Buchstabensymbol und soviele entsprechende, durch Komma getrennte Zahlensymbole verwendet, wie Deskriptoren vorhanden sind. Z. B. wird der Begriff „produziertes Nationaleinkommen" unterschieden nach „staatlichem" und „genossenschaftlichem Sektor", folgendermaßen notiert: $I_1 r_{1,2}$, wobei $I_1$ das produzierte Nationaleinkommen, $r_1$ der staatliche Sektor und $r_2$ der genossenschaftliche Sektor sind.

Zwischen Buchstabensymbole, die sich auf einer Position der Schablone befinden, werden Kommata nur im Falle der gegenseitigen Ausschließung gesetzt, d. h. daß ein Teil durch das Symbol vor dem Komma und der andere Teil durch das Symbol nach dem Komma gekennzeichnet wird. Folglich besitzen Kommata, die Buchstabenzeichen trennen, den Sinn „oder", Kommata, die Ziffern trennen, den Sinn „und".

Wird ein Teil der Aussage durch Deskriptoren beschrieben, die zu einem zusammengesetzten Begriff gehören, so wird nur das Buchstabensymbol des zusammengesetzten Begriffes benutzt, und zwischen die nach unten abgesetzten Ziffernsymbole, die die benutzten Deskriptoren darstellen, wird das Zeichen „+" (plus) gesetzt). Der Satz „Nationaleinkommen, produziert im staatlichen und genossenschaftlichen Sektor", wird z. B. so notiert: $I_1 r_{1+2}$.

In notwendigen Fällen werden zugleich mit dem semantischen Wesen die Informationsgesamtheiten durch ihr Verhältnis zu einer der Informationsmengen des Systems charakterisiert: Primärinformation – Deskriptor $\alpha$, verwandte (innere) Information – Deskriptor $\beta$, Ausgabeinformation – Deskriptor $\omega$. Zur Bezeichung des Übertragungskanals (z. B. eines Dokuments der Ausgabeinformation und seines entsprechenden Teils) werden in der SSÖIN die Deskriptoren $\varnothing$ – Dokument und $z$ – Artikel benutzt.

Die Syntax der SSÖIN enthält auch eine Kennziffer der Rolle ($d$), die angibt, daß der vorhergehende Deskriptor in der Rolle zu verstehen ist, die dem folgenden Deskriptor entspricht. Z. B.: „Saatweizen" und „Futterweizen" werden als $j_n d_{36}$ und $j_n d_{37}$ notiert. Dabei sind $j_n$ – Weizen ($n$ ist seine Ziffer nach dem Klassifikator der Produktion), $_{36}$ – Saatgut und $_{37}$ – Futtermittel.

Die Beschreibung und Analyse des Inhalts der ökonomischen Kennziffern mit Hilfe der SSÖIN ist das verantwortungsvollste und arbeitsaufwendigste Stadium bei der Formalisierung. Hier wird das Fundament für die Zuverlässigkeit der Ergebnisse gelegt, die im Datenverarbeitungssystem gewonnen werden.

In der Funktion der Abbildung übernimmt die problemorientierte nichtalgorithmische Sprache die Rolle eines Mittlers zwischen der allgemein üblichen beschreibenden Sprache des Ökonomen und der spezialisierten Sprache der Rechenmaschine.

Nicht in den Bereich unserer Betrachtung fallen die algorithmischen Sprachen, die unter dem gleichen Gesichtspunkt wichtig sind, die aber für die Beschreibung der Operatoren des Systems vorgesehen sind.

Die Sprache der ökonomischen Information trägt zur „dinglichen"

Anfüllung der Prozeduren auf der Ebene der inhaltlichen Modellierung bei. Offensichtlich kann nur eine derartige Verbindung der Sprache der ökonomischen Information des Systems (einer problemorientierten, nichtalgorithmierten Sprache) und der Sprache der Verarbeitungsprożeduren der Information (der algorithmischen Sprache) die effektive Formalisierung des großen Systems der Berechnung der Plankennziffern und die Lösung des Problems der Abstimmung von Eingängen und Ausgängen des Menschen und der Maschine sichern. Bei der Beschreibung des Berechnungssystems mit Hilfe funktionaler Blockschemata ermöglicht es die Sprache der ökonomischen Information, auf der Ebene der Logik des Inhalts das Wesen der Umwandlungen mit den einzelnen Feldern und die Wechselbeziehung der Algorithmen eindeutig zu fixieren.

Wenn man, manuell oder mit Hilfe eines elektronischen Digitalrechners, die Sätze der SSÖIN, die den Inhalt der Kennziffern beschreiben, vergleicht, so kann man die Kennziffern oder deren Teile erkennen, die zu diesen oder jenen Informations-Gesamtheiten gehören.[2] Diese Informationen sind die Voraussetzung der Vereinheitlichung der Ströme und Algorithmen in einem ADVS.

Mit Hilfe des SSÖIN werden die entsprechenden Ausgänge der Zulieferalgorithmen im Hinblick auf die Eingänge der Abnehmeralgorithmen der Information überprüft. Im Ergebnis der Unifizierung der Gesamtheiten der inneren Information des Systems werden dessen Informationsübergänge festgelegt.

Es muß bemerkt werden, daß Sprachen, die nicht die Semantik der Kennziffern, sondern deren Koordinaten in einem System von Plan- oder Abrechnungstabellen beschreiben[3], nicht über die oben betrachteten Eigenschaften der SSÖIN verfügen. In derartigen Sprachen erhalten gleiche Kennziffern, die sich jedoch an verschiedenen Plätzen einzelner Tabellen befinden, verschiedene symbolische Bezeichnungen, was die formale Feststellung ihrer Identität behindert. Bei der Unübersichtlichkeit der Analysematerialien (z. B. gibt es im laufenden Volkswirtschaftsplan der Ukrainischen SSR etwa 800000 Kennziffern) erschwert die Benutzung einer „Tabellen-Koordinaten-Sprache" die Schaffung von Datenverarbeitungssystemen, die nur unter dem

[2] Kruglikov, B., Rasčet na ĖČVM plana zatrat na proizvodstvo i sebestoimosti promyšlennogo predprijatija, Kiev 1969 (Rotaprint)

[3] Proskurov, V., Matematičeskaja postanovka klassa zadač „prjamych planovych rasčetov", in: Ėkonomika i matematičeskie metody, 1967, Bd 3, Nr. 4

Gesichtspunkt der komplexen maschinellen Bearbeitung und der Bilanzierbarkeit der Kennziffern im Plan effektiv sind.

Bei der Chiffrierung von Begriffen mit einer komplizierten Struktur kann die beschriebene Sprache zur Lösung von Aufgaben der nächsten Modellierungsetappe benutzt werden, z. B. für die Programmierung und Chiffrierung der Information und bei der Verteilung der Information in den Speichern der Rechenmaschine.

Sehr wesentlich ist, daß beim Übergang zur Etappe der Programmierung die inhaltliche Bedeutung der Information als invariant im Hinblick auf die Form ihrer Darstellung angesehen werden muß. Zugleich werden gewisse Bezeichnungen, die Informationsgesamtheiten hervorheben, nicht in den Chiffren für die Maschine fixiert, da sie dem Menschen zur Unterscheidung der Informationsströme dienen. Diese Angaben finden nur implizit Ausdruck in der Organisation der Informationsfelder und beim Aufbau der Steuerungsprogramme für die Durchführung der Rechnung. Dieselben Daten, die die Struktur der Informationsfelder abbilden, werden durch Merkmalkodes bei den Ausgangsgrößen und den Rechengrößen dargestellt und auf dem materiellen Informationsträger (Lochstreifen, Lochkarten) eingetragen.

Was die Tendenz der Entwicklung der SSÖIN angeht, so kann man, ausgehend von den Erfahrungen der Schaffung und Beschreibung einer Logik der Berechnung von großen Systemen zur Verarbeitung von ökonomischen Daten, vermuten, daß eine SSÖIN, die zur Projektierung und für den Betrieb solcher Systeme benutzt wird, aus einer ganzen Familie von Sprachen bestehen wird. Dabei wird jeder dieser Sprachen zum Beispiel auf ein Teilsystem des ADVS ausgerichtet und mit den anderen durch Beziehungen der Hierarchie verbunden sein. Der Übergang von den Elementen einer Teilsprache zu den Elementen einer anderen wird mit Hilfe von logischen Translatoren erfolgen. Der Aufbau solcher Translatoren muß sich auf die Erforschung der Grenzen der Teilsysteme des ADVS und auf die Feststellung von identischen Begriffen an den Übergängen zwischen den Teilsystemen gründen.

Was die vorgeschlagene Variante der Sprache SSÖIN betrifft, deren Thesaurus (erste Variante) in der Beilage vorgestellt wird, so ist zu sagen, daß diese Variante entsprechend der Vertiefung unserer Vorstellungen von den Aufgaben eines automatisierten Systems der Planberechnung (ASPB) und seiner Teilsysteme weiter ergänzt und entwickelt werden muß.

*Beilage 1*

Thesaurus einer SSÖIN, die auf ein ASPB ausgerichtet ist

(erste Variante)

| laufende Nr. | Symbol | Deskriptor |
|---|---|---|
| 1 | $A$ | Kosten |
| 2 | $A_1$ | Materialkosten (mit Abschreibung) |
| 3 | $A_1^*$ | Materialkosten (ohne Abschreibung) |
| 4 | $A_{11}$ | Materialkosten je 1 Rubel gesellschaftliches Produkt (ohne Umsatzsteuer) |
| 5 | $A_{12}$ | Materialkosten je 1 Rubel Bruttoproduktion |
| 6 | $A_2$ | Betriebskosten |
| 7 | $A_4$ | produktionsfremde Kosten |
| 8 | $A_7$ | allgemeine Betriebskosten |
| 9 | $A_9$ | Produktionskosten |
| 10 | $a_n$ | Art (von irgend etwas) (wobei $n = 1, 2, \ldots, m$) |
| 11 | $a_n(k)$ | Ministerien und Verwaltungen (Name) |
| 12 | $a_1(k_1)$ | Ministerium für Luftfahrtindustrie der UdSSR |
| 13 | $a_{27}(k_2)$ | Ministerium für Chemieindustrie der Ukrainischen SSR |
| 14 | $a_n(J_{01})$ | Industriezweig (Name) |
| 15 | $a_n'(J_{01})$ | Industriegruppe (Name) |
| 16 | $a_n''(J_{01})$ | Industrieuntergruppe |
| 17 | $a(J_{02})$ | Arten landwirtschaftlicher Arbeiten |
| 18 | $a_1(J_{02})$ | Bestellarbeiten |
| 19 | $a_2(J_{02})$ | Erntearbeiten |
| 20 | $a_n(J_{05})$ | Arten von Transportarbeiten |
| 21 | $a_1(J_{05})$ | Transporte |
| 22 | $a_2(J_{05})$ | Be- und Entladungsarbeiten |
| 23 | $a_4(J_{05})$ | Transport-Betriebsarbeiten |
| 24 | $a_6(J_{05})$ | aviachemische Arbeiten |
| 25 | $a_9(J_{05})$ | sonstige Transportarbeiten |
| 26 | $B$ | Kapitalinvestitionen |
| 27 | $B^{**}$ | nicht produktionsbestimmte Investitionen |
| 28 | $B^*$ | Investitionen für die Produktion |
| 29 | $C_1$ | veränderlicher Preis |

*Fortsetzung*

| laufende Nr. | Symbol | Deskriptor |
|---|---|---|
| 30 | $C_{11}$ | veränderlicher Großhandelspreis |
| 31 | $C_{11.1}$ | veränderlicher Industrieabgabepreis |
| 32 | $C_{12}$ | veränderlicher Einzelhandelspreis |
| 33 | $C_2$ | konstanter Preis |
| 34 | $C_{21}$ | konstanter Großhandelspreis |
| 35 | $C_{21,1}$ | konstanter Industrieabgabepreis |
| 36 | $C_{21.11}$ | konstanter Industrieabgabepreis für . . . |
| 37 | $C_{21.15}$ | Industrieabgabepreis, konstant für . . . |
| 38 | $C_{22}$ | konstanter Einzelhandelspreis |
| 39 | $C_{22.1}$ | konstanter Einzelhandelspreis auf örtlichen Märkten |
| 40 | $C_3$ | Tarif |
| 41 | $C_5$ | konstanter Baupreis |
| 42 | $C_{5.1}$ | konstanter Baupreis (Kalkulationspreis) |
| 43 | $C_{5.11}$ | konstanter Baupreis für . . . |
| 44 | $D$ | Ausstoß (als Ergebnis) |
| 45 | $d$ | Intervall |
| 46 | $E$ | Export |
| 47 | $E_1$ | auf eigenen Schiffen |
| 48 | $E_2$ | auf Schiffen ausländischer Befrachter |
| 49 | $e$ | Nomenklatur |
| 50 | $e_1$ | spezifizierte Nomenklatur |
| 51 | $e_2$ | Grobnomenklatur |
| 52 | $F$ | Fonds |
| 53 | $F^*$ | Fonds ohne Berücksichtigung des Viehs |
| 54 | $F_1$ | Grundfonds |
| 55 | $F_1^*$ | Grundfonds ohne Berücksichtigung des Viehs |
| 56 | $F_{11}$ | der Produktion dienende Grundfonds |
| 57 | $F_{11.1}$ | Produktionsgebäude |
| 58 | $F_{11.2}$ | Produktionsanlagen |
| 59 | $F_{11.3}$ | Produktions-Übertragungseinrichtungen |
| 60 | $F_{11.4}$ | Kraftmaschinen und Produktionsausrüstung |
| 61 | $F_{11.5}$ | Arbeitsmaschinen und Produktionsausrüstung |
| 62 | $F_{11.6}$ | Meß- und Regelgeräte |
| 63 | $F_{11.7}$ | Transportmittel der Produktion |
| 64 | $F_{11.8}$ | Produktionsinstrumente im Wert von über 50 Rubel |

*Fortsetzung*

| laufende Nr. | Symbol | Deskription |
|---|---|---|
| 65 | $F_{11.9}$ | Produktions-Wirtschaftsinventar |
| 66 | $F_{11.10}$ | der Produktion dienende Grundfonds an Vieh |
| 67 | $F_{12}$ | nicht der Produktion dienende Grundfonds |
| 68 | $F_{12.1}$ | nicht für die Produktion bestimmte Gebäude |
| 69 | $F_{12.1.1}$ | nicht für die Produktion bestimmte Gebäude des Wohnraumfonds |
| 70 | $F_{12.2}$ | nicht der Produktion dienende Einrichtungen |
| 71 | $F_{12.3}$ | nicht der Produktion dienende Übertragungseinrichtungen |
| 72 | $F_{12.4}$ | Kraftmaschinen und Ausrüstung der nichtproduktiven Sphäre |
| 73 | $F_{12.5}$ | Arbeitsmaschinen und Ausrüstung der nichtproduktiven Sphäre |
| 74 | $F_{12.6}$ | Meß- und Regelgeräte der nichtproduktiven Sphäre |
| 75 | $F_{12.7}$ | Transportmittel der nichtproduktiven Sphäre |
| 76 | $F_{\cdot 12.8}$ | nicht der Produktion dienende Werkzeuge im Wert von über 50 Rubel |
| 77 | $F_{12.9}$ | nicht der Produktion dienendes Wirtschaftsinventar |
| 78 | $F_{12.10}$ | nichtproduktive Grundfonds an Vieh |
| 79 | $F_2$ | Umlauffonds |
| 80 | $F_{22}$ | unvollendete Produktion |
| 81 | $F_3$ | Zirkulationsfonds |
| 82 | $f$ | Faktor (Ursache, „wodurch“) |
| 83 | $f_{02.1}$ | durch Rekonstruktion, Erweiterung, Bau |
| 84 | $f_{02.2}$ | durch Nutzung |
| 85 | $f_{03}$ | durch Veränderung der Materialverbrauchsnormen |
| 86 | $f_{05}$ | durch Veränderung der Industriezweigstruktur der gesellschaftlichen Produktion |
| 87 | $f_{10}$ | Intensivierung |
| 88 | $f_{11}$ | durch Veränderungen der natürlichen Bedingungen |
| 89 | $f_{13}$ | durch Veränderung des Anteils einzelner Produktionszweige (Produktionsarten) |
| 90 | $f_{22}$ | durch Aufnahme neuer Produktionen |
| 91 | $f_{99}$ | durch sonstige Maßnahmen |

*Fortsetzung*

| laufende Nr. | Symbol | Deskriptor |
|---|---|---|
| 92 | $G$ | Rentabilität |
| 93 | $H$ | Vorräte |
| 94 | $h$ | Beruf |
| 95 | $i$ | ökonomisches Element |
| 96 | $i_1$ | Grundmaterialien |
| 97 | $i_2$ | Hilfsmaterialien |
| 98 | $i_3$ | große Halbfabrikate |
| 99 | $i_4$ | Brennstoffe von außen |
| 100 | $i_5$ | Energie von außen |
| 101 | $i_6$ | Arbeitslohn |
| 102 | $i_{61}$ | Grundlohn |
| 103 | $i_{62}$ | Zusatzlohn |
| 104 | $i_7$ | Sozialversicherungsbeiträge |
| 105 | $i_8$ | Amortisation |
| 106 | $i_9$ | sonstige finanzielle Ausgaben des Betriebes |
| 107 | $J$ | Zweige der Volkswirtschaft |
| 108 | $J_{01}$ | Industrie |
| 109 | $J_{02}$ | Landwirtschaft |
| 110 | $J_{02.1}$ | Viehzucht |
| 111 | $J_{02.2}$ | Pflanzenbau |
| 112 | $J_{03}$ | Forstwirtschaft |
| 113 | $J_{04}$ | Bauwesen |
| 114 | $J_{05}$ | Transport |
| 115 | $J_{05.1}$ | Schienentransport |
| 116 | $J_{05.2}$ | Seetransport |
| 117 | $J_{05.3}$ | Binnenschiffstransport |
| 118 | $J_{05.4}$ | Lufttransport |
| 119 | $J_{05.41}$ | Sonder-Lufttransport |
| 120 | $J_{05.5}$ | Autotransport |
| 121 | $J_{05,6}$ | Holzflößerei und Holzumschlag |
| 122 | $J_{05.7}$ | Rohrleitungstransport |
| 123 | $J_{05.71}$ | Rohrleitungstransport von Gas |
| 124 | $J_{05.72}$ | Rohrleitungstransport von Erdöl und Erdölprodukten |
| 125 | $J_{05.7}$ | sonstiger Rohrleitungstransport |
| 126 | $J_{05.8}$ | städtischer elektrifizierter Transport |
| 127 | $J_{05.9}$ | Gespanntransport |

*Fortsetzung*

| laufende Nr. | Symbol | Deskriptor |
|---|---|---|
| 128 | $J_{06}$ | Nachrichtenwesen |
| 129 | $J_{06(I)}$ | Vorortverbindung |
| 130 | $J_{06(II)}$ | Fernverbindung |
| 131 | $J_{06(III)}$ | internationale Verbindung |
| 132 | $J_{07}$ | Handel und Gaststättenwesen |
| 133 | $J_{07.1}$ | Handel |
| 134 | $J_{07.11}$ | Großhandel |
| 135 | $J_{07.12}$ | Einzelhandel |
| 136 | $J_{07.2}$ | Gaststättenwesen |
| 137 | $J_{08}$ | Materiell-technische Versorgung |
| 138 | $J_{09}$ | Beschaffung |
| 139 | $J_{10}$ | übrige Zweige der materiellen Produktion |
| 140 | $J_{21}$ | Kultur und Kunst |
| 141 | $J_{22}$ | Wissenschaft und wissenschaftliche Dienstleistung |
| 142 | $J_{23}$ | Volksbildung |
| 143 | $J_{24}$ | Gesundheitswesen |
| 144 | $J_{26}$ | Körperkultur und Sport |
| 145 | $J$ | Produkt |
| 146 | $J_{(I)}$ | Produktionsmittel |
| 147 | $J_{(II)}$ | Konsumgüter |
| 148 | $K$ | Koeffizient |
| 149 | $k$ | Subjekt-Produzent |
| 150 | $k_1$ | Subjekte-Produzenten, zentral unterstellt |
| 151 | $k_1(a_n)$ | Subjekte-Produzenten, zentral unterstellt (nach Ministerien und Behörden) |
| 152 | $k_2$ | Subjekte-Produzenten, zentral und der Unionsrepublik unterstellt |
| 153 | $k_2(a_n)$ | Subjekte-Produzenten, zentral und der Unionsrepublik unterstellt (nach Ministerien und Behörden) |
| 154 | $k_3$ | Subjekte-Produzenten, der Unionsrepublik unterstellt |
| 155 | $k_3(a_n)$ | Subjekte-Produzenten, der Unionsrepublik unterstellt (nach Ministerien) |
| 156 | $L$ | Territorium |
| 157 | $L_1$ | UdSSR |

*Fortsetzung*

| laufende Nr. | Symbol | Deskriptor |
|---|---|---|
| 158 | $L_{1.01}$ | RSFSR |
| 159 | $L_{1.02}$ | Ukrainische SSR |
| 160 | $L_{1.02.1}$ | Wirtschaftsgebiet-Südliches |
| 161 | $L_{1.02.2}$ | Wirtschaftsgebiet – Donezk-Pridneprovsker |
| 162 | $L_{1\cdot 02\cdot 2n}$ | Gebiete (wobei $n = 1, 2, \ldots, m$ – Chiffre des Gebietes) |
| 163 | $L_2$ | England |
| 164 | $L^*$ | städtisches Territorium |
| 165 | $L^{**}$ | ländliches Territorium |
| 166 | $l$ | Zahlungen |
| 167 | $l_1$ | Steuern, Abgaben und sonstige obligatorische Zahlungen |
| 168 | $l_{11}$ | Steuern |
| 169 | $l_{11.1}$ | Einkommensteuer |
| 170 | $l_{11.2}$ | Ledigensteuer, Steuer für kinderlose und kinderarme Familien |
| 171 | $l_{11.3}$ | Landwirtschaftssteuer |
| 172 | $l_{11.4}$ | örtliche Steuer |
| 173 | $l_{11.9}$ | sonstige Steuern |
| 174 | $l_{12}$ | Abgaben |
| 175 | $l_{12.1}$ | örtliche Abgaben |
| 176 | $l_{12.9}$ | sonstige Abgaben |
| 177 | $l_{13}$ | sonstige obligatorische Zahlungen |
| 178 | $l_2$ | freiwillige Zahlungen und Beiträge |
| 179 | $l_{21}$ | Eingänge aus der frei gehandelten Staatsanleihe |
| 180 | $l_{22}$ | Beiträge für gesellschaftliche und genossenschaftliche Organisationen |
| 181 | $l_{23}$ | Erwerb von Lotterielosen |
| 182 | $l_{29}$ | sonstige freiwillige Zahlungen |
| 183 | $M_1$ | projektierte Leistung |
| 184 | $M_2$ | berechnete Leistung |
| 185 | $M_3$ | Leistung laut Abnahmeprotokoll |
| 186 | $M_4$ | faktische Leistung |
| 187 | $M_5$ | einmalig erreichte Leistung |
| 188 | $M_6$ | Tragfähigkeit |
| 189 | $M_{61}$ | Tragfähigkeit des Schiffes auf Liegeplätzen |
| 190 | $M_{62}$ | äußerste Tragfähigkeit |

*Fortsetzung*

| laufende Nr. | Symbol | Deskriptor |
|---|---|---|
| 191 | $M_7$ | Intensität |
| 192 | $m$ | Rohstoffe und Materialien |
| 193 | $m^*$ | zur Verarbeitung gelieferte Rohstoffe |
| 194 | $m_1$ | Grundstoffe im Naturzustand |
| 195 | $m_2$ | Hilfsmaterialien im Naturzustand |
| 196 | $m_3$ | bezogene Halbfabrikate und Komplettierungsteile |
| 197 | $N$ | Normativ |
| 198 | □ | Sicherung |
| 199 | ∅ | Dokument |
| 200 | $P$ | Bruttoproduktion |
| 201 | $Q$ | Sphäre der gesellschaftlichen Produktion |
| 202 | $Q_1$ | Sphäre der materiellen Produktion |
| 203 | $Q_2$ | Sphäre der nichtmateriellen Produktion |
| 204 | $q$ | Subjekt-Konsument |
| 205 | $R$ | Bevölkerung |
| 206 | $R^*$ | arbeitende Bevölkerung |
| 207 | $R^{**}$ | nicht arbeitende Bevölkerung |
| 208 | $R_1$ | Arbeiter |
| 209 | $R_{1.1}$ | qualifizierte Arbeiter |
| 210 | $R_2$ | ingenieurtechnische Mitarbeiter und Angestellte |
| 211 | $R_{21}$ | ingenieurtechnische Mitarbeiter |
| 212 | $R_{22}$ | Angestellte |
| 213 | $R_{22.1}$ | Militärpersonen |
| 214 | $R_{22.2}$ | Schutzorgane |
| 215 | $R_3$ | Bauern |
| 216 | $R_{31}$ | Kolchosbauern |
| 217 | $R_{39}$ | Einzelbauern |
| 218 | $R_4$ | Handwerker |
| 219 | $R_5$ | Lernende |
| 220 | $R_{51}$ | Lernende unter 16 Jahren |
| 221 | $R_{52}$ | Lernende über 16 Jahren |
| 222 | $R_6$ | Kinder im Vorschulalter (bis zu 7 Jahren) |
| 223 | $R_7$ | übrige Bevölkerung |
| 224 | $R_{(I)}$ | arbeitsfähige Bevölkerung |
| 225 | $R_{(II)}$ | nicht arbeitsfähige Bevölkerung |
| 226 | $R_{(IV)}$ | Invaliden |

*Fortsetzung*

| laufende Nr. | Symbol | Deskriptor |
|---|---|---|
| 227 | $R_{(IV)1}$ | der ersten Gruppe |
| 228 | $R_{(IV)2}$ | der zweiten Gruppe |
| 229 | $R_{(IV)3}$ | der dritten Gruppe |
| 230 | $R_{(V)}$ | Bevölkerung im arbeitsfähigen Alter |
| 231 | $R_{(VI)}$ | Bevölkerung im nicht arbeitsfähigen Alter |
| 232 | $r$ | Sektor der Wirtschaft nach Eigentumsform |
| 233 | $r_1$ | staatlicher Sektor |
| 234 | $r_{11}$ | Sowchosen |
| 235 | $r_2$ | genossenschaftlicher Sektor |
| 236 | $r_2^*$ | genossenschaftlicher Sektor ohne Kolchosen |
| 237 | $r_{21}$ | Kolchosen |
| 238 | $r_{211}$ | landwirtschaftliche Artels |
| 239 | $r_{212}$ | Fischereikolchosen |
| 240 | $r_{219}$ | Organisation zwischen Kolchosen |
| 241 | $r_{22}$ | Konsumgenossenschaft |
| 242 | $r_{23}$ | gesellschaftliche Organisationen |
| 243 | $r_{24}$ | Wohnungsbaugenossenschaft |
| 244 | $r_3$ | individuelle Wirtschaft |
| 245 | $r_{31}$ | individuelle Nebenwirtschaft |
| 246 | $r_{32}$ | individuelle Hauswirtschaft |
| 247 | $r_4$ | private Wirtschaft |
| 248 | $T$ | Warenproduktion |
| 249 | $t$ | Planjahr |
| 250 | $t'$ | Beginn der Planperiode |
| 251 | $t''$ | Ende der Planperiode |
| 252 | $t = n$ | dem Planjahr vorangehende Jahre |
| 253 | $t + n$ | dem Planjahr folgende Jahre |
| 254 | $t_1$ | erstes Quartal |
| 255 | $t_{11}$ | Januar |
| 256 | $t_{12}$ | Februar |
| 257 | $t_{13}$ | März |
| 258 | $t_2$ | zweites Quartal |
| 259 | $t_{21}$ | April |
| 260 | $t_{22}$ | Mai |
| 261 | $t_{23}$ | Juni |
| 262 | $t_3$ | drittes Quartal |
| 263 | $t_{31}$ | Juli |

| laufende Nr. | Symbol | Deskriptor |
|---|---|---|
| 264 | $t_{32}$ | August |
| 265 | $t_{33}$ | September |
| 266 | $t_4$ | viertes Quartal |
| 267 | $t_{41}$ | Oktober |
| 268 | $t_{42}$ | November |
| 269 | $t_{43}$ | Dezember |
| 270 | $U_1$ | Umschlagsgeschwindigkeit |
| 271 | $U_2$ | Umschlag |
| 272 | $u$ | innerbetriebliche Dienstleistungen |
| 273 | $V$ | übrige Größen |
| 274 | $V_1$ | Bilanzwert |
| 275 | $V_2$ | Lieferungen |
| 276 | $V_4$ | Laufstrecke |
| 277 | $V_{51}$ | Kauf |
| 278 | $V_{52}$ | Verkauf |
| 279 | $v$ | Geschwindigkeit |
| 280 | $v_1$ | Reisegeschwindigkeit |
| 281 | $v_2$ | Betriebsgeschwindigkeit |
| 282 | $W$ | Reserven |
| 283 | $X$ | Warenumschlag |
| 284 | $x_1$ | Lagerstätten |
| 285 | $x_2$ | Flüsse |
| 286 | $x_{21}$ | Wolga |
| 287 | $Y$ | Nationaleinkommen |
| 288 | $Y_1$ | produziertes Nationaleinkommen |
| 289 | $Y_{11}$ | Arbeitsentgelt |
| 290 | $Y_{11.1}$ | Arbeitslohn |
| 291 | $Y_{12}$ | Mehrprodukt |
| 292 | $Y_{12.1}$ | Umsatzsteuer |
| 293 | $Y_{12.2}$ | Gewinn |
| 294 | $Y_{12.3}$ | Sozialversicherungsbeiträge |
| 295 | $Y_2$ | benutztes Nationaleinkommen |
| 296 | $Y_{21}$ | Konsumtionsfonds |
| 297 | $Y_{21.1}$ | Fonds der individuellen Konsumtion |
| 298 | $Y_{21.19}$ | sonstige Verwendungen des Fonds der individuellen Konsumtion |
| 299 | $Y_{21.2}$ | Fonds der gesellschaftlichen Konsumtion |

*Fortsetzung*

| laufende Nr. | Symbol | Deskriptor |
|---|---|---|
| 300 | $Y_{21.21}$ | Renten |
| 301 | $Y_{21.22}$ | Unterstützungen |
| 302 | $Y_{21.23}$ | Stipendien |
| 303 | $Y_{22}$ | Akkumulationsfonds |
| 304 | $Y_{22.9}$ | sonstige Akkumulationen |
| 305 | $Z$ | Import |
| 306 | $Z_1$ | auf eigenen Schiffen |
| 307 | $Z_2$ | auf Schiffen ausländischer Befrachter |
| 308 | $z$ | Posten |
| 309 | $Б$ | Einkommen |
| 310 | $Б^*$ | Realeinkommen |
| 311 | $Б'$ | Ausgaben |
| 312 | $б$ | Inbetriebnahme |
| 313 | $б'_1$ | Wiederinbetriebnahme |
| 314 | $Г_1$ | Planbestände |
| 315 | $Г_2$ | faktische Bestände |
| 316 | $Г_3$ | erwartete Bestände |
| 317 | $г$ | geometrische Parameter |
| 318 | $г_1$ | Länge |
| 319 | $г_{11}$ | Betriebslänge |
| 320 | $г_2$ | Breite |
| 321 | $г_3$ | Fläche |
| 322 | $г_{3.1}$ | Anbaufläche |
| 323 | $г_4$ | Volumen |
| 324 | $г_{4.1}$ | Nutzinhalt |
| 325 | $г_{4.2}$ | Arbeitsvolumen |
| 326 | $Ж$ | Verluste, Ausschuß, Abfälle |
| 327 | $Ж_1$ | Verluste |
| 328 | $Ж_{11}$ | Arbeitszeitverluste |
| 329 | $Ж_{12}$ | Materialverluste |
| 330 | $Ж_2$ | Ausschuß |
| 331 | $Ж_3$ | Abfälle |
| 332 | $Ж_{31}$ | verwertbare |
| 333 | $ж$ | Qualität |
| 334 | $ж_1$ | verbesserte Qualität |
| 335 | $ж_{11}$ | den besten internationalen Mustern entsprechende Qualität |

*Fortsetzung*

| laufende Nr. | Symbol | Deskriptor |
|---|---|---|
| 336 | з | Frachtgüter |
| 337 | $з_{11}$ | flüssige Ladungen |
| 338 | $з_{12}$ | trockene Ladungen |
| 339 | $з_{13}$ | Holzfrachten in Flößen |
| 340 | Л | Betriebsfonds |
| 341 | $Л_1$ | Produktionsentwicklungsfonds |
| 342 | $Л_2$ | Fonds für die materielle Stimulierung |
| 343 | | |
| 344 | | |
| 345 | П | Bedarf |
| 346 | $П_1$ | Grundbedarf |
| 347 | $П_2$ | Zusatzbedarf |
| 348 | Φ | Fondseffektivität |
| 349 | $Φ_1$ | Produktion von gesellschaftlichem Produkt (ohne Umsatzsteuer) je 1 Rubel der für die Produktion bestimmten Grundfonds |
| 350 | $Φ_2$ | Produktion von Nettoprodukt je 1 Rubel der (im Jahresdurchschnitt genommen) für die Produktion bestimmten Grundfonds |
| 351 | $Φ_3$ | Produktion des Nettoprodukts (ohne Umsatzsteuer) je 1 Rubel der für die Produktion bestimmten Grundfonds |
| 352 | $Φ_4$ | Einkommen je 1 Rubel mittlerer Jahreswert der für die Produktion bestimmten Grundfonds und der normierten Umlaufmittel |
| 353 | $Φ_5$ | Gewinn je 1 Rubel mittlerer Jahreswert der für die Produktion bestimmten Grundfonds und der normierten Umlaufmittel |
| 354 | Ц | realisierte Produktion |
| 355 | ц | Ziel (Zweckbestimmung) |
| 356 | $ц_1$ | für Anschaffung |
| 357 | $ц_{21}$ | für Rekonstruktion |
| 358 | $ц_6$ | für Modernisierung |
| 359 | $ц_7$ | für Ersetzung des Verschleißes |
| 360 | $ц_8$ | für Erneuerung |
| 361 | $ц_9$ | für organisatorisch-technische Maßnahmen |
| 362 | $ц_{10}$ | für Intensivierung |

*Fortsetzung*

| laufende Nr. | Symbol | Deskriptor |
|---|---|---|
| 363 | $ч_{23}$ | für Ausnutzung |
| 364 | $ч_{99}$ | für sonstige Maßnahmen |
| 365 | $Ч$ | Produktivität |
| 366 | $Ч_1$ | Produktivität der gesellschaftlichen Arbeit nach dem Nettoprodukt ohne Umsatzsteuer |
| 367 | $Ч_2$ | jährliche Arbeitsleistung je Arbeitsplatz (nach Bearbeitungskosten) |
| 368 | $Ч_3$ | Arbeitsproduktivität einer Arbeitskraft |
| 369 | $Ч_{31}$ | Einnahmen je Arbeitskraft |
| 370 | $Ч_{32}$ | Gewinn je Beschäftigten |
| 371 | $Ш$ | Gewicht |
| 372 | $Э$ | Einsparung |
| 373 | $Э_1$ | durch Normen |
| 374 | $Э_2$ | durch Strukturmaßnahmen |
| 375 | $Э_5$ | Ware |
| 376 | $Ю$ | Fondsausstattung |
| 377 | $ю$ | Verfahren der Planung, Organisation und Finanzierung der Produktion u. dgl. |
| 378 | $ю_{02}$ | Arten der Durchführung der Arbeiten |
| 379 | $ю_{02.1}$ | Auftragsarbeiten |
| 380 | $ю_{02.2}$ | betriebliche Ausführung |
| 381 | $ю_{03}$ | Verträge |
| 382 | $ю_{03.1}$ | Generalvertrag |
| 383 | $ю_{03.2}$ | Direktvertrag |
| 384 | $ю_{03.3}$ | Nachauftragnehmervertrag |
| 385 | $ю_{05}$ | Berechnungsverfahren |
| 386 | $ю_{05.3}$ | Berechnungsverfahren in vergleichbaren Aufwandsnormen |
| 387 | $ю_{05.5}$ | cif-Verfahren |
| 388 | $ю_{06.6}$ | fob-Verfahren |
| 389 | $\alpha$ | Ausgangsinformation |
| 390 | $\beta$ | Zwischeninformation |
| 391 | $\psi_2$ | Arbeitsaufwendigkeit |
| 392 | $\Delta$ | Veränderung |
| 393 | $\varepsilon$ | Budget |
| 394 | $\varepsilon_1$ | Budget der UdSSR |
| 395 | $\varepsilon_2$ | Budget der Unionsrepublik |

*Fortsetzung*

| laufende Nr. | Symbol | Deskriptor |
|---|---|---|
| 396 | $\varepsilon_3$ | örtliches Budget |
| 397 | $\gamma$ | Maßeinheit |
| 398 | $\omega$ | Ausgabeinformation |
| 399 | Ł | Rollenanzeiger |

*Beilage 2*

Grammatische Schablone der auf ein ASPB orientierten Sprache SSÖIN

0-Position – Deskriptor, der die Basis des Satzes beschreibt

*Requisiten*

1. Position – Reskriptoren, die den Zweig, das Produkt, innerbetriebliche Dienstleistungen, die Inbetriebnahme (Außerbetriebsetzung), Geschwindigkeit, Qualität u. a. anhand einer besonderen Liste darstellen
2. Position – Wer ist Produzent, Eigentümer, Subjekt der Aufwendungen, der Ressourcen, der Produktion u. dgl.?
3. Position – Wo befindet sich der Produzent (Territorium)?
4. Position – Wer ist der Konsument, Empfänger, Auftraggeber?
5. Position – Wo befindet sich der Konsument (Territorium)?
6. Position – Welches ist das Ziel, die Bestimmung der Aufwendungen, Ausgaben u. dgl?
7. Position – Auf Kosten welcher Mittel, Quellen etc. erfolgten die Aufwendungen, Ausgaben u. dgl.?
8. Position – Auf welchen Zeitraum bezieht sich die Kennziffer?
9. Position – Welches ist die Maßeinheit der Aufwendungen, Ausgaben, Einnahmen usw.?
10. Position – Zu welchem Dokument gehört die Kennziffer?
11. Position – Welcherart ist der Preis (z. B. Einzelhandelspreis, Großhandelspreis, konstanter oder veränderlicher Preis u. dgl.)?
12. Position – übrige Charakteristika

*N. D. Tumasov*

# Prinzipien der Bildung der Kennziffernbenennungen

Viele Berechnungen ökonomischer Kennziffern erfolgen mit Hilfe einer relativ kleinen Anzahl von Algorithmen. Die Schwierigkeit dabei besteht darin, daß einer bestimmten Kollektion von Kennziffernbenennungen am Eingang eine bestimmte Benennung der Kennziffern am Ausgang entsprechen muß. Im folgenden wird ein Algorithmus der linguistischen Bildung von Kennziffern erläutert, der es unserer Meinung nach ermöglicht, dieses Problem in einem gewissen Grade zu lösen.

Es wird vorgeschlagen, die Kennziffern entsprechend einem strengen grammatikalisierten System zu bilden. Betrachten wir den Prozeß des Aufbaus eines lingustischen Algorithmus für die Bildung von Kennziffern.

Es sei $A = \{a_i\}$ $i = 1, 2, \ldots, n$ die Menge der Wörter. Aus den Elementen dieser Menge kann eine Menge von Sätzen gebildet werden, in denen jedes Element nur einmal vorkommt.

Die lexikalisch-grammatischen Regeln legen den möglichen Kombinationen aus den Wörtern $a_i \in A$ bestimmte Beschränkungen auf, darum ist die Anzahl der Sätze, die einen Sinn besitzen, begrenzt. Diese Sätze sind nicht obligatorisch semantisch miteinander verbunden. Man kann jedoch aus $a_i \in A$ eine Menge von Sätzen $B = \{b_k\}$ $k = 1 \ldots, l$ bilden, die eine bestimmte semantische Gemeinsamkeit besitzen. Zu diesem Zweck bilden wir aus allen $n$ Wörtern der Menge $A$ einen Satz, wobei wir die Bedingungn beachten, daß jedes Wort in diesem Satz nur einmal vorkommt. Offensichtlich haben wir selbst in diesem Falle keine eindeutige Reihenfolge der Wörter bei einer vorgegebenen Semantik. Eindeutigkeit der Reihenfolge kann man erzielen, wenn man bestimmte Beziehungen zwischen den Elementen $a_i \in A$ vorgibt, d. h. die Menge $A$ auf eine bestimmte Weise ordnet.

Indem wir die grammatische Struktur des Satzes berücksichtigen, unterscheiden wir in der Menge $A$ folgende Teilmengen:

(1) $A' = \{a_i\}$ $i = 1, \ldots, n'$ $(n' < n)$,

wobei $A'$ die Menge derjenigen Wörter ist, die zur Gruppe des Subjekts gehören;

(2) $$A'' = \{a_i\} \; i = n' + 1, \ldots, n'' \; (n' < n'' < n),$$

wobei $A''$ die Menge jener Wörter ist, die zur Gruppe des Objekts gehören;

(3) $$A''' = \{a_i\} \; i = n'' + 1, \ldots, n''' \; (n'' < n''' < n),$$

wobei $A'''$ die Menge der Wörter ist, die zur Gruppe des Attributs gehören;

(4) $$A'''' = \{a_i\} \; i = n''' + 1, \ldots, n'''' \; (n''' < n'''' < n),$$

wobei $A''''$ die Menge der Wörter ist, die zur Gruppe der Adverbialbestimmungen des Ortes gehören;

(5) $$A''''' = \{a_i\} \; i = n'''' + 1, \ldots, n''''' \; (n'''' < n''''' < n),$$

wobei $A'''''$ die Menge der Wörter ist, die zur Gruppe der Adverbialbestimmung der Zeit gehören;

(6) $$A'''''' = \{a_i\} \; i = n''''' + 1, \ldots, n \; (n''''' \leqq n),$$

wobei $A''''''$ die Menge der Wörter ist, die zur Gruppe der Maßrelation gehören.

Aus den Definitionen der Teilmengen ist ersichtlich, daß sie sich nicht überschneiden. Wir werden die Menge $A$ als quasigeordnet bezeichnen, wenn folgende zwei Bedingungen erfüllt werden:

Innerhalb jeder Teilmenge kann zwischen zwei Elementen die Beziehung $a_i \geqq a_j$ hergestellt werden (die Beziehung $\geqq$ für alle beliebigen $a_i, a_j, a_k$ erfüllt die Bedingung der Transitivität $a_i > a_j > a_k \rightarrow a_i > a_k$ $(i < j < k)$, wobei das Zeichen $\geqq$ bedeutet, daß das Wort $a_i$ im Satz gegenüber dem Wort $a_j$ $(i < j)$ über eine größere oder gleiche Allgemeinheit verfügt (der Grad der Allgemeinheit wird auf der Grundlage einer semantisch-grammatischen Analyse bestimmt);

zwischen beliebigen zwei Teilmengen der Menge $A$ kann die Beziehung $A^{\xi} > A^{\psi}_{\xi} \; \psi = {}', {}'', \ldots, {}''''''$ hergestellt werden, wobei das Zeichen $>$ bedeutet, daß $a_i \in A^{\xi}$ in einem Satz, der für eine konkrete Sprache aufgebaut wurde, vor $a_i \in A^{\psi}$ steht. In der vorliegenden Arbeit erfolgte die Herstellung dieser Beziehungen auf der Grundlage einer grammatischen Analyse der Kennziffern.

Unter einem Satz aus $n$ Worten der quasi-geordneten Menge $A = \{a_l\}$ $l = 1, \ldots, p$ $(p = n)$ verstehen wir eine Vereinigung aller $a_l \in A$, die in Übereinstimmung mit der Ordnung $a_l$ in $A$ vorliegen, es sind:

(7) $$N = \sum_{S=1}^{6} A^S = \sum_{l=1}^{p} a_l,$$ (die Summierung ist nicht kommutativ),

wobei $S$ – mit Indizes versehene geordnete Teilmengen sind und $l$ – mit Indizes versehene geordnete Elemente. Wir nennen (7) einen vollständigen Satz für die Menge $A$.

Der Aufbau der Menge $B = \{b_k\}$ $k = 1, \ldots, m$ kann durch eine aufeinanderfolgende Weglassung der Wörter des Satzes von rechts her erfolgen. Jeder folgende Satz, der durch diese Operation gewonnen wird, wird sich von dem vorangehenden durch eine umfassendere, aber weniger konkrete Information unterscheiden. Formal läßt sich diese Operation mit Hilfe eines gewissen Operators $P$ durchführen, der auf folgende Weise bestimmt wurde:

(8) $$P = \left(\sum_{l=1}^{p} a_l\right) = \sum_{l=1}^{p-1} a_l \text{ bei } a_{p-1} > a_p$$

und

$$P = \left(\sum_{l=1}^{p} a_l\right) = \sum_{l=1}^{p} a_l \text{ bei } a_{p-1} = a_p \ (p \leqq n).$$

Diesen Operator nennen wir den linguistischen Operator der Verallgemeinerung.

Auf der Grundlage einer linguistischen Analyse der Sprache der ökonomischen Leitung eines Betriebes wurde festgestellt, daß es in dieser Sprache zweckmäßiger ist, die genannten Teilmengen folgendermaßen zu ordnen:

(9) $$A' > A'' > A''' > A'''' > A''''' > A''''''.$$

Die lexikalisch-grammatische Analyse der Wörter innerhalb jeder Teilmenge führte zu folgenden Korrelationen:

für die Vereinigung von Teilmengen

(10) $$A' + A'' + A''' = \{a_i\} \ i = 1, \ldots, n'''$$

haben wir $a_i = a_j$;

für die Vereinigung von Teilmengen

(11) $$A'''' + A''''' + A'''''' = \{a_i\} \ i = n''' + 1, \ldots, n$$

haben wir $a_i > a_j$.

Wir berücksichtigen (9), (10) und (11) und schreiben (7) für die Sprache der ökonomischen Leitung:

(12) $$N = \sum_{i=1}^{''''''} A^{\xi} = \sum_{i=1}^{n} a_i.$$

Den Satz (12) werden wir eine vollständige ökonomische Kennziffer nennen.

Die linguistische Analyse konkreter ökonomischer Kennziffern erlaubt es, in (12) eine für die gegebene Kennzifferntabelle konstante Komponente zu unterscheiden:

(13) $N = A' + N^{\text{var}}$.

$A'$ nennen wir die Basis der Tabelle.

Berücksichtigt man (10) und (11), so kann man den variablen Bestandteil $N^{\text{var}}$ in zwei Teile zerlegen:

(14) $N^{\text{var}} = B + \sum_{i=n'''+1}^{n} a_i,$

wobei $B = A'' + A'''$ der Teil des Satzes ist, auf den der Operator $P\ (a_i = a_j)$ nicht wirkt. Wenn wir den Operator $P$ und die Ausdrücke (13) und (14) benutzen, so erhalten wir den Satz für eine willkürliche Kennziffer:

(15) $N_s = A' + B + P^s,$

wobei $s = 0, \ldots, n - n'''$ ist.

Auf der Basis des oben angeführten Algorithmus kann leicht der Baum der Herausbildung der Kennziffer erkannt werden.

Ausgehend von der Formel (15), betrachten wir die Herausbildung der Kennziffern an einem konkreten Beispiel:

Es sei eine ungeordnete Menge von Wörtern vorhanden:

| | |
|---|---|
| Zeit | Kategorie |
| Abteilung | gearbeitet |
| Anzahl | Bereich |
| Werk | Schicht |
| Arbeiter Michajlov V. M. | Minute |
| faktisch | Tagesangabe |
| | Jahr |
| | Monat |
| | Stunde |

Wir haben eine diskrete Menge aus 15 Wörtern. Nehmen wir entsprechend der vorgegebenen Grammatik der Sprache der ökonomischen Leitung die Einteilung und Ordnung der gegebenen Menge vor:

$A'$ = Zeit, faktisch gearbeitete
$A''$ = Arbeiter Michajlov V. M.
$A'''$ = Lohngruppe
$A''''$ = Werk, Abteilung, Brigade

$A'''' =$ Jahr, Monat, Tagesangabe, Schicht
$A''''' =$ Stunde, Minute

Stellen wir einen vollständigen Satz $N$ auf, der die tatsächlich vom Arbeiter Michajlov, V. M., gearbeitete Zeit umfaßt, seine Lohngruppe, die Nr. des Werkes, die Abteilung, die Brigade, pro Jahr, pro Monat, die Tagesangabe, die Schicht, in Stunden, in Minuten.

Die Formel (15) besitzt in diesem Falle folgendes Aussehen:

$$N_s = A' + B + P^s\left(\sum_{i=7}^{15} a_i\right), \tag{16}$$

wobei $s = 0, \ldots, 9$ ist.

$$\begin{aligned}
N_{s=0} &= A' + B + P^0\left(\sum_{i=7}^{15} a_i\right) = A' + B + \sum_{i=7}^{15} a_i,\\
N_{s=1} &= A' + B + P'\left(\sum_{i=7}^{15} a_i\right) = A' + B + \sum_{i=7}^{14} a_i,\\
N_{s=2} &= A' + B + P^2\left(\sum_{i=7}^{15} a_i\right) = A' + B + \sum_{i=7}^{13} a_i,\\
N_{s=3} &= A' + B + P^3\left(\sum_{i=7}^{15} a_i\right) = A' + B + \sum_{i=7}^{12} a_i,\\
N_{s=4} &= A' + B + P^4\left(\sum_{i=7}^{15} a_i\right) = A' + B + \sum_{i=7}^{11} a_i,\\
N_{s=5} &= A' + B + P^5\left(\sum_{i=7}^{15} a_i\right) = A' + B + \sum_{i=7}^{10} a_i,\\
N_{s=6} &= A' + B + P^6\left(\sum_{i=7}^{15} a_i\right) = A' + B + \sum_{i=7}^{9} a_i,\\
N_{s=7} &= A' + B + P^7\left(\sum_{i=7}^{15} a_i\right) = A' + B + \sum_{i=7}^{8} a_i,\\
N_{s=8} &= A' + B + P^8\left(\sum_{i=7}^{15} a_i\right) = A' + B + \sum_{i=7}^{7} a_i,\\
N_{s=9} &= A' + B + P^9\left(\sum_{i=7}^{15} a_i\right) = A' + B.
\end{aligned} \tag{17}$$

Vergleicht man (15), (16) und (17), so wird sichtbar, daß wir bei einer konsequenten Anwendung des Operators $P$ auf die vollständige Kennziffer die Elemente $b_i \in B$ erhalten, die nach dem Grad der Allgemeinheit der Sätze geordnet sind. Analog ist die Situation auch bei den anderen Elementen dieser Kennziffer.

Wie aus dem Gesagten ersichtlich wird, stellt die Schaffung neuer Kennziffern einen Komplex von elementaren Gruppierungsoperationen dar. Dank dieser Formel wurden mit einem Elektronenrechner vom Typ BESM-4 bis zu 700 verschiedene Ausgangskennziffern gewonnen. Der gesamte Komplex der Kennziffern zur Berechnung der Arbeit und des Arbeitslohnes ist eine Kollektion aus einer begrenzten Anzahl von Wörtern. Die ökonomische Sprache zur Berechnung der Arbeit und des Arbeitslohnes enthält 40 Wörter und Begriffe. Das macht es möglich, beim Vorliegen minimaler Ausgangsdaten und Programme zur Bildung der Kennziffern mit Hilfe eines Elektronenrechners ein Maximum an Ausgabeinformation zu erhalten.

Mit Hilfe des oben beschriebenen Algorithmus wurde zu dessen Erprobung Dokumentation der Berechnung von Sachwerten bearbeitet. Diese Arbeit zeigte die Eignung des Algorithmus für die Formierung von Kennziffern anhand einer gegebenen Liste von Wörtern. Im Ergebnis der Anwendung des Algorithmus wurde eine Liste gewonnen, die 78 geordnete Ausgangskennziffern zur Berechnung von Sachwerten enthält.

Die weitere Erforschung des vorliegenden Algorithmus zeigt, daß er nicht alle bei der Bildung einer Kennziffer vorkommenden Begriffe enthält; Präpositionen und Endungen sind im Algorithmus nicht berücksichtigt worden, was jedoch das Verständnis des Sinnes der Kennziffer in keiner Weise behindert.

*O. N. Čirčenko*

# Die Dokumentation als Zeichensystem

Die Leitung jedes modernen ökonomischen Systems erfolgt mit Hilfe einer großen Menge verschiedenartiger Dokumente, materieller Träger der im System zirkulierenden Information. Die Menge der verschiedenartigen Dokumente ist oft derart groß, daß dadurch die Fällung von rechtzeitigen und effektiven Entscheidungen erschwert wird. Deshalb bildet die Vereinfachung, Ordnung und Beschleunigung des gesamten Komplexes der Arbeit mit den Dokumenten eine der wichtigsten Aufgaben bei der Optimierung der Leitungstätigkeit.

Ein notwendiger Schritt zur Vereinfachung und Automatisierung der Arbeit mit den Dokumenten stellt die Formalisierung der Prozeduren dar, die mit dem Aufbau und der Bearbeitung von Dokumenten verbunden sind. Das formale Studium der Prozesse der Bildung und des Austausches von Dokumenten wird es gestatten, die allgemeinen Gesetzmäßigkeiten für die verschiedenen ökonomischen Systeme aufzudecken, und es ermöglichen, die Methoden der Beschreibung ökonomischer Erscheinungen und die Verfahren des Aufbaus von ökonomischen Texten zu systematisieren und zu typisieren sowie die elektronische Datenverarbeitungstechnik für die Zusammenstellung und Bearbeitung von Dokumenten einzusetzen.

Der Austausch von Dokumenten bildet eine der Hauptarten der Kommunikation in einem ökonomischen System. Die Struktur des Dokumentensystems spiegelt die funktionale Informationsstruktur des ökonomischen Systems wider, und jedes Dokument des Systems steht in einer bestimmten Beziehung zu bestimmten Leitungsaufgaben. Der Verkehr mit Hilfe von Dokumenten ist durch eine Reihe von spezifischen Faktoren gekennzeichnet. Die gesamte Menge der Dokumente entsteht und existiert im Ergebnis einer angenommenen Informationsstruktur. Das Schema des Dokumentenaustauschs ist vorher festgelegt. Die primären Dokumente werden auf der Basis einer bestimmten Kollektion von Kennziffern aufgestellt. Die Dokumente jeder folgenden Leitungsebene entstehen auf der Grundlage der Dokumente der vorhergehenden Ebene.

Das macht es möglich, die Dokumentation als eine gewisse spezifische Sprache anzusehen, die auf den gleichen Grundlagen wie andere Zeichensysteme formalisiert werden kann. Formalisierung der Dokumentensprache bedeutet Festlegung, unter welchen Voraussetzungen in dieser Sprache bestimmte Arten von Schlußfolgerungen möglich sind und, wenn Schlußfolgerungen gegeben sind, unter welchen Voraussetzungen sie erfolgt sind.

Jedes Zeichensystem wird durch einen gewissen Satz von elementaren Zeichen charakterisiert, deren weitere Zerlegung zum Verlust ihrer Grundeigenschaften führt. Diese Elemente werden im Rahmen des jeweiligen Systems als unteilbar angesehen und können auf verschiedene Weise interpretiert werden. Als unteilbares Element im ökonomischen System können, abhängig von den Zielen und der Ebene der Formalisierung, ein Buchstabe, ein Wort oder eine Aussage eingesetzt werden. Die Formalisierung beginnt mit der Auswahl der Begriffe, die zweckmäßig als primär anzusehen sind, danach werden die Beziehungen zwischen ihnen fixiert, die als Voraussetzungen genommen werden. Alle übrigen Elemente werden aus ihnen abgeleitet. Das Dokument kann als ein zusammengesetztes Zeichen betrachtet werden, das mit Hilfe bestimmter Regeln aus einer Kollektion von Aussagen gewonnen wird, die ihrerseits Zeichen irgendeiner vorhergehenden Ebene sind. Charakteristisch für die Sprache der Dokumente ist die Tatsache, daß die Anzahl der Kennziffern und die Anzahl der Dokumente, die daraus gewonnen werden, in einem gegebenen ökonomischen System immer endlich sind. In den Regeln für die Bildung von Dokumenten muß stets berücksichtigt werden, daß jedes Dokument die Folge des Zusammenwirkens verschiedener Faktoren ist und daß der Einfluß jedes dieser Faktoren in jedem konkreten Fall verschieden ist. Vor allem nimmt jedes Dokument verschiedene Funktionen wahr, und in jeder Aufgabe ist eine von diesen Funktionen dominierend. Außerdem dient ein Dokument gewöhnlich der Lösung einer ganzen Reihe von Aufgaben, die unterschiedliche Anforderungen an das Dokument stellen. Der konkrete Benutzer des Dokuments und die erforderlichen technischen Träger beeinflussen ebenfalls den Prozeß der Bildung des Dokuments. Im Interesse der Aufstellung von Regeln für die Herstellung von Dokumenten ist es wichtig, die quantitativen Korrelationen des Einflusses dieser Faktoren festzustellen.

Das Wichtigste in der Semiotik ist der Begriff des Zeichens. Jedoch gibt es kein einheitliches Verständnis dieses Terminus. Die allgemeinste Definition des Zeichens lautet: Träger von Information. Die am weitesten verbreitete Definition ist mit der Hervorhebung zweier

Seiten im Zeichen verbunden: Das Zeichen wird definiert als das Verhältnis zwischen der Gesamtheit der sinnlich wahrgenommenen Objekte, genannt das Bezeichnende, und einer gewissen anderen Wesenheit, genannt das Bezeichnete. Es gibt auch andere Definitionen des Zeichens, z. B. wird als Zeichen ein physikalisches Element genannt, das zur Bezeichnung irgendeines Begriffes dient, d. h. das Zeichen wird als das Bezeichnende des Zeichens in der vorgehenden Definition definiert. Die Hauptfunktion des Zeichens ist die Kommunikation, die Mitteilung von irgend etwas an irgend jemand, die Information über irgend etwas. Der polnische Philosoph Adam Schaff vertritt die Ansicht, daß „jeder materielle Gegenstand, seine Eigenschaft oder reale Erscheinung zu Zeichen wird, wenn diese im Kommunikationsprozeß im Rahmen der von den Gesprächspartnern verabredeten Sprache zur Übermittlung irgendeines Gedankens über die Wirklichkeit, d. h. über die äußere Welt oder innere Erlebnisse irgendeiner der kommunizierenden Seiten, benutzt werden“[1].

Mit dem Begriff des Zeichens eng verbunden ist der Begriff des Signals, der ebenfalls auf verschiedene Weise definiert wird. Es gibt eine psychologische Auslegung des Signals als einer „Vorstellung“ und eine physikalische Deutung des Signals als einer Folge von physikalischen Elementen, die über bestimmte Charakteristika verfügen.

Hier wird im weiteren unter dem Zeichen die Einheit von Bezeichnendem und Bezeichneten und unter einem Signal eine Folge von physikalischen Elementen verstanden werden.

Die Betrachtung der Dokumentation als ein Zeichensystem gestattet es, die Sprache der Dokumente auf den verschiedenen Ebenen und unter verschiedenen Gesichtspunkten zu studieren und zu formalisieren.

Man kann von der Bedeutung der Dokumente abstrahieren und sich nur für ihre Gestalt und die Anordnung der Symbole interessieren, aus denen sie zusammengesetzt sind. Alle Aufgaben, die mit der Beschreibung der Zeichen und Ausdrücke einer Sprache, mit der Erforschung der Regeln für die Bildung solcher Ausdrücke aus einfacheren Zeichen und mit der Analyse der Beziehungen zwischen diesen Zeichen sowie der Regeln für die Umwandlung dieser Ausdrücke verbunden sind, gehören zum Bereich der syntaktischen Analyse der Sprache. Auf dieser Ebene der Erforschung werden Regeln für die Bildung und Umbildung der sprachlichen Einheiten festgestellt. Für die Sprache der Dokumente bedeutet das die Feststellung der Regeln, nach denen die einen

[1] Šaff, A., Vvedenie v semantiku, IL 1965, S. 184

Dokumente aus anderen Dokumenten aufgebaut werden und nach denen ein Dokument aus einer Kollektion von Aussagen entsteht, das Studium der Regeln des Aufbaus von Kennziffern, mit anderen Worten – die Formalisierung der Prozeduren der Aufstellung und Verarbeitung von Dokumenten.

Die syntaktischen Untersuchungen einer Sprache werden in die deskriptive Syntax, deren Problematik den Problemen der Syntax im grammatischen Sinne ähnlich ist, und in die reine Syntax eingeteilt, deren Problematik rein formalen Charakter besitzt. Die praktische Bedeutung der reinen Syntax, die die Sprache als besondere Art von Rechnung auffaßt, besteht vor allem darin, daß dadurch die Möglichkeit geschaffen wird, eine gewöhnliche Sprache in eine abstrakte Maschinensprache zu übersetzen, die es der Maschine ermöglichen soll, die Berechnung je nach dem Eintreffen oder Fehlen des entsprechenden Signals vorzunehmen.

Benutzt man z. B. ein Prädikatenkalkül, so kann man die Formen der Dokumente vorgeben, d. h. die Art der Anordnung der Kennziffern angeben, aus denen die Dokumente zusammengesetzt werden, und damit die inhaltlichen Beziehungen zwischen den Kennziffern formalisieren. Das Prädikat ist in der zweiwertigen Logik eine logische Funktion, die zu den Gegenständen des betrachteten Sachgebietes mit den Wahrheitswerten „wahr“ oder „falsch“ gehört. Ein Prädikat wird als gegeben betrachtet, wenn angezeigt ist, auf welche Gegenstände es die „Wahrheit“ bezieht. Wenn wir den Kollektionen von Kennziffern, die einer bestimmten Form des Dokuments entsprechen, die Bedeutung „wahr“ geben, so geben wir damit alle Formen des jeweiligen Systems vor.

Syntaktische Untersuchungen bilden nicht die ganze Analyse einer Sprache, notwendig sind auch die semantische Analyse, die Analyse der Bedeutungen der Sprachformen und die pragmatische Analyse, die die Verhältnisse zwischen den sprachlichen Formen und ihren Benutzern untersucht.

Der Übergang auf die Ebene der Semantik ist das folgende Stadium der Formalisierung der Sprache; der Inhalt selbst, die Beziehungen zwischen den Inhalten, wird zur Form.

In der Semantik wird das Verhältnis der sprachlichen Ausdrücke zum Ausgedrückten erforscht, werden die Ursachen und die Strukturen der Prozesse des Bedeutungswandels analysiert, d. h. der Veränderung der Beziehungen zwischen dem Bezeichnenden und dem Bezeichneten im Zeichen sowie die Erweiterung und Verengung von Bedeutungen, ihre Übertragung, die Steigerung und Verminderung des Wertes der Bedeutungen usw. Eines der Hauptprobleme der Semantik ist das

Problem der eindeutigen Weitergabe und der Präzisierung des Sinnes sprachlicher Ausdrücke, ein Problem, das mit der Überwindung der Mehrdeutigkeit, der mangelnden Exaktheit und der emotionalen Färbung der Wörter zusammenhängt.

Die Lösung aller dieser Probleme wird für die Ökonomie deswegen besonders aktuell, weil der Umfang der Information ständig wächst. Es wird notwendig, die Menge der Sinninformation, die ein einzelnes Dokument enthält, festzustellen und solche Erscheinungen aufzudecken und abzustellen, wie das Vorhandensein gleicher Form bei inhaltlich verschiedenen Dokumenten und Kennziffern sowie die verschiedene Gestaltung gleicher Inhalte.

Als Beispiel kann eine so allgemein benutzte ökonomische Kennziffer wie „Arbeitsproduktivität" genannt werden, die auf verschiedene Weise berechnet werden kann. Bei einer dieser Berechnungsweisen wird die „Arbeitsproduktivität" auf Grund der „Bruttoproduktion" berechnet, die ihrerseits wieder auf verschiedene Weise errechnet wird. Die Möglichkeit, gleichbenannte Kennziffern auf verschiedene Weise zu berechnen, kann dazu führen, daß nicht vergleichbare Dinge verglichen werden. Derartige Situationen sind in der Ökonomie nicht selten, und ihre Aufdeckung wird es ermöglichen, einen erheblichen Teil der Desinformation zu beseitigen.

Die semantische Analyse beginnt damit, daß ein Wörterbuch der Ausgangsbegriffe ausgearbeitet wird, daß eine Menge gegeben ist, an der die Interpretation erfolgen wird. Dann werden semantische Regeln eingeführt, die sichern, daß jedem richtig gebildeten Element der Berechnung, die auf der syntaktischen Ebene vorgenommen wurde, eine bestimmte Bedeutung entspricht. Die Herausarbeitung von semantischen Regeln und die Fixierung einer streng festgelegten Bedeutung bei jedem Begriff ermöglichen es, die zwischen den Begriffen existierenden Beziehungen formal sichtbar zu machen, Beziehungen wie die der Identität, des Einschlusses, der Überschneidung und der Unvereinbarkeit. Sie machen es möglich, die Hierarchie dieser Begriffe zu verfolgen und einen Thesaurus der Begriffe aufzubauen. Das Vorhandensein eines Thesaurus der Kennziffern und Dokumente ermöglicht es, die Menge der Sinninformation zu bestimmen, die jede Kennziffer und jedes Dokument enthält.

Die Analyse der Dokumentensprache wäre jedoch unvollständig, wenn die Beziehung des Dokuments zu seinen Produzenten und Konsumenten vernachlässigt würde, d. h. wenn die Sprache nicht auf der pragmatischen Ebene erforscht würde. Der Charakter der Untersuchungen kann hier außerordentlich unterschiedlich sein.

Am dringendsten für die Ökonomie ist das Studium der Beziehungen zwischen den Dokumenten und den Aufgaben, für die diese Dokumente angefertigt werden. Die Dokumente werden für die Lösung bestimmter Aufgaben angefertigt, aber das bereits existierende System der Dokumente bestimmt weitgehend die Qualität und die Schnelligkeit der Aufgabenlösung. Die Aufgaben, die in der Produktionstätigkeit gelöst werden, beeinflussen unmittelbar die Sprache der Dokumente. Mit der Entwicklung der Technik und der Entstehung neuer Produktionszweige verschwinden einerseits einzelne Wörter, Kennziffern und Dokumente in dem Maße, wie die von ihnen bezeichneten Begriffe und Erscheinungen verschwinden, und andererseits entstehen Bezeichnungen für neue Begriffe und Erscheinungen. Sowohl der Inhalt als auch die konkrete Form eines Dokuments werden durch die ökonomischen Aufgaben sowie durch die Leitungsebene, auf der diese Aufgaben gelöst werden, bestimmt. Es ist wichtig, festzustellen, für welche Aufgaben das jeweilige Dokument benötigt wird und welcher Informationsgehalt des Dokuments für die Lösung der jeweiligen Aufgabe notwendig ist, um auf dieser Grundlage eine optimale Form des Dokuments vorzuschlagen. In den existierenden Dokumentationssystemen lassen sich rein formale Merkmale feststellen, die auf die Wichtigkeit oder Eiligkeit des Dokuments, auf den Charakter seiner Aufbewahrung oder Verteilung hinweisen. Solche formalen Merkmale sind z. B. die Anzahl der Unterschriften auf dem Dokument, die Farbe und Qualität des Papiers etc. Das Studium dieser Merkmale sowie die Analyse der Beziehungen der Dokumente und der Nachrichtenkanäle, in denen sie zirkulieren, sowie der Beziehungen der Dokumente zu ihren konkreten Benutzern werden dazu beitragen, die Formen der Dokumente auszuarbeiten und zu projektieren.

All dies gehört zum Gebiet der Pragmatik, einem wenig erforschten und aussichtsreichen Forschungsgebiet. Ohne Berücksichtigung der pragmatischen Faktoren wird es weder möglich sein, eine adäquate Beschreibung der Dokumentation vorzunehmen, noch ein neues System der Dokumente zu konstruieren.

An die Beschreibung der Dokumentensprache kann man auch auf andere Weise herangehen, indem man nämlich von den syntagmatischen und paradigmatischen Beziehungen ausgeht, die zwischen den Kennziffern und zwischen den Dokumenten bestehen.

Als syntagmatisch werden jene Beziehungen zwischen den einzelnen Elementen eines zusammengesetzten Zeichens genannt, die sich auf die lineare Anordnung der Zeichen im Text gründen. Das sind z. B. die

Beziehungen zwischen den Wörtern in der Kennziffer, die Beziehungen zwischen den Kennziffern im Dokument usw.

Die paradigmatischen Beziehungen beruhen auf der Ähnlichkeit zweier bezeichnender und bezeichneter Zeichen, in ihnen werden die Prinzipien der Vereinigung der Elemente zu Klassen und die Herstellung von Beziehungen im System erforscht. Zu den paradigmatischen Beziehungen gehören die Erscheinungen der Homonymie* und Synonymie**. Die Festlegung von Verfahren zur Ausfüllung der gegebenen Form des Dokuments und von Verfahren der Gestaltung eines bestimmten Inhalts, der Vergleich verschiedener Bedeutungen einer Kennziffer u. dgl. bedeutet die Feststellung von paradigmatischen Beziehungen in der Menge der Dokumente des jeweiligen Systems.

Wenn man von einer Kollektion syntagmatischer und paradigmatischer Beziehungen ausgeht und sie als Erzeugungsregeln interpretiert, so kann man von Anfang an die ganze Menge der Aussagen erhalten, aus denen Dokumente aufgebaut werden. Der Prozeß wird dadurch erleichtert, daß in einer ökonomischen Sprache die Wortverbindungen phraseologisch fest verbunden sind. Es gibt eine streng bestimmte Anzahl von Möglichkeiten, nach einem gegebenen Wort andere Wörter zu benutzen. Auf der Grundlage der endlichen Zahl von Aussagen und ihrer konkreten Verwendung in den Dokumenten kann man, wenn man die erhaltene Menge von Aussagen als Alphabet nimmt, ein produktives Modell der nächsthöheren Ebene aufbauen, mit dessen Hilfe der Prozeß der Gewinnung von primären Dokumenten aus einer Kollektion von Aussagen formalisiert werden könnte. Danach wäre auf der Basis der gewonnenen Primärdokumente die Menge der abgeleiteten Dokumente herzustellen.

Es lassen sich auch Modelle eines anderen Typs aufstellen, wo die Menge der Aussagen und die Menge der Dokumente als gegeben angesehen werden und es erforderlich ist, jene Instruktionen und Regeln wiederherzustellen, die zur Entstehung des jeweiligen Dokuments geführt haben.

Infolge der Wiederholbarkeit der ökonomischen Prozesse ist die Zahl der Ableitungsregeln, d. h. die Zahl der Verfahren zur Bildung von Dokumenten aus Kennziffern und von Dokumenten aus Dokumenten, begrenzt.

Die formale Beschreibung der Dokumentensprache findet ihren Ausdruck im Aufbau verschiedenartiger Modelle. Diese Modelle er-

* gleichartiger Name, z. B. Steuer – Abgabe, Steuer – Lenkrad (Anm. d. Bearbeiter)

** Gleichartigkeit, z. B. Versuch – Experiment (Anm. d. Bearbeiter)

möglichen es, den Kreis der Ausgangsbegriffe in ökonomischen Systemen festzustellen, die Verfahren der Bildung von Dokumenten in verschiedenen ökonomischen Systemen zu vergleichen, die Methoden zur Beschreibung ökonomischer Erscheinungen auf dieser Basis zu typisieren und Empfehlungen im Hinblick auf die Auswahl der Dokumentation für ein konkretes ökonomisches System zu geben. Das Vorhandensein einer formalisierten Dokumentensprache wird es möglich machen, den Bereich der Verwendung der elektronischen Rechentechnik zur Verarbeitung der ökonomischen Information wesentlich zu erweitern.

*V. N. Mal'cev*

# Über ein Modell zur Entscheidungsfällung

Die Tendenz zur Anwendung von Elektronenrechnern für die Automatisierung der Leitungsarbeit nimmt heute ständig zu. Zugleich ist das Funktionieren automatisierter Leitungssysteme ohne die Beteiligung des Menschen unmöglich. Die Sammlung, Weitergabe und Verarbeitung der Information für die Ausarbeitung und Fällung der Entscheidung durch den Menschen erfolgt in solchen Systemen gemeinsam mit dem Elektronenrechner. Bedingung ist dabei eine entsprechende Verteilung der Belastung zwischen Mensch und Elektronenrechner.

In der Regel muß die Person, die die Entscheidung fällt, ihre Handlungen oft mit den Forderungen der verschiedenen administrativen Organe koordinieren. Die Person, welche die Entscheidung trifft, wird deshalb hier als Bestandteil eines umfassenderen Systems (z. B. eines Ministeriums) betrachtet. Im weiteren Sinne kann man unter einer solchen Person auch irgendein administratives Organ, z. B. die Abteilung eines Ministeriums, verstehen. In einem solchen System sind die Menschen untereinander durch bestimmte Produktionsbeziehungen, rechtliche und sonstige Beziehungen verbunden. Im Prozeß der Herausarbeitung der Entscheidung kann der Mensch Mitteilungen mit einem Teil des Systems, das ihm gegenüber äußerlich ist, austauschen.

Die Ziele der Lösung einer ökonomischen Aufgabe werden häufig zu weitläufig bestimmt, z. B.: eine Fracht ist vom Lieferbetrieb zum Verbraucher zu befördern, wobei die verschiedenen möglichen Transportwege zu benutzen sind. Auf den ersten Blick scheint es, daß eine solche Aufgabe mit Hilfe der Methoden der linearen Programmierung gelöst werden kann. In der Wirklichkeit ist es jedoch oft so, daß die in diesem Sinne optimale Lösung auf Grund verschiedener Überlegungen einschränkenden Charakters nicht verwirklicht werden kann. Häufig ist dies damit verbunden, daß die Person, die zu entscheiden hat, gewisse Nachrichten von außen erhält.

Im Zusammenhang damit, daß die Ziele ökonomischer Aufgaben oft recht verschwommen und nichtformalisiert sind, lassen diese Aufgaben im allgemeinen eine gewisse Menge möglicher Lösungen zu. Um die Lösung der gestellten Aufgabe zu finden, muß in diesen Fällen eine etappenweise Auswahl aus dieser Menge möglicher Lösungen erfolgen. Wir stellen fest, daß die Auswahl dann richtig sein wird, wenn die Menge vollständig ist, d. h. alle Möglichkeiten erfaßt, und wenn diese Möglichkeiten einander ausschließen.

Ein geeignetes Mittel für die Analyse solcher Aufgaben ist der Aufbau eines Baumes ihrer möglichen Lösungen. Für den in Abbildung 7 dargestellten Baum haben wir:

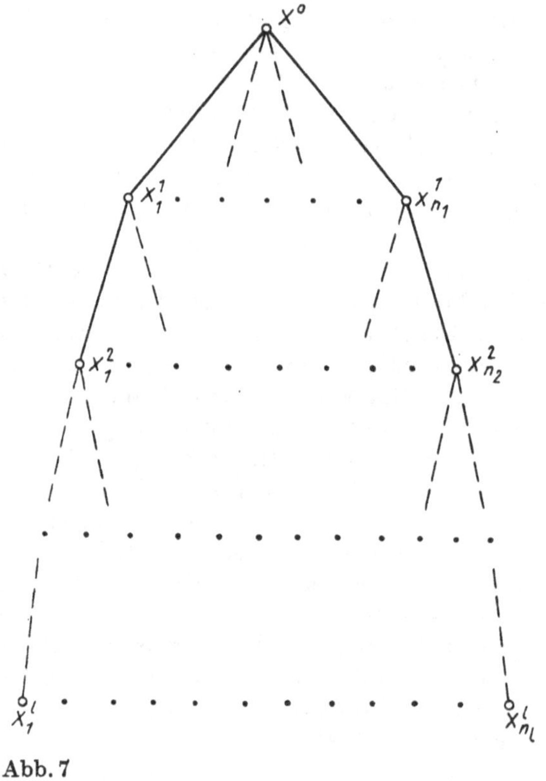


Abb. 7

$X^0$ – Menge aller möglichen Lösungen der Aufgabe;

$X_1^1, \ldots, X_{n_1}^1$ – Menge der möglichen Zwischenlösungen der Teilaufgaben der ersten Ebene;

$X_1^2, \ldots, X_{n_2}^2$ – Menge der möglichen Zwischenlösungen der Teilaufgaben der zweiten Ebene;

$X_1^l, \ldots, X_{n_l}^l$ – Menge der möglichen Endlösungen der Teilaufgaben der $l$-ten Ebene.

Wir stellen fest, daß der Baum der möglichen Lösungen der Aufgabe durch eine endliche Anzahl von Ebenen $l$ charakterisiert wird und daß die Mächtigkeit der Menge der möglichen Endlösungen (d. h. ihre Anzahl) der Anzahl der Zweige des Baumes $n_l$ entspricht.

Wir werden hier nicht die Frage berühren, auf welche Weise der Baum der möglichen Lösungen aufgebaut wird und welcherart die Heuristik dieses Prozesses ist.

Wir werden einen solchen Baum als gegeben ansehen. Die Menge der möglichen Endlösungen der Aufgabe, die ja letztenendes die die Entscheidung treffende Person auch interessiert, wird also als vorher fixiert und bekannt angenommen.

Es muß betont werden, daß dies nur der Baum der *möglichen*, aber noch nicht akzeptierten Lösungen ist. Deshalb muß der Prozeß der Lösung der Aufgabe am Baum nach ihren möglichen Lösungen untersucht werden. Dieser Prozeß ist damit verbunden, daß die Person, die die Aufgabe löst, eine Folge von Mitteilungen (entsprechend den Ebenen des Baumes) über die *reale Durchführbarkeit* der Lösungen erhält, die sich von einem konkreten Fall der Lösung der Aufgabe zum anderen verändert. Eine solche zusätzliche Information kann z. B. aus Antworten auf verschiedene Anfragen und Anträge bestehen, die von der betreffenden Person nach außen gerichtet wurden. Dabei kann es drei Fälle der Lösung der Aufgabe auf jeder der Ebenen des Baumes geben.

Der erste Fall wird dadurch gekennzeichnet, daß solche Bedingungen vorhanden sind, die es erlauben, alle möglichen Lösungen der betrachteten Ebene auszuführen. Für die Auswahl einer dieser Lösungen bedarf es dann irgendeines zusätzlichen Kriteriums (z. B. für eine Aufgabe der linearen Programmierung) oder aber eines bestimmten Systems der Bevorzugung.

Im zweiten Falle wird nach dem Eintreffen von zusätzlicher Information bei der Person, die die Entscheidung trifft, sofort klar, daß von allen möglichen Lösungen der Ebene nur eine durchführbar ist. Dann werden alle übrigen Lösungen automatisch verworfen, und es entfällt die Notwendigkeit, innerhalb der Menge der Lösungen auszuwählen.

Im dritten Falle schließlich wird es nach dem Eintreffen der zusätzlichen Information möglich, nur einige der möglichen Lösungen auf der jeweiligen Ebene des Baumes zu verwerfen. Dann wird auf die übrigen real durchführbaren Lösungen die Prozedur der Auswahl einer Lösung entsprechend bestimmten Kriterien oder Bevorzugungen angewandt.

Im allgemeinen genommen ist auch noch ein vierter Fall möglich. Das ist der Fall, bei dem sich nach Eintreffen der äußeren Information auf einer der Ebenen des Baumes erweist, daß keine der auf dieser Ebene vorhandenen Lösungen realisierbar ist. In einem derartigen Falle bedeutet das, daß entweder der Baum auf den vorhergehenden Ebenen nicht richtig aufgestellt worden ist oder daß zu den vorhandenen möglichen Lösungen der vorliegenden Ebene noch irgendwelche anderen hinzugefügt werden müssen, die vorher nicht berücksichtigt wurden, oder aber, daß die von außen eingetroffene Information falsch ist.

Man kann also sagen, daß die Person, die eine Entscheidung im Hinblick auf eine gestelle Aufgabe zu treffen hat, bestimmen muß, welche Lösung aus der Menge der möglichen Lösungen auszuwählen ist. Und diese Entscheidung hat zu erfolgen unter Berücksichtigung des Eintreffens gewisser Folgen von Information am Eingang und unter Beachtung bestimmter Kriterien und Bevorzugungssysteme.

Die Lösung einer Aufgabe erfolgt auf der Grundlage einer Menge von ökonomischen Daten. Elemente dieser Menge können Zahlen, Funktionen, Beziehungen, Aussagen, Teilmengen, Punkte in einem willkürlichen Raum usw. sein. Es ist offensichtlich, daß dem Baum der möglichen Lösungen der Aufgabe ein Baum der möglichen Prozeduren oder Umwandlungen entspricht, die mit den Mengen jener Daten vorgenommen werden, die für die Lösung notwendig sind und als bekannt angenommen werden.

Schließlich kann man sich den Prozeß der Lösung als aus mehreren Etappen bestehend vorstellen. In der ersten Etappe wird die Aufgabenstellung studiert und werden die Ziele der Aufgabe formuliert. Dann werden auf der Grundlage einer solchen Analyse verschiedene logische mögliche Lösungen unterschieden, zuerst gröbere, zusammengefaßte und dann detailliertere. Dann wird der Baum der Lösungen der Aufgabe aufgestellt. Dabei ist dem Grad der Detailliertheit des Aufbaus eines solchen Baumes (der Anzahl der Zweige) besondere Beachtung zu schenken. Einerseits darf der Baum nicht zu umfangreich und praktisch unüberschaubar sein, andererseits muß er detailliert genug sein, um alle wesentlichen möglichen Lösungen berücksichtigen zu können. Zu berücksichtigen ist auch die Möglichkeit der weiteren Ergänzung des Baumes. All dies gilt auch für den Baum der Prozeduren oder Umwandlungen, die mit den Mengen jener Daten vorgenommen werden, die für die Lösung der Aufgabe notwendig sind. Wir erinnern daran, daß die ganze für die Lösung erforderliche Information als bekannt angenommen wird. Der Baum der Prozeduren oder Umwandlungen der

Datenmenge organisiert diese Information entsprechend dem Prozeß der Lösung der Aufgabe. Der Ausdruck „Aufstellung des Baumes“ darf nicht buchstäblich verstanden werden. Dieser Baum kann in kodierter Form in der Erfahrung der Person enthalten sein, die die Entscheidung trifft.

Im weiteren durchläuft der Lösungsprozeß $l$ Etappen (entsprechend der Anzahl der Ebenen des Baumes). In der ersten Etappe wird vor allem zusätzliche Information über die reale Durchführbarkeit der möglichen Lösungen gesammelt. Solche Information kann zum Beispiel aus Anordnungen der übergeordneten Leitung oder aus Konsultationen mit den Mitarbeitern anderer Abteilungen der Organisation gewonnen werden, zu der die Person gehört, die eine Entscheidung trifft. In jedem Falle können diese Informationen als Antworten auf Anfragen betrachtet werden, die an – in bezug auf die entscheidende Person – äußere Organisationen gerichtet werden und die reale Durchführbarkeit der möglichen Lösungen betreffen. Es wird angenommen, daß solche Information immer zu erhalten ist.

Nach dem Eintreffen der Zusatzinformation wird auf der ersten Ebene aus der Menge der möglichen Lösungen irgendeine Teilmenge (in Einzelfällen eine Teilmenge der Ausgangsmenge selbst oder eines ihrer Elemente) herausgehoben. Dabei erfolgt eine analoge Einteilung am Baum der möglichen Prozeduren oder Umwandlungen mit den Datenmengen.

Hierauf wird die endgültige Auswahl einer Lösung aus den Lösungen der hervorgehobenen Teilmenge getroffen, und zwar entsprechend den zusätzlichen Kriterien oder Bevorzugungen. Der beschriebene Prozeß wird in den folgenden Etappen fortgesetzt, und in jeder Etappe wird eine Lösung jeder Ebene ausgewählt. Im ganzen erfolgt also im Prozeß der Fällung einer Entscheidung die Herausarbeitung irgendeines Zweiges *der real durchführbaren* Lösungen aus dem Baum der *möglichen* Lösungen, und zwar im Ergebnis des Eintreffens einer gewissen zusätzlichen Information und der Berücksichtigung bestimmter Kriterien (beim Vorhandensein formaler Methoden) und eines Systems von Bevorzugungen.

Möglich ist auch eine andere Variante des Prozesses der Fällung einer Entscheidung. Dabei kommt es zuerst zum Eintreffen der gesamten zusätzlichen Information über die reale Durchführbarkeit der möglichen Lösung auf jeder der Ebenen des Baumes. Das heißt, es erfolgt in erster Linie eine Herausarbeitung irgendeines Teilbaumes der *real durchführbaren* Lösungen (und zwar in jedem konkreten Falle der Lösung der Aufgabe) aus dem Baum der *möglichen* Lösungen. Damit wird aus der Menge der möglichen Endlösungen, die die entscheidende Person letztenendes interessieren, eine gewisse Teilmenge (ein Element) herausgearbeitet. Die endgültige Auswahl einer der Lösungen der herausgearbeiteten Teilmenge wird dann im weiteren unter Berücksichtigung zusätzlicher Kriterien (beim Vorhandensein ökonomisch-mathematischer Modelle) und Bevorzugungen getroffen. In bestimmten konkreten Fällen der Lösung einer Aufgabe kann diese Etappe fehlen.

Interessant ist die Frage nach der möglichen Menge der Anfragen, die die eine Entscheidung fällende Person nach außen richtet, und, entsprechend, die Frage nach der Anzahl der Antworten, die diese Person erhält. Betrachten wir die $i$-te Ebene des Baumes der möglichen Lösungen der Aufgabe. Erinnern wir uns, daß die Menge der Knoten dieser Ebene aus $n_i$ Elementen besteht (vgl. Abb. 7). Die Anfragen bestehen offenkundig aus Aussagen des Typs „Ist die Durchführung der Lösung $X_j^i$ $(j = 1, \ldots, n_i)$ möglich?" oder aus Konjunktionen solcher Aussagen. Die maximale Zahl derartiger Anfragen ist gleich $2^{n_i} - 1$, d. h. gleich der Anzahl aller Teilmengen der betrachteten Menge $\{X_i^1, \ldots, X_{n_i}^i\}$, die leere Menge nicht gezählt. Die Anzahl der elementaren Anfragen, auf deren Grundlage zusammengesetzte Anfragen (in Form von Konjuktionen) gebildet werden können, ist gleich $n_i$.

Summiert man nun die erhaltene Zahl entsprechend den Ebenen des Baumes, so erhält man die maximale Anzahl der Anfragen für die vorliegende Aufgabe:

$$r = \sum_{i=1}^{l} 2^{n_i} - l.$$

Die maximale Anzahl der elementaren Anfragen zur vorliegenden Aufgabe ist gleich der Zahl der Knoten des Baumes, den Ausgangsknoten nicht gerechnet:

$$\sum_{i=1}^{l} n_i.$$

Im Lösungsprozeß der Aufgabe liegen die Anfragen in einer bestimmten Aufeinanderfolge entsprechend den Ebenen des Baumes hintereinander. Die Abfolge der Anfragen kann nicht willkürlich sein. Es liegt auf der Hand, daß die maximale Anzahl solcher Folgen gleich der Gesamtzahl der Lösungsvarianten sein muß oder, was dasselbe ist, der Gesamtzahl der Teilbäume des Ausgangsbaumes (mit dem gleichen Ausgangsknoten $X^0$).

Nimmt man an, daß die Antwort auf eine Anfrage nur „ja" oder „nein" sein kann, so ist die Anzahl der eintreffenden Antworten, die voll durch die Anzahl der Anfragen bestimmt wird, gleich $2^r$.

Auf Grund der Anzahl der Anfragen kann man den Umfang der Information einschätzen, die im Gedächtnis der Person enthalten ist, welche die Entscheidung in einer Aufgabe des betrachteten Typs fällt. Die Informationsmenge im Gedächtnis kann durch folgenden Ausdruck bestimmt werden:

$$C = \log K,$$

wobei $K$ die Anzahl der verschiedenen Zustände des Gedächtnisses bezeichnet. In unserem Falle ist diese Zahl gleich $2^r$. Daraus folgt

$$C = r = \sum_{i=1}^{l} 2^{n_i} - l.$$

Zu sagen ist, daß, wenn die Lösung der Aufgabe einem Menschen übertragen ist, dies recht langsam geschieht. Die Information veraltet bei ihrer Weitergabe durch die üblichen Nachrichtenkanäle oft, bevor sie den Adressaten erreicht. Viel Zeit wird für Berechnungen sowie die Suche und Herstellung der Dokumente aufgewendet.

Der Prozeß der Entscheidungsfällung kann wesentlich vereinfacht werden, wenn die Rechentechnik benutzt wird. Davon ausgehend, kann eine spezielle Art des Systems für Aufgaben des betrachteten Typs ausgearbeitet werden, das mit einem Elektronenrechner verbunden ist. Denkt man jedoch daran, daß die Person, die eine Entscheidung trifft, ein Teil eines Systems ist, so kann von der Benutzung der elektronischen Datenverarbeitung sinnvoll dann gesprochen werden, wenn es um ein automatisiertes Leitungssystem geht.

In einem solchen System löst der Elektronenrechner eine gewisse Menge von Aufgaben, darunter auch die hier betrachtete Aufgabe. Dazu muß ein entsprechendes Programm aufgestellt werden.

Im Speicher des Systems wird das Feld der Anfragen und ein Feld von Daten aufbewahrt, und zwar organisiert entsprechend der Struktur des Baumes der Lösungen der Aufgabe. Auf ein Signal der die Entscheidung treffenden Person werden nach der Suche im Anfragenfeld durch die Vorrichtung zur Ausgabe von Informationen Anfragen der ersten Ebene in die Nachrichtenkanäle der Verbindung mit äußeren Systemen gesandt. Nach Eintreffen der Antworten wird in den Feldern der Anfragen und der Daten eine Operation der Abtrennung der unnötigen Teilmengen vorgenommen, d. h. die Ausgangsfelder werden verkleinert. Darauf werden die übriggebliebenen Anfragen der zweiten

Ebene nach außen gerichtet usw. Der Prozeß endet, wenn das ganze Feld der Anfragen erschöpft ist. Im Ergebnis gibt das System Teilmengen von Daten aus, die der Teilmenge der Endlösungen oder einer dieser Lösungen entsprechen. Jedesmal, wenn die Entscheidung auf der Basis eines Systems von Bevorzugungen getroffen werden muß, wird das Programm unterbrochen, und die Maschine wendet sich an den Menschen.

Betrachten wir das allgemeine Funktionsschema eines derartigen Systems (vgl. das Schema). Es werden hier folgende Bezeichnungen verwendet:

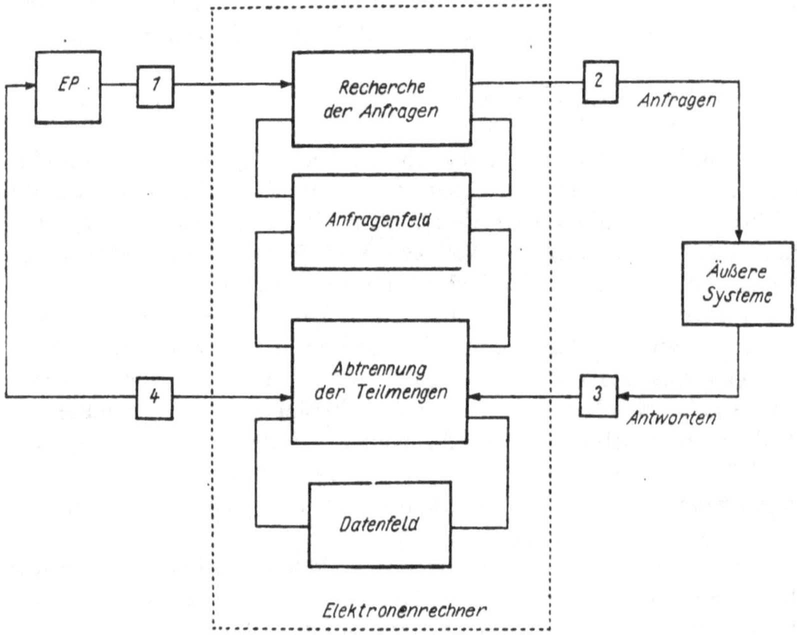


Abb. 8.

*EP* – Person, die die Entscheidung fällt,
1 – Eingabe von Informationen von äußeren Einrichtungen,
2 – Ausgabe in die Nachrichtenkanäle,
3 – automatische Eingabe von Informationen aus den Nachrichtenkanälen,
4 – Ausgabe zum Druck.

Zum Abschluß möchten wir bemerken, daß in einem allgemeineren Falle nicht ein Baum, sondern ein Graph der möglichen Lösungen der

Aufgabe betrachtet werden müssen. Dabei wird der Prozeß der Lösung der Aufgabe dadurch charakterisiert, daß aus dem Graphen der möglichen Lösungen ein gewisser Teilgraph der real durchführbaren Lösungen herausgearbeitet wird, und zwar entsprechend einer bestimmten Folge von äußeren Mitteilungen, die als Antworten auf Anfragen eingehen. Dem Graphen der möglichen Lösungen der Aufgabe entspricht ein Graph der Prozeduren oder Umwandlungen, die mit den Datenmengen vorgenommen werden.

*B. S. Kucyk*

# Datenkontrolle in ökonomischen Systemen

Die umfassende Anwendung der Mittel der elektronischen Rechentechnik und die Projektierung und Einführung von automatisierten Systemen der Leitung und Planung in den verschiedenen Bereichen der Volkswirtschaft stellen erhöhte Anforderungen an die Richtigkeit und Vollständigkeit der benötigten ökonomischen Daten.

Die Frage der Kontrolle der Richtigkeit der Daten in ökonomischen Systemen können am Beispiel der Kontrolle der Daten in den einzelnen Etappen ihrer Verarbeitung in einem automatisierten System der Datenverarbeitung (ADVS) betrachtet werden. Ein automatisiertes System der Datenverarbeitung dient u. a. der komplexen Verarbeitung der Daten z. B. eines Industriebetriebes und der Herausarbeitung solcher Informationen, die für die Fällung von Entscheidungen bei der Leitung des Betriebes benötigt werden.

Die allgemeine Aufgabe der Kontrolle der laufenden Datenverarbeitung in einem ADVS besteht darin, Verzerrungen und Fehler in den Daten zu erkennen und die entdeckten Fehler zu korrigieren.

Der Eingabe der Daten zur Verarbeitung in die elektronische Rechenanlage geht eine bestimmte Reihenfolge von Prozessen voraus, die als Eingangsphase bezeichnet wird. Die Eingangsphase umfaßt: die Registrierung und Sammlung der Primärdaten; die Weitergabe; die Vorbereitung auf dem Informationsträger der Maschine und in der Maschinensprache; die Übertragung von einer Art des Trägers auf eine andere Art; die Sortierung; die Speicherung und die Recherche. Eine analoge „Ausgangsphase“ von Prozeduren bildet sich am Ausgang aus der elektronischen Rechenanlage. Sie umfaßt: Ausgabe der Daten aus der Rechenanlage; Darstellung der Daten in einer der menschlichen Wahrnehmung zugänglichen Form; Benutzung der erhaltenen Daten zur Ausarbeitung von Entscheidungen und zur Leitung.

Die Kontrollaufgaben bei der Datenverarbeitung in einem ADVS entsprechen den genannten Hauptetappen und bestehen in der Kontrolle der Richtigkeit der Daten in der „Eingangsphase“ vor der Eingabe der Daten in die elektronische Rechenanlage, in der Kontrolle der

Richtigkeit der Datenverarbeitung in der elektronischen Rechenanlage und in der Kontrolle der Richtigkeit der Daten in der „Ausgangsphase".

Es ist zweckmäßig, den Begriff „Richtigkeit der Daten" für jede einzelne Etappe der Datenverarbeitung in einem ADVS zu definieren. So wird die Richtigkeit der Übertragung der Daten durch die Nachrichtenkanäle als „Grad der Übereinstimmung der aufgenommenen Nachricht (des Signals) und der gesendeten Nachricht (des Signals)"[1] definiert.

Die Richtigkeit der Daten bei ihrer Registrierung im Verarbeitungssystem kann als der Grad der Übereinstimmung (der Adäquanz) der registrierten Nachrichten und der materiellen Ereignisse, die im Produktionsprozeß ablaufen, definiert werden.

Die Richtigkeit der Daten im Zeitmoment $T_n$ bei ihrer Speicherung im Speicher des Systems wird einerseits als der Grad der Übereinstimmung der gespeicherten Daten im betrachteten Zeitmoment $T_0$ (wobei $T_n = T_0 + T_t$) definiert und andererseits als der Grad der Übereinstimmung der gespeicherten Daten mit den im Produktionsprozeß verlaufenden materiellen Ereignissen.

Im allgemeinen Falle sind richtig diejenigen Daten, die unter dem Gesichtspunkt des Prozesses der Ausarbeitung von Entscheidungen am effektivsten sind.

Die Untersuchung der Probleme der Kontrolle der Richtigkeit der Daten in ökonomischen Systemen kann auf drei verschiedenen Ebenen erfolgen.

Die erste Ebene ist die syntaktische Ebene, hier geht es um die Kontrolle auf der Ebene der elementaren Bestandteile der Daten – der Zeichen. Zeichen können Buchstaben des Aphabets, Zahlen oder spezielle Symbole sein. Eine geordnete Menge von Zeichen, die in einem bestimmten Datenverarbeitungssystem als selbständige Informationseinheit gilt, heißt Wort. Die einzelnen Wörter oder Kodekombinationen bestehen aus einer Gesamtheit von elementaren Symbolen (oder aus einem dieser Symbole), die Glieder des gewählten Kodierungssystems, der gewählten Schreibweise oder des gewählten Alphabets sind.

Das Studium der Richtigkeit der Daten auf dieser Ebene kann Antwort auf zwei Fragen geben: auf die Frage nach der Rechtmäßigkeit der einzelnen Symbole (Ist dieses Symbol ein begründetes Glied des im ADVS benutzten Kodes?) und auf die Frage nach der Rechtmäßigkeit

[1] Fachwörterbuch der wissenschaftlichen Information, Moskau 1966

einzelner Symbole in der gegebenen Situation. Obwohl ein Symbol zu dem im Datenverarbeitungssystem verwendeten Kode gehören kann, kann sein Auftreten in einer bestimmten Situation und in Verbindung mit anderen Symbolen von einem Fehler zeugen.

Als Beispiel für die Kontrolle der Daten auf der syntaktischen Ebene kann die Benutzung von redundanten Kodes oder von korrigierenden Kodes dienen. In den korrigierenden Kodes wird nur ein gewisser Teil aller möglichen Kodekombinationen zur Darstellung der Information benutzt, die weitergegeben und verarbeitet wird. Die übrigen Kodekombinationen dagegen sind verboten, da sie nicht zur Menge der gewählten und zulässigen Kodekombinationen gehören. Das Auftreten von verbotenen Kodekombinationen wird von der Kontrolle festgestellt und zeugt vom Vorliegen eines Fehlers.

Die zweite, höhere Ebene der Kontrolle der Richtigkeit der Daten ist die semantische Ebene. Semantische Information ist Sinninformation, die das Ergebnis des logischen Denkens ist und mit Hilfe der natürlichen Sprache ausgedrückt wird. Die Methoden der Kontrolle der zweiten Ebene gründen sich also auf die Benutzung der Sinnbedeutung der Daten, auf deren logische Richtigkeit, Widerspruchsfreiheit und Übereinstimmung.

Auf der dritten Ebene, der pragmatischen, schließlich werden die Fragen des Wertes, der Zugänglichkeit und der Rechtzeitigkeit der Information untersucht, die Fragen des Einflusses von Fehlern in den Daten auf die Arbeit des Leitungssystems und das Objekts der Leitung sowie die Fragen der Einwirkung der Daten auf das Subjekt, das eine Entscheidung fällt. Zur Sphäre der Untersuchung der Richtigkeit der Daten auf der pragmatischen Ebene gehört insbesondere die Bestimmung der ökonomischen Effektivität der Kontrolle.

Die Kontrolle der Richtigkeit der Daten in ökonomischen Systemen und insbesondere in automatisierten Datenverarbeitungssystemen setzt voraus, daß auf irgendeine Weise die Informationen über Fehler ausgewiesen werden. Für die Korrektur der Fehler ist in der Regel eine vollständigere Information erforderlich. Es gibt zwei Hauptarten der Kontrolle, die sich durch die Verfahren der Gewinnung der Information über Fehler bei der Datenverarbeitung in einem ADVS unterscheiden: die Programmkontrolle und die strukturelle Kontrolle (Elementenkontrolle).

Die strukturelle Kontrolle ist mit der Einführung von zusätzlichen Kontrollelementen in den Bestand des automatisierten Datenverarbeitungssystems verbunden. Diese Elemente sollen Fehler in den verarbeiteten Daten aufdecken. Bei den technischen Mitteln eines ADVS erfolgt diese Kontrolle durch die Apparatur.

Die Programmkontrolle besteht darin, daß bei der Zusammenstellung der Prozeduren der Datenverarbeitung zusätzliche Operationen vorgesehen werden, die eine mathematische oder logische Verbindung mit dem Verarbeitungslogarithmus der Daten besitzen. Der Vergleich der Ergebnisse dieser zusätzlichen Operationen mit den Ergebnissen der Datenverarbeitung ermöglicht es, mit einer bestimmten Wahrscheinlichkeit das Vorhandensein oder das Fehlen von Fehlern festzustellen.[2] Ein bedeutender Teil der Programmethoden zur Kontrolle der Richtigkeit von ökonomischen Daten gründet sich auf die Nutzung der Sinnbedeutung der Daten, ihrer logischen Richtigkeit und Widerspruchsfreiheit. Infolgedessen sind die Programmethoden zur Kontrolle der Richtigkeit der Daten zutreffender als programmlogische Methoden zu bezeichnen.

Wir führen eine der Varianten der Klassifikation der programmlogischen Methoden zur Kontrolle der Richtigkeit der Daten an. Die Numerierung dieser Methoden wird zur Aufstellung einer Matrize benutzt, die die Anwendung von programmlogischen Methoden bei der Organisation der Kontrolle der Richtigkeit der Daten in einem ADVS zeigt (vgl. Tabelle Seite 211).

Die programmlogischen Methoden zur Kontrolle der Richtigkeit der Daten werden in folgende Arten eingeteilt:

A. *Rechenmethoden der Kontrolle*

1. Kontrolle durch die Methode der Doppelrechnung
2. Kontrolle durch die Methode des „abgestumpften" Algorithmus
3. Durchrechnung des Programms mit einem Ausgang zum Kontrollergebnis
4. Rechenkontrolle mit Gewinnung von Kontrollsummen
5. Rechenkontrolle mit Gewinnung von Kontrollergebnissen
6. Zählung der Aufzeichnungen
7. Überkreuzkontrolle
8. Bilanzmethoden der Kontrolle und Kontrolle an einem System von Matrizenmodellen

B. *Mathematische Überprüfungsmethoden*

9. Substitutionsverfahren
10. Überprüfung mit Hilfe zusätzlicher Verbindungen
11. Überprüfung der Grenzwerte

[2] Sidorov, A. M., Metody kontrolja ėlektronnych cifrovych mašin, Moskau 1966

C. *Kontrollmethoden, die die Redundanz der Information nutzen*

12. Methode der redundanten Ziffern (Kontrollziffern)
13. Vergleich verschiedener Quellen der Daten
14. Vergleich mit „äußeren" Daten
15. Kontrolle mit Hilfe des Prinzips der Rückkopplung

D. *Logische Methoden der Kontrolle*

16. Kontrolle, die mit dem Sinn der Daten verbunden ist (semantische Kontrolle)
17. Kontrolle nach Abweichungen
18. Kontrolle der vorgegebenen Reihenfolge der Aufzeichnungen
19. Kontrolle der Berechtigung der Verwendung von Gliedern eines bestimmten Datenfeldes
20. Kontrolle der Lösungszeit der Aufgaben im Elektronenrechner und der Periodizität der ausgegebenen Resultate
21. Einschätzung der gewonnenen Daten durch Experten

E. *Kombinierte und sonstige Kontrollmethoden*

22. Kontrolle nach Markierungen
23. Kontrolle mit der Nachforschungsmethode
24. Methode der Kontrollprogramme
25. Kombinierte Kontrollmethoden

Die Ausarbeitung einer effektiven Kontrolle der Richtigkeit der Daten bei der Verarbeitung in einem ADVS und die Anwendung dieser oder jener konkreten Methoden der programmlogischen Kontrolle hängen wesentlich von folgenden Faktoren ab: von der Zuverlässigkeit der Arbeit der einzelnen Glieder der automatisierten Datenverarbeitungssysteme; von der Struktur der automatisierten Datenverarbeitungssysteme und vom Typ der benutzten technischen Mittel; von den Organisationsverfahren und von der Nutzung der Basisfelder der normativen Auskunftsdaten, die zentral im Speicher des Elektronenrechners oder auf anderen Arten von Informationsträgern aufgezeichnet sind; von den Regimen und Verfahren der Datenverarbeitung im System.

Die Erforschung der Fragen der Richtigkeit von ökonomischen Daten und Berechnungsdaten besitzt einen wesentlichen Einfluß auf die Steigerung der allgemeinen Zuverlässigkeit automatisierter Datenverarbeitungssysteme. Angewendet auf automatisierte Datenverarbeitungssysteme besitzt das Problem der Zuverlässigkeit eine Reihe

Tabelle

Matrize der Anwendung von programmlogischen Kontrollmethoden

| lfd. Nr. | Probleme der Kontrolle | Kontrollmethoden | | | | | | | | | | | | | | | | | | | | | | | | |
|---|---|---|---|---|---|---|---|---|---|---|---|---|---|---|---|---|---|---|---|---|---|---|---|---|---|---|
| | | 1 | 2 | 3 | 4 | 5 | 6 | 7 | 8 | 9 | 10 | 11 | 12 | 13 | 14 | 15 | 16 | 17 | 18 | 19 | 20 | 21 | 22 | 23 | 24 | 25 |
| 1 | Kontrolle der Richtigkeit der Daten bei der Bearbeitung in den „Eingangs- und Ausgangsphasen“ der Arbeit des ADVS (vor und nach dem Rechenkomplex in den Etappen der Registrierung, Sammlung, Übermittlung, Sortierung usw.) | | | | 1 | 1 | 1 | | | | | | 1 | | | 1 | | | | 1 | | | | | | |
| 2 | Kontrolle der Richtigkeit der Eingabedaten (der Ausgangsdaten) | | | | | 1 | | 1 | 1 | | | 1 | | 1 | 1 | | 1 | 1 | | 1 | | | | 1 | | 1 |
| 3 | Kontrolle der Richtigkeit des Funktionierens des Rechenkomplexes | 1 | 1 | | 1 | 1 | 1 | 1 | | 1 | 1 | 1 | 1 | | | | | | 1 | 1 | 1 | | | | 1 | 1 |
| 4 | Kontrolle der Programme | 1 | | 1 | | | | | | | | | | | | | | | | | | | | | | |
| 5 | Kontrolle der Ausgabedaten (Kontrolle der Ergebnisse) | 1 | 1 | | | 1 | | 1 | 1 | 1 | 1 | 1 | | 1 | 1 | | 1 | 1 | 1 | 1 | | 1 | | 1 | 1 | 1 |
| 6 | Kontrolle der Unversehrtheit der Datenfelder | | | | 1 | | 1 | | | | | | | | | | | | | | | | 1 | | | |

von Besonderheiten, die durch die Mensch-Maschine-Natur derartiger Systeme, deren spezifische Struktur und durch den Charakter der von solchen Systemen wahrgenommenen Funktionen bedingt sind. Die Grundbegriffe der Zuverlässigkeitstheorie treffen sicher auch für automatisierte Datenverarbeitungssysteme zu. Die Deutung einiger dieser Grundbegriffe bedarf jedoch der Erweiterung und Präzisierung.

Als kodifiziert kann heute folgende qualitative Definition der Zuverlässigkeit gelten: „Zuverlässigkeit ist die Eigenschaft eines Systems (Elements), die dessen Störungsfreiheit, Langlebigkeit und Reparaturfähigkeit einschließt und die die Erhaltung der Betriebsgrößen des Systems (Elements) innerhalb der gegebenen Grenzen gewährleistet. Ein Versagen ist ein Ereignis, das darin besteht, daß das System infolge der Überschreitung der festgelegten Toleranzgrößen eines oder mehrerer Hauptparameter seine Arbeitsfähigkeit ganz oder teilweise verloren hat."[3]

Die Besonderheit automatisierter Datenverarbeitungssysteme besteht darin, daß für sie weniger ein vollständiges Versagen als vielmehr Erscheinungen der teilweisen und zeitweiligen Störung der Arbeit des Systems charakteristisch sind.

Unter einer Störung der Arbeit eines ADVS werden ebenso wie unter einem Ausfall eines Elektronenrechners kurzzeitige Anormalitäten in der Arbeit des Systems verstanden, wobei ein Element oder mehrere Elemente bei der Ausführung der festgelegten Operationen nicht richtig arbeiten; später kann dieses Element lange Zeit normal funktionieren.

Die zeitweilige Störung in der Arbeit eines ADVS, die Fehler in den Daten verursacht, ist eine vorübergehende Erscheinung, sie beeinflußt jedoch die weitere Arbeit des Systems erheblich, wenn sie nicht rechtzeitig durch die Kontrolle entdeckt und behoben wird. Folglich ist irgendeine Summe von Handlungen zur Wiederherstellung des normalen Funktionierens des Systems notwendig. Der Unterschied zum Versagen von technischen Mitteln besteht darin, daß es bei der Feststellung der Folgen von zeitweiligen Störungen (Ausfällen oder falschen Handlungen von Operatoren) erforderlich ist, nicht die Apparatur, sondern die verzerrten, unrichtigen Daten wiederherzustellen.[4]

Aus dem Gesagten folgt, daß für ein automatisiertes Datenverarbeitungssystem noch eine Eigenschaft charakteristisch ist, die die Zuverlässigkeit des Systems bestimmt, nämlich die Fehlerlosigkeit des Funktionierens. Diese wird durch die Gesetzmäßigkeiten der Ent-

[3] Nadežnost' v oblasti radioėlektroniki. Terminologija, Moskau 1962.

[4] Sidorov, A. M., a. a. O.

stehung von Fehlern auf Grund von zeitweiligen Störungen in der Arbeit des Systems charakterisiert.

Die Zuverlässigkeit eines automatisierten Datenverarbeitungssystems ist also die Gesamtheit der Störungsfreiheit, der Richtigkeit des Funktionierens und der Arbeitsfähigkeit. Unter den Kriterien der Zuverlässigkeit eines ADVS muß unbedingt auch das Kriterium der Richtigkeit sein. Es ist zweckmäßig, analog den Kriterien der Störungsfreiheit als Kriterium der Richtigkeit die durchschnittliche Zeit zwischen den Fehlern bzw. der Fehlerhäufigkeit als Wahrscheinlichkeit der fehlerfreien Arbeit des Systems innerhalb einer vorgegebenen Zeit einzuführen.[5]

Unter der Arbeitsfähigkeit des ADVS wird die Eigenschaft des Systems verstanden, die durch die Reparaturfähigkeit der technischen Mittel und die Arbeitsbereitschaft des Menschen, der darin mitwirkt, bedingt ist.

Als Gesamtkriterium der Zuverlässigkeit eines ADVS kann die Wahrscheinlichkeit der Ausgabe eines richtigen Ergebnisses bei der Datenverarbeitung innerhalb einer bestimmten Zeit angesehen werden.

$P_g(t)$ sei die Wahrscheinlichkeit dessen, daß das ADVS im Moment $(t)$ des Beginns der Lösung einer bestimmten Aufgabe der Datenverarbeitung arbeitsfähig ist, d. h. sich nicht in Reparatur befindet; $P_b(\tau)$ sei die Wahrscheinlichkeit der störungsfreien Arbeit des Systems im Verlauf der Zeit $\tau$ (das Kriterium der Störungsfreiheit); $P_e(\tau)$ sei die Wahrscheinlichkeit der fehlerfreien Arbeit des Systems (des Fehlens zufälliger Fehler) innerhalb derselben Zeit $\tau$ (das Kriterium der Richtigkeit). Dann kann die Wahrscheinlichkeit der Gewinnung eines richtigen Ergebnisses aus dem Datenverarbeitungssystem folgendermaßen dargestellt werden:

$$(1) \qquad P(t, \tau) = P_g(t)\, P_b(\tau)\, P_e(\tau).$$

Die Gleichung (1) ist als Annäherung zu betrachten, da Ausfälle und zeitweilige Störungen nicht als unabhängige Ereignisse angesehen werden können. Sie kann aber praktisch zur annähernden Einschätzung der Zuverlässigkeit eines ADVS benutzt werden.

Gewöhnlich kann anstelle von $P_g(t)$ der asymptotische Wert dieser Wahrscheinlichkeit bei $t \to \infty$ genommen werden, der als Koeffizient der Bereitschaft $K_g$ bezeichnet wird und so dargestellt wird:

$$(2) \qquad K_g = \frac{T_0}{T_0 + T_c},$$

[5] Ebenda

wobei $T_0$ die Ausfallhäufigkeit und $T_c$ die durchschnittliche Zeit der Wiederherstellung sind.[6] Dann gilt

$$(3) \qquad P(\tau) = K_g P_b(\tau)\, P_e(\tau).$$

Der Grad der Richtigkeit des Funktionierens des ADVS ist seinerseits eine zusammengesetzte Größe. Die Richtigkeit des Funktionierens automatisierter Datenverarbeitungssysteme kann in einer ersten Annäherung in drei Hauptetappen betrachtet werden. Dies sind:

die Richtigkeit des Funktionierens des Systems am „Eingang" in die EDVA („vor dem Rechner");

die Richtigkeit des Funktionierens der EDVA des Systems (die Richtigkeit des Funktionierens der Elktronenrechner im Prozeß der Datenverarbeitung);

die Richtigkeit des Funktionierens des automatisierten Datenverarbeitungssystems am „Ausgang" aus der EDVA des Systems („nach dem Rechner").

Es ist offenkundig, daß diesen drei Etappen ein eigenes Richtigkeitskriterium $P(\tau)$, die Wahrscheinlichkeit der fehlerlosen Arbeit im Verlauf der Zeit $\tau$, entspricht. Im Falle des Elektronenrechners ist die Wahrscheinlichkeit der fehlerfreien Arbeit des Rechners im Verlauf der Zeit $\tau$ gleich $P_r(\tau)$. Dabei besitzt streng genommen jede Prozedur der Datenverarbeitung ihre eigene Wahrscheinlichkeit der fehlerfreien Arbeit im Verlauf einer bestimmten Zeit $\tau$ (den Zeitabschnitt kann man für alle Operationen der Datenverarbeitung gleich lang wählen). Wenn man diese Wahrscheinlichkeiten mit $P_{ei}(\tau)$ bezeichnet, wobei $i = 1, 2, \ldots, n$ die Anzahl der Prozeduren der Datenverarbeitung in den „Eingangs- und Ausgangsphasen" ist, so kann man die Formel (3) in ihrer allgemeinen Form so darstellen:

$$(4) \qquad P(\tau) = K_g\, P_b(\tau)\, P_r(\tau)\, P_{e_1}(\tau)\, P_{e_2}(\tau) \ldots P_{e_i}(\tau) \ldots P_{e_n}(\tau).$$

Der Ausdruck (4) eignet sich zur Bewertung der Zuverlässigkeit der aufeinanderfolgenden Bearbeitung einer bestimmten Gruppe von Daten. Dabei wird vorausgesetzt, daß der Koeffizient der Bereitschaft des Systems $K_g$ und die Wahrscheinlichkeit der störungsfreien Arbeit des Systems $P_b(\tau)$ mit einem der bekannten Verfahren bestimmt worden sind.[7]

Der Grad der Richtigkeit des Funktionierens eines ADVS beeinflußt wesentlich die allgemeine Zuverlässigkeit eines automatisierten Daten-

[6] Ebenda

[7] Llojd, D. K., Lipov, M., Nadežnost', Moskau 1964.

verarbeitungssystems. Wenn keine speziellen Maßnahmen vorgesehen werden, dann kann sich die Wahrscheinlichkeit der fehlerfreien Arbeit des Systems $P_c$ $(\tau)$ als weitaus geringer erweisen als die Wahrscheinlichkeit der störungsfreien Arbeit des Systems $P_b$ $(\tau)$ innerhalb desselben Zeitraumes. Deshalb besitzt die Ausarbeitung von effektiven Methoden zur Aufdeckung und Korrektur von Fehlern eine derart große Bedeutung innerhalb des Problems der Zuverlässigkeit automatisierter Datenverarbeitungssysteme und innerhalb des umfassenderen Problems der Gewährleistung eines zuverlässigen Funktionierens großer Systeme.

FSC
www.fsc.org
MIX
Papier | Fördert gute Waldnutzung
FSC® C083411

Kolibri 360 GmbH
Ferdinand-Jühlke-Straße 7
99095 Erfurt, Deutschland
produktsicherheit@kolibri360.de